“魔笛”

我的足球人生

[克罗地亚] 卢卡·莫德里奇
[克罗地亚] 罗伯特·马泰奥尼 著

王晓波 黄一舟 译

人民日报出版社
北 京

图书在版编目（CIP）数据

“魔笛”：我的足球人生 /（克罗）卢卡·莫德里奇，（克罗）罗伯特·马泰奥尼著；王晓波，黄一舟译著 .—北京：人民日报出版社，2022.11

ISBN 978-7-5115-7520-3

Ⅰ.①魔… Ⅱ.①卢… ②罗… ③王… ④黄… Ⅲ.①卢卡·莫德里奇—自传 Ⅳ.① K835.553.547

中国版本图书馆 CIP 数据核字（2022）第 191878 号

书　　名：“魔笛”：我的足球人生
“MODI”: WO DE ZUQIU RENSHENG
著　　者：（克罗地亚）卢卡·莫德里奇　罗伯特·马泰奥尼
译　　者：王晓波　黄一舟

出 版 人：刘华新
责任编辑：林　薇　王奕帆
装帧设计：观止堂 _ 未氓
版式设计：格律图文

出版发行：人民日报出版社
社　　址：北京金台西路 2 号
邮政编码：100733
发行热线：（010）65369509　65369527　65369846　65363528
邮购热线：（010）65369530　65363527
编辑热线：（010）65369526
网　　址：www.peopledailypress.com
经　　销：新华书店
印　　刷：北京盛通印刷股份有限公司
法律顾问：北京科宇律师事务所（010）83622312

开　　本：710mm × 1000mm　1/16
字　　数：270 千字　插图 85 幅
印　　张：21.5
印次版次：2022 年 11 月第 1 版　2022 年 11 月第 1 次印刷

书　　号：ISBN 978-7-5115-7520-3
定　　价：88.00 元

每个人都有自己的路，有不一样的人生故事，但对自己的信念，永远是成功的基石。

——卢卡·莫德里奇

序一

亚历克斯·弗格森

（前曼联俱乐部主教练）

卢卡·莫德里奇是一位天赋出众的中场球员，在我看来，他与过去20年里的哈维、伊涅斯塔和斯科尔斯等中场大师处于同一水平。2018年世界杯上，卢卡是表现最出色的球员，获得最佳球员的奖项当之无愧。

当卢卡2008年加盟热刺时，我们感到非常惊讶，因为曼联一直在关注他。虽然曼联球探在一年前就发现了他，但当时我们在中场位置上有基恩、斯科尔斯和卡里克。在热刺与曼联的比赛中，我从来不会觉得卢卡的身体太单薄，无法在对抗激烈的英超联赛立足。你不能忽视能力，而卢卡显然拥有出众的能力。卢卡在英超的进步非常快，2011年我曾试图签下他，但热刺不愿将他卖给我们，因为我们曾经挖走了他们的当家球星卡里克和贝尔巴托夫。

2011年，我将卢卡评选为英超赛季最佳球员，这是非常客观公正的评价。2012年夏天，卢卡与皇家马德里签约，后来发生的事就世人皆知了。2013年3月，曼联在一场欧冠淘汰赛中主场对阵皇马，那是我最后一次尝试赢得欧冠奖杯。然而，在我们完全控制比赛并1－0领先的情况下，裁判罚下纳尼的错误判罚却令我们功亏一篑。随着穆里尼奥换上莫德里奇，比赛形势完全变了——卢卡的表现杀死了我们。

如果分析卢卡的职业生涯和他童年时的生活，我认为他是一名典型的用天赋弥补身体劣势的球员。保罗·斯科尔斯和卢卡的情况类似。当斯科尔斯13岁那年加入曼联时，他的身高只有1.6米，包括我在内的很多人都觉得他太矮小了，但没过多久，斯科尔斯就用自己在球场上的表现改变了我们的看法。事实上，评估球员的最佳场所就是球场。

卢卡·莫德里奇是所有年轻球员的光辉榜样，无论他们的身高、体型和力量如何。在此，我想向这个凭借出色表现击败关于球员身体的所有争论的男人致以最深切的问候！

序二

兹沃尼米尔·博班

（前国际足联官员）

这是一本特别的传记，讲述了一个来自克罗地亚南部某座小村庄的谦逊天才的故事。当我思考该在前言里写些什么时，这本书的联合作者、我的老朋友罗伯特·马特奥尼让我尝试聊一聊对卢卡的不同看法，为读者提供更侧重战术分析的深度阅读材料。

我不确信自己能否做到，但这并不重要，因为唯一重要的是，我们所有人都在享受卢卡·莫德里奇的独特球风：看似简单，却又如此美妙。卢卡能够举重若轻地完成极其复杂的传球，控球极具协调感，在场上既充满了动力又沉着冷静——在一篇简短的前言中，我很难详细描述他的所有特点，无论使用多么精确或华丽的词句。

卢卡拥有敏锐直觉和化繁为简的踢球方式，这些都是 10 号球员的特点：在足球界，10 号是最受尊敬的球衣号码。在征战顶级联赛的职业生涯中，卢卡从来不是一名传统 10 号球员，但他一直被人们视为 10 号球员的楷模。谁都不能说卢卡是一名 4 号、8 号球员或一个纯粹的组织核心，正如没有人会认为他不适合担任 10 号……从某种意义上讲，卢卡似乎兼具中场所有位置球员的技巧，无论代表俱乐部还是国家队出场，他都会全力以赴。

在足球比赛中，中场是对阵双方必争之地，卢卡需要在快速的攻防转换和激烈对抗下掌控节奏，在狭小局域内发现只有极少数人才能看到的空间，为队友创造机会。卢卡坚持他的信念，会问自己足球运动中最重要的一个问题：在 90 多分钟的时间里，在每场比赛的分分秒秒，无论皮球是否在我脚下，我怎样才能为球队做出最大贡献？

这个问题看似复杂，对卢卡来说却很简单。很多时候，他都要从内心寻找问题的答案。

卢卡愿意在必要时牺牲自我，总是优先考虑团队而非个人——这是通往伟大的唯一途径。面对外界质疑和战术变化，卢卡拥有出色的适应能力，会积极地调整自己，从而不断进步。如果他需要放弃自己的一些特点才能变得更好，他会毫不犹豫地那样做。卢卡从不怀疑自己作为一名足球运动员的道路，若非如此，他不可能实现如今的成就。

当然，这要求他拥有非凡的品格、自信心和奉献精神。我毫不怀疑，卢卡从父母身上继承了这些价值观：卢卡童年时家境贫寒，他在艰苦的环境下长大，工薪阶层的父母虽然收入微薄，但仍然为他提供了极大的支持……因此，从一堂训练课到另一堂训练课，从一场比赛到另一场比赛，卢卡日复一日地为足球运动中的伟大胜利搭建舞台，以独有方式帮助团队赢得奖杯，而他个人也收获了无数荣誉。

在过去的几年里，卢卡逐渐成熟，成为一名全面、伟大的 10 号球员。如果将卢卡与同一时代的其他伟大中场球员进行比较，许多人无法说出他的哪项技术特点最突出。事实上，卢卡不是哈维那类组织核心，没有像伊涅斯塔那样的柔和球感，也没有像皮尔洛那样运筹帷幄的视野和大局观。不过，卢卡兼具这些球员的部分特点，并凭借美妙的传球节奏、奔跑和化繁为简的处理球方式，形成了自身独一无二的风格。

更重要的是，在攻防两端，卢卡都有能力让他的所有队友变得更好。这是上述三名中场大师都不具备的能力。卢卡总是坚持自己的信念和足球愿景，将团队置于个人前面，并通过这种方式激励队友，建立了自己的独特领导力。

不，我并不是说卢卡是一位天生领袖，但通过他的比赛方式，以及以身作则树立榜样，他确实在领导球队。无论在萨格勒布迪纳摩、托特纳姆热刺、皇家马德里还是克罗地亚国家队，卢卡的队友和球迷们都对此深有体会。有两个瞬间，能够很好地反映卢卡的这项特质。

2018 年世界杯上，卢卡展现了一名勇敢队长的形象。在克罗地亚与俄罗斯一役加时赛的最后几秒钟，卢卡已经精疲力尽，但他仍然快速冲过俄罗斯的防线，从中场一直跑到了对方禁区。卢卡不知疲倦地奔跑，用实际行动鼓励所有队友在场上拼尽全力。第二个瞬间发生在 2017 年皇马对阵尤文图斯的欧冠决赛，皇马在下半场占尽优势，但卢卡的心态没有丝毫松懈，他跑到尤文图斯禁区右侧传中，助攻 C 罗打进一球。

在卢卡的个人生活中，命运常常令他进退两难、焦虑，却又迫使他快速成长，通过艰苦奋斗来实现梦想。无论作为球员还是男人，这些经历只能让他变得更强大。

在这篇序言的结尾，我想回到我的第一句话，因为我相信那句话能够最准确地描述卢卡：他是个谦逊的天才。我相信，全世界所有热爱足球运动的人都有同感。

对我来说，能成为卢卡的榜样是莫大的荣幸。我永远不会忘记，我的儿子曾经连续几年穿着卢卡的球衣睡觉——这反映了我的家人对这位出色球员的尊重。向这名伟大的 10 号球员致敬！

目录

CHAPTER 第一章 1

我站在颁奖台上，双手托着2018年世界杯最佳球员的奖杯。当我年纪还小、尚不知登上顶峰有多艰难的时候，我曾梦想有一天成为世界第一。而此刻梦想成真，金球奖杯就在我手中，我能感受到的却只有悲伤。这本可以是我职业生涯中最快乐的时刻，可它不是。我们刚刚输掉了世界杯决赛，肾上腺素还在我血管里奔涌，而跑过脑海的只有一个念头：比赛结束了。

刚才在球场等着官方播报员叫我上台时，我尽量让视线避开另一座奖杯。但我管不住自己，目光情不自禁地被它吸引过去——那座颁给世界冠军球队的奖杯。早先我们真心想着把它捧回克罗地亚。那一刻，在大雨滂沱的莫斯科，我的内心是如此失望：我们离夺冠曾近在咫尺，然后，历经所有的奋斗和牺牲，它却从我们手中溜走了。我在那几分之一秒的刹那间想象，假如他们叫出我的名字、把另一座奖杯也递给我，会是怎样一番景象；假如是我和我的队友把它举在空中，和我们的球迷一起呼喊“冲啊，克罗地亚”，又会是怎样一番景象——何等的快意……

广播系统叫出我的名字，再加上震耳的掌声，让我从白日梦里惊醒了。现在回看当时，接下来的每个环节都像是纯自动进行的。其实这种恍惚从更早的时刻就开始了——当我们还在球场上，裁判刚刚吹响最后的哨声、法国人欢声大作时，一位国际足联官员走过来。她把我带到已经搭好的领奖台后面，宣布我获选最佳球员。她很热心，对我道贺并交代了几个关于颁奖典礼的事项，我现在一条都想不起来了，因为当时就只是拖着步子和队友一起绕过球场，想找个能躲起来哭的地方。我望向场外的看台和所有那些身穿红白格子球衣的人们，他们戴着帽子和围巾，举着旗帜和助威标语，从世界各个角落赶来，天知道费了多少功夫抵达俄罗斯、买到票给我们加油。我想到克罗地亚那几十万走进城市广场、酒吧、公寓或任何地方，打开电视悬着一颗心企盼胜利的球迷。那一刻，我被一种辜负同胞的感觉压倒了——但并没有持续多久。在场的祖国球迷竭尽所能抹去我们的悲伤，用他们的呼喊、歌声和手势向我们表示心中的自豪。这只让我心里更加难堪。我灰心丧气地想，我们在最后一步功败垂成，没能带给他们——当然还有球队自己——庆祝世界冠军头衔的狂喜体验。（那会儿，我根本做梦都想不到一天之后在克罗地亚，当五十多万人走上萨格勒布的街道、用犹如迎接真正世界冠军的礼遇来迎接我们时，我心里将会是什么滋味。）

绕着球场行走时，我尽可能投入地沉浸在那种气氛里，因为我知道自己会永远记得那些时刻；但与此同时又摆脱不掉各种各样噩梦般的念头，喉咙里像堵着一团东西。马里奥·曼祖基奇使我重新振奋起来。他高大勇猛，平时着实是个睚眦必报的坏小子，这时却走近我，用压抑着眼泪又意气高昂的嘶哑嗓音对我说："精神点儿，我知道你难过，我也难过，但是别这会儿就哭。我们竭尽全力了，做了一场大事，我们应该骄傲。"

马里奥在漫长的12年里都是我的战友，胜与败都一起见证过。他一身傲气，意志坚定，向来寸步不让。我觉得我们俩在这方面相似，只是他比我更擅长掩藏自己的感情。韦德兰·乔尔卢卡，我最亲密的伙伴和挚友之一，很快也走过来或多或少表达了相同的意思。我们互相打气，因为大家的感受都一样。他们帮助我免于崩溃，而我反过来让朋友、队友、球迷分担了我的痛苦，勉强让自己定下神来走完颁奖流程。

伴着队友们喧闹的欢呼——法国球员的掌声也很有力——我终于登上领奖台，国际足联主席詹尼·因凡蒂诺、俄罗斯总统弗拉基米尔·普京、法国总统埃马纽埃尔·马克龙、祖国领导人科琳达·格拉巴尔-基塔罗维奇和其他参加典礼的官员已在等候，这时我竭尽全力集中精神。脑中一闪念，想起全世界的人都正在观看，我不应该让自己、队友和国家丢脸。这次我紧挨着冠军奖杯走过，甚至都没向它瞟一眼。我肯定是在用这种方式面对现实：我们壮美的故事已经落幕，我得接受人生中的完美时刻极少且相隔很远这一事实。

如果你现在问我，当时国际足联、俄罗斯、法国和克罗地亚的头号人物跟我说了什么，不骗你，我真不知道。我只能想起些细细碎碎的片断。我知道他们都表露了同情，就像想表示对我们所背负的世界杯决赛铩羽之痛感同身受似的。因凡蒂诺对我说，他为我高兴、遗憾克罗地亚输了。普京把最佳球员奖杯递给我，用英语表示祝贺，说了句“精彩”。马克龙好像说我们打了一场梦幻般的比赛——差不多是这么个意思。祖国的总统科琳达·格拉巴尔–基塔罗维奇与我们同样因在决赛功亏一篑而悲痛，但也分享了我们奋力冲到顶峰的自豪。

我走到了领奖台上可以独处的位置，如释重负。身处职业生涯中个人荣光最高的时刻，我只感到难过。奖杯捧在手中，面前是成群的摄影师，我做着大家期望的姿态，但提不起劲。接着，来自队友的助威欢呼声回荡在背景中，随之而来的是响彻整座球场的掌声。这是我第一次被得奖的现实触动，觉得皮肤都在起粟。我向观众挥手，悲痛在这时进入了痊愈过程。也是在这个时候，我开始意识到克罗地亚做出了一件震动世界的成就。我心中无比自豪，目光扫过看台，向臆想中妻子、孩子们、父母、姐妹、朋友的大致方位望过去。

当选世界杯最佳新秀的基利安·姆巴佩很快也上了领奖台跟我站在一起。他是一名骁勇的前锋，刚 19 岁就已经拥有在最高级别的比赛中左右战局的能耐。只消再积累些经验，打磨些套路，他就会前途无量。我还没来得及夸赞他赢得这个头衔、年纪轻轻就在世界杯留下了自己的印迹，他就先对我说：“恭喜，我真为你高兴！”那时姆巴佩看上去像个面对所有的荣耀和压力仍稳稳站立的谦逊青年。如果他再接再厉，这个崭露头角的小年轻来日还有更多精彩。

还有，在我离开领奖台之前——这会儿才对获选世界杯最佳球员的事有了点知觉——对祖父卢卡的回忆闪过脑海。他被游击队打死在自家门前的时候，我刚 6 岁。他在我的人生中只停留了一小段，但已足够我耳濡目染，深深领悟家庭之爱、奉献和忠诚。

CHAPTER 第二章 2

克罗地亚，克瓦尔蒂里奇。路边一栋小小的石砌房子，是紧倚在韦莱比特山脚下的最后一栋房屋，再往后面就只有嶙峋的坡地了。这里离我父母在扎通奥布罗瓦茨基村的住所有 6.5 公里。这座房子是我小小童年世界的中心，直到 1991 年我们被迫逃离。我的祖父卢卡和祖母耶拉住在这里。祖父是修路工，负责维护达尔马提亚、利卡两地之间从沿海到山区的老国道。祖母是位勤俭的家庭主妇。他们住的房子产权归道路养护公司所有，但那时我只知道它就是祖父母的家。我们管它叫“坡上家”。

我从未见过外祖父佩塔尔，他在我出生前就去世了。外祖母曼达如今仍住在奥布罗瓦茨。

我父母在奥布罗瓦茨的“特里奥制衣厂”上班，离我家 4 公里。他们就是在厂里认识的。母亲拉多伊卡是裁缝，父亲斯蒂佩是机修工，负责维修厂里的机器。母亲休完产假后过了一年，他们决定送我去奥布罗瓦茨的一家托儿所。我没有去多久。有一次，母亲到单位后听同事说（同事的孩子也去那家托儿所）全班孩子只有一个适应不了，哭起来没完。她起了疑心，问那孩子穿的什么衣服，确认就是我之后，又和父亲一起决定把我接了出来。他们以前就考虑过这么做，不仅是因为我适应得很困难，也是出于健康原因。我那时总生病，鼻涕没断过，有一次还得了支气管炎。至于哭闹，更是看不到头：我哭起来没完没了，直到他们意识到没有别的办法。当然，幼小的我对自身行为一无所知，但长大以后常拿来跟父母开玩笑，说我那时是故意哭个没完，好让他们大发慈悲接我回家。

既然不去托儿所了，父母就把我送到祖父家。大概走 15 分钟的路程，我又喜欢待在那里，于是父母终于不用揪着心去上班了。而当他们意识到这个新安排让卢卡爷爷多么高兴，更是一份意外之喜。在我之前他有两个孙女，我是长孙，父亲总说祖父简直把我当成爱人。卢卡爷爷对待别人从来没有这么温柔和气，谁看了都无语——尤其是深知爷爷有多强硬的父亲。我年纪小的时候看不出来这些，但在我们一起度过的许多欢乐时光里，通过交谈，我能感受到他的善良和温暖，还有向我传授知识时的耐心。在他对我恶作剧的宽容反应里，在他送我上床并陪伴着直到我入梦的时候，我都能感受到这一切。在家时，我迫不及待地要回到他身边，回到韦莱比特山脚下那栋石头房子，我用这份渴盼表达着我们之间的深刻亲情。只有在今天，我长大成熟并且行过万里路之后，才完全理解了那些感情。

我人生那最初的六年留下了许许多多回忆，再后来我们一家人就开始遭逢苦难深重的巨变。老实说，那些回忆大多是以瞬间闪回的形式到来，尤其是在某个情境或地方促使我想起那段日子的时候，比如：当我回故乡探访仍住在当地的亲眷时；当我路遇某个在童年出现过的熟面孔时；当我来到父母重建的老家住宅时。最后，是当我每一次回到克瓦尔蒂里奇的那栋石砌老房子时。即使它已经被烧光毁尽，只有墙壁还立着，我总还能感受到烙印在我身上、此生不灭的强烈感情。对家庭的依恋和身处家庭环境中的安全感，直到今天也没改变过。不，那些感情反而比以前更强烈了。我想可能本该如此吧。随着年华流逝，我们会回归自身和那些与我们最亲近的人。我们会组建家庭，盼望生儿育女，然后养育他们，看他们成长。我感激我的父母，因为他们给我灌输了“家庭是一切的基石”的观念。他们使我懂得，我的人生成就取决于家庭有多大的凝聚力。如今我身为人父，过着与父母完全不同的生活，但说到养育孩子，我仍遵循着他们打我孩提时起便给予我的真情和关爱。

父亲斯蒂佩是个信念清晰而坚定的人，表面上看很强硬，但内里却感情丰沛。很久以前他曾告诉我，他的坚忍在第一眼看见我时就被击碎了。他含着欣喜的泪水迎接我，那是他生命中最特殊的时刻。他有我的时候才 24 岁，从那以后就不再能藏起感情扮硬汉了。

母亲拉多伊卡是大家口中的“拉达”，很有女性的力量。她心软，但也懂得怎样克制感情。她无数次对我和妹妹们展露无私的爱，但在主事的时候就变得十分果决、始终如一。用今天的眼光看，我觉得正是父母在坚决与温柔之间维持的平衡造就了他们的和谐生活，乃至我们整个家庭的和谐。

我是家里第一个孩子。1985 年 9 月 8 日，母亲在夜晚 11 点左右开始阵痛，大家做好了送她去医院的准备。在这种情形下，总还是会有一些紧张感和一份盼望诸事顺利的焦灼，所以生过四个孩子的祖母耶拉也过来陪伴她。父亲很快带大家到了扎达尔医院。医生们说不准分娩会持续多久、我要到什么时候才降生，告诉他最好回家等消息。他一贯听指挥，就照做了。大多数家人深信母亲会生个女儿。她有五个姐妹、一个兄弟，而父亲有两个姐妹和一个双胞胎兄弟，这样算来生女儿的机会是 8 比 3。然而到凌晨 2 点 10 分，我来了！分娩很顺利，没出任何状况。我叔叔热利科是第一个收到好消息的人，我家当时没有电话，而他在一家酒店值班，于是医院的人打电话到他单位，叫他转达消息。父亲马上开着他的白色“扎斯塔瓦 850”直奔医院。他第一次把我抱在怀里——这故事他讲了一次又一次——根本止不住眼泪。后来大家庆祝的时候，长流的就不是泪水而是美酒了。父亲乐疯了。

我出生这天发生的趣事里，祖母耶拉可能要占第一。她也在酒店工作，父亲就去那里接她。为了庆祝长孙诞生，她把头发散开，猛喝了几杯！大清早的，狂喜一过她就开始头晕恶心，后来因为身体脱水，大家只好把她留在扎达尔医院。我们每次回忆起祖母的庆祝方式和随后的醉倒都会大笑。

母亲常说休产假的那年是她这辈子最美的一段时光。照看我和其他家人、打理房子，让她觉得人生圆满。我在襁褓中特别老实，但长到五个月她停止给我哺乳时，情况开始不一样了。我变得躁动，不肯进食，拒绝叼奶瓶，半夜会醒过来哭闹。过了几年，我都还不肯好好吃饭。我不喜欢吃肉，不肯碰汤和沙拉，只吃牛奶、奶酪和熏猪肉。我在卢卡爷爷家不愁没有这些爱吃的东西——都是自家出产的。他在克瓦尔蒂里奇的宅院附带畜栏，他养了绵羊和山羊，多的时候有 150 只。另外还养了火鸡、兔子和鸡，要花很多工夫侍弄。家里每个人都来帮忙，我也会。至少，小孩子能干的活儿我都尽量做，比如和爸爸、爷爷一起把羊赶到附近山坡上吃草。但真相却是，我玩得非常开心。我那时活泼爱捣乱，最喜欢干的一件事情就是薅羊尾巴，然后看着它们的反应哈哈大笑。我跟动物世界很亲近，无所畏惧，即使大人告诫我说这片山区有狼。我唯一怕的是蛇。我们赶牛去草场时，父母总是警告我不许跑太远，因为山坡和沟壑里藏着危险的毒蛇——角蝰。有一次父亲抓到一条，装进大瓶子带回了家。从那以后我再也不用人告诫，总是远远躲着蛇，包括我们当装饰品摆着的那条瓶中的角蝰。对蛇的恐惧一直伴随着我，什么时候看见都会觉得不自在。

小时候，我从玩耍和发现自然中得到了太多乐趣，别的事都没法放在心上。祖父和父亲照看牛群时，我就跟平辈表亲米里亚娜和森卡玩儿。有一次，米里亚娜和我随祖父去给小羊砍新鲜嫩枝，他用自家的红色小面包车“扎斯塔瓦 430”拉着我们进了林区。那辆车挺有意思的，模样就像父亲那辆白色“扎斯塔瓦 850”的加长版。祖父去砍枝条了，我和米里亚娜又钻进了面包车。我们假装开车，玩得忘乎所以。不记得是谁干的，或者怎么鼓捣的，反正我们当中的一个在某时某刻松开了手刹，而且对这个举动的后果一无所知。面包车头冲下停在坡地上，于是开始缓缓地出溜。我们傻眼了，谁都不知道怎么让车停下来。要不是道路旁边有石砌护墙，天晓得会出什么事！没人生我们的气，不论父母还是祖父，见我们没受伤都只顾庆幸去了。祸事的后果只是车身添了几处凹陷和剐痕，而我们惊魂不定，以后再也不敢在停着的车里玩了。

父母吓坏的傻事不止那一件。在我大约3岁那年，有天下午母亲和外祖母在剥豆子，我在一边胡闹。大概是出于无聊，我拿了个豆荚，不一会儿就剥开了，又冒出在两边鼻孔里塞豆子的主意。我自己觉得很好玩儿，但母亲发现不对劲了。我几乎喘不过气来，豆子堵住了呼吸道！她喊来父亲，想尽各种办法要把豆子弄出来。他们俩手忙脚乱，我却兀自笑个不停。终于父亲用镊子取出了一颗豆子，另一颗却死活不肯出来，他们只好送我去医院。其间他们吓得够呛，因为我的脸开始发青，都翻白眼了。走运的是并没留下什么严重伤害。

母亲总说我是个活泼的孩子，但也懂得礼貌和体贴。例如，我在其他孩子的生日宴上就格外安静。或者，在大人们玩地掷球的时候，我喜欢坐在母亲腿上观战，让她抚弄我的头发。不过，要是什么事不合我的意，我会扯她花盆里的花来气她。我还喜欢躲猫猫，不论在祖父家还是在父母家。有一回我躲起来，母亲找不到我，吓坏了。她惊慌地喊着我的名字，而我喜滋滋地陶醉于这次成功的藏匿——钻在一个小壁橱深处，就是不回应她的呼唤。我终于以一副胜利者的姿态站出来，发出响亮的笑声，但瞬间就哑了。母亲大发雷霆，这一次表现得不怎么善解人意……

我在祖父家尤其活跃，父母说我最初学会走路就是在那里，当时才九个月大。我在祖父的房子里度过了许多时光，隐约觉得比起父母家更大更舒适的房子，它更像是属于我的。楼上有一间卧室，楼下是厨房和另一个房间。住宅旁还有座车库。他们不得不在我的小床边加上木栏，因为我睡觉很不老实，怕一骨碌翻下床去。祖父的房子还没通电，我们点煤油灯，后来父亲买来一台发电机。也没有自来水，我们就用井水。

大家想看电视上的足球赛时，还是得到坡下的家里才行。

当然我也像别的孩子一样有玩具，会盼望礼物，也会跟同龄人一起玩儿；讲这些往事是因为我想先描绘一下韦莱比特山坡地上小村寨民的艰苦生活环境。我的日常生活跟住在大城市里的孩子完全不同。人生早期那些条件艰苦但其乐融融的年头塑造了我这个人。但我童年也并非只是在山间和沟壑里乱跑、照看吃草的羊。我并非把所有时间都花在跳石头、躲毒蛇上面。我也不是只会揪羊尾巴和撵兔子。另外，虽然我提到没有接电线和自来水的老宅，但也得补充一句，我自己家的房子就很舒服，一般现代生活设施都有。我有自己的房间和满目青翠的宽敞院子。亲戚们也住在附近，可以相伴玩乐的孩子很多。我们经常玩捉迷藏，也有玩具车；我们可以在公路上乱跑，因为那时车流稀少。

但有一样事情也许可以把我跟其他孩子区分开——父母后来跟我说，我从小对一种特定玩具有着巨大热情，圆溜溜的那个！当年他们给我买玩具车，我过生日时也收到许多别的礼物，但它们都没有占据我太久的注意力。只有那个球！一岁生日留念照片拍的就是我坐在球上的样子，而我其他全部照片可能就只有带球跑来跑去这一个主题了。等我长到父母放心让我自己出去玩耍的岁数，球成了我最好的朋友。在坡下住宅旁的泥土路面上，我和亲戚家的孩子一起练花式球技。我那时还常把球踢到爷爷的车库门上，弹回来再踢。父亲后来说，到我三四岁的时候，他们已经看出我踢得很有一套了。在他看来，我有天赋的另一个表现是，我学新东西很快，他只需要示范一次怎么接发球，就不用再费事了，我会不停地重复和改进那些动作。

父亲自己也踢足球，曾是低级联赛奥布罗瓦茨矿工队的球员。他打的位置是右后卫，得到的评价是速度快、体力好，跑起来不停。可惜他在一场比赛中扯断了十字韧带，职业生涯因此终结，受伤的膝盖到今天也不甚灵便。卢卡爷爷也踢球，大家说他擅长打室内五人制比赛，在篮球方面也有特长。如今，大言不惭地说，我的篮球打得也相当可以，而且但凡是球类竞技我基本就不会犯怵，这天赋肯定来自卢卡爷爷的遗传。啊，爷爷……

卢卡爷爷

在我出生之前，长辈们早就定好了我的名字。父亲斯蒂佩按照老传统随了他祖父的名，所以我就随祖父叫卢卡。但大家告诉我，在获得祖父宠爱这件事上，我的名字没有我的长孙身份来得重要。

我小时候，祖父所做的不仅仅是在我父母上班时帮着看孩子。他总是陪我玩。我刚长到能自己走动的程度，他就不管去哪儿都带上我。无论是去铲雪、堆稻草、放牛、买建筑材料、搞维修，还是处理其他林林总总的日常家务，卢卡爷爷都把我当成他的小助手。我特别喜欢坐他的小面包车出去，或者跟他上亲戚家串门。他带我打猎、抓兔子或鹧鸪，还允许我拿着他的猎枪摆姿势拍了张照片，我兴奋极了。他跟我聊天，解说事物，逗趣儿，教我各种各样的东西。每跟他度过一天，我就能学到许多，并迫切地等着他带我踏上新的冒险。

卢卡爷爷是个高大帅气的男人，头发总是向后梳得溜光，浑身散发着自信的光芒。换在今天我们会把这样的男人称作正牌硬汉，小时候我没这么看待他，但有些感受昭示着他在我心中的特别地位：靠近他时的安全感，与他相处时的乐趣，还有对他手头事情的无限好奇心。我就是没有二话地崇拜他——即使是在他展露大家长权威、宣称我该剪头发了的时候。母亲喜欢我留长发，我习以为常。但要是卢卡爷爷觉得我头发过长，他都不会问母亲，更别说我的意见，直接拿起剪子就自己上手了。有些时候不光我，连母亲都会掉泪，可也于事无补。卢卡爷爷要是拿定主意做什么，那就非做不可。

我 4 岁的时候，这个快乐大家庭迎来了新成员——我的大妹亚斯米娜诞生。这是童年的又一次非凡体验。我不记得当时想要的是弟弟还是妹妹，而且对家里准备要第二个孩子时的好多细节都没什么印象。我只知道，她到家的时候，我第一次见到她、第一次触摸和亲吻她的时候，我都兴奋极了。亚斯米娜成了我生命的一部分，我们一起长大，彼此相知，结起兄妹之间的坚实纽带。

妹妹分走了家人的关注和爱护，并没使我觉得生活有什么改变。我沉浸在自己的世界里，玩耍和家庭聚会同样能带给我乐趣，不管是待在自己家、在饭桌前、做家务还是走亲戚都无所谓。父母后来讲的往事证实了我对 6 岁以前人生的印象。小时候我无所畏惧，非常活跃、欢乐、爱闹腾，但他们也总说我懂事有节制。该消停下来听他们说话时，我就会消停。他们叫我别较真、冷静一下时，我也会照做。我深信，儿时在家里感受到的尊重和温暖，再加上清清楚楚的规矩，这些熏陶后来融入了我的性格。我在韦莱比特山下的童年是美丽、无忧无虑的，同时也充满了教育性。我很快学会独立，找到了通向门外世界的路径。那时没有手机、电脑、平板设备或因特网，我在大自然中度日，热衷于发现它的美，也学着尊重它的法则。一切都那么美好，而且看起来只会越来越好。然而命运却准备了别的安排……

虽然没有理解时局的能力，但我能感觉到有什么地方开始不对劲，就好像我身边一直如此美好的一切突然停止了运转。父母不再去奥布罗瓦茨上班了，他们的交谈变得悄声而严肃。即使在祖父家都感觉得到，气氛跟以前不一样了，虽然他和祖母还有我父母都在尽量保持一切照旧，但终究难以为继。

关于那个悲惨、恐怖的日子，留在我记忆中的只有父亲的焦灼。卢卡爷爷一去不归，于是大家出去寻找。他被送到我家的时候，我还不知道发生了什么。我心里只有悲痛。父亲搂住我的肩膀，把我带到棺木前，说：“儿子，去跟爷爷告别吧！”我无法领会那是我最后一次见他。然后他们带我出了房间，把我和悲伤的景象隔开。葬礼在奥布罗瓦茨举行。卢卡爷爷是一位受尊敬的男人，也是真正可爱的人。

父亲一向敬爱祖父，这次打击是什么滋味我只能靠想象。多年后他对我说起找到浑身是血的祖父遗体时那种恐怖。在离家几百米远的路边有一片草地，卢卡爷爷把羊赶到那里去吃草。当时是1991年12月份，战火刚燃起不久。卢卡爷爷是个天不怕地不怕的人，但他可能没意识到局势的严重性。祖母耶拉后来说，她在那一天早些时候见到路上有多辆军车驶过，就躲进房间锁上门。上午，父亲好像预感到不妙，急匆匆去看他们，得知羊群没跟着爷爷而是自行回了家，就知道厄运上门了。

卢卡爷爷倒在了机枪的火舌下，枪口的距离很近。那一年他66岁。我每次想起他死在自己家门口，心就重新碎一次。什么样的人会冷酷地夺去一位无辜老人的生命？这是我快10岁时心中的问题。学校的三年级老师叫我们写作文，写一个在我们身心留下印记、引起悲伤或恐惧的故事，那是我第一次吐露心声：

> 虽然我年纪还小，却已经历过不少人生中的恐惧。对于战争和轰炸的恐怖，我还在慢慢地走出来。
>
> 我永远无法忘记的可怕事件和恐惧感发生在四年前，切特尼克游击队杀害了我爷爷。我非常爱他。每个人都哭了，而我根本无法理解我亲爱的爷爷不在了。
>
> 我以前常问，会做出这种事的人，和逼我们逃离家园的那些人，还能不能叫作人。

从那以后我就很少说起卢卡爷爷了，在公开场合尤其不提。生活天翻地覆，一件事接一件事，新的打击接连袭来，让我们应接不暇。父亲入伍参战，能跟我们聚在一起的时候，他就尽力安抚我和妹妹，说一切都会变好的。全家遭逢变乱，想念父亲又令我愈发苦恼，但我未曾从他的言语中听出仇恨，他甚至没有流露过一点复仇心。等我长大了一些弄明白战争年代发生过什么事之后，再回望当年，才意识到父亲对自己的痛苦采取了多么有尊严的承受方式。这不仅展露了他的善良，还有他对子女的责任感。他总是告诉我们，一个人出身于哪里、归属于哪里、拥有什么或缺少什么都不重要，唯一重要的是你能不能做个好人。当年那些事是可怕和悲惨的，但父母不忘在抚养中教育我们对他人的尊重和爱，以及如何做一个能辨别是非的正常人。我感激他们两位，因为这种教育大大影响了我看待世界的方式。塑造了我这个人的还有背井离乡的艰苦，轰炸的恐怖，对至亲之人的担忧挂念，以及面对战后的满目疮痍、努力适应新现实的复杂岁月——我正好在那时跨入青春期，很容易被错误观念和扭曲的视角带上歧途。然而我的父母知道怎样让我留在正道上，后来我的球员生涯展开的时候，走正道的决心只会变得更加坚定。

我毫不怀疑父亲的做人方式扎根于卢卡爷爷抚养他时展露的精神。卢卡爷爷对我影响也很大，即使我当时只是个孩子，而无情的命运只让我们共度那么少的年头。我现在常常忆起他，这个章节可能是我第一次用些许篇幅来写他。我无限想念，多希望能有个机会让他分享我作为一名球员的荣光。他肯定会为之骄傲，也会以我的家庭为荣。他当年总说要把家庭放在第一位，并把这种价值观灌注给所有家人，因此我们才那么亲近。我每次回乡都会重走跟卢卡爷爷一起去过的地方。记忆活过来，情绪翻涌。我也带自己的儿女一起去，他们过着跟祖辈完全不同的生活，在家乡至少能对我长大的年代和环境稍有认识。祖父的房子如今已经荒废，野草丛生。一块写着“地雷危险”的牌子突兀地提醒着人们，这里发生过悲惨的事。老宅是政府公房，不然我早就着手打理了，用它来纪念祖父、祖母和所有人，因为看到它就能想起我们人生中的一个重要篇章。在 1991 年 12 月 18 日大家找到祖父遗体的地点有座小墓碑，是我父亲立的。我每次去都会记起祖父的一生多么充实，我们一起做过的事如在眼前。不会错的，如果相见，他在为我的成功道喜后做的第一件事肯定是拿起剪子，说：“卢卡，我真为你骄傲，但你该剪头发了。来来，让自己整洁一点。”

背井离乡

祖父过世后，父亲意识到是时候赶紧离家避险了。我当时年纪太小，还理解不了时事，而父母努力让我们逃难中的生活尽量安适。但我能感觉到时移世易，尤其是与早先在扎通奥布罗瓦茨基无忧无虑的那些年相比。我们先去了马卡尔斯卡，显然是为了投奔在那里当侍者的叔叔热利科。他犹如我的第二父亲，不只因为他和我爸是同卵双胞胎，更因为他为人慈和，处处护着我和妹妹们。他自己没有子女，却视我们如同己出。我们有什么需要都可以倚仗他。

小时候，父母对你来说就是一切，如果他们和其他家庭成员或朋友情深意厚，你也会和那些人亲近起来。我感受到了父亲和叔叔之间无条件的兄弟亲情。即使今天再看他们，也还是能感受到那份了不起的牵绊。他们一天少说要打十几次电话，如果其中一人出门旅行或忙别的事，那大概每隔 15 分钟就要通话——叔叔刚好比我爸早出生 15 分钟。父亲略偏内向易怒，而热利科叔叔比较开朗爱交际，镇定沉着，而且特别喜欢跟人逗趣。我猜想这种性格区别正是两人相处如此美妙的原因。我从没见过他们吵架。

在马卡尔斯卡，我们住进了名叫“儿童村”的难民营，在那里住了约四个月；接着于1992年4月迁往扎达尔，按原来的打算，到秋季我就要在当地入学。我们被安置在科洛瓦尔酒店，最开始挤在一楼的单间客房，父母、妹妹和我只能睡一张床。那个小空间还有一个厕所，角落的小桌上支着我们的饭锅。后来我们被安排到三楼，有了两间房，一间给妹妹亚斯米娜和我，另一间兼做父母的卧室和我们的客厅。这就是我们的新现实。可能看起来艰难，但我觉得我们很快就适应了。我们家在出来逃难前早已习惯俭省的生活，所以父母都没抱怨。当然他们也有难处，就是担心我和妹妹，再加上父亲志愿参军，需要上前线。为了改善全家的生活，母亲找了份工作。她以前在奥布罗瓦茨的工友开了一家补衣店，找她入伙。我觉得这对她是好事，不光因为我们多了份收入，也是因为她去上班的时候能把烦恼搁在一边，哪怕只有片刻也好。

酒店里有许多跟我年纪相仿的孩子。我们成天在楼前那片操场上待着，玩足球、躲避球、捉迷藏，结交新朋友。要不是时常被轰炸赶进防空洞，我们小孩可以说拥有满不错的社交生活。酒店里住满了人，大家都跟我们一样背井离乡来逃命，我家好多亲戚在里面，比如父亲的姐姐玛丽亚一家。炮弹时不时地袭来，有的击中了酒店，玛丽亚的丈夫迈尔还受过伤。炮弹在他们的房间附近爆炸，幸运的是除了蒙受惊吓和飞来的弹片，别的没什么大碍……

说来也许奇怪，但我很快习惯了随着警报大作往防空洞跑。最开始轰炸很吓人，后来我就只觉得不安而已。真能吓到我的是火箭炮的声响，一声可怕的尖啸划过，然后炸响。我们并不总是跑向同一个防空洞——要看刚好在哪里赶上警报。不管跑到哪里躲着，总能碰见好多小孩，我们很快就能玩到一起。玩耍让时间更快过去。全家人在一起时我感到最安全，但当父亲上了前线，我们就活得担惊受怕。恐惧始终徘徊于背景中的某处，我们学着与它共存，生活平稳地持续。直到我开始上学。

学校的钟声

扎达尔的克鲁诺·克尔斯蒂奇小学位于阿尔班纳西住宅区，离我们的酒店约一公里。开学第一天，母亲陪我走到学校，我非常兴奋；第二天，父母准许我自己去上学。我走得很开心，因为可以跟在科洛瓦尔酒店结识的两个朋友马尔科·奥什特里奇、安特·茨尔尼亚克一路说说笑笑。我们好得形影不离。马尔科是普里德拉加人，跟我一见如故。我们一块上学，一块闲坐，一块在扎达尔训练，后来成了毕生的挚友，互相在对方婚礼上做伴郎。我们两家人都很亲近。他的德行中最使我喜爱的一点是，他从始至终没有变。从我的童年和战乱岁月到今天，他一直是我的挚友，仍是我们 6 岁时那个样子。对他来说，我从来都是卢卡，而不是球星卢卡·莫德里奇，这正是我欣赏他的地方。

说实话，我的学上得不怎么样。姑且说我是个中等生吧。我喜欢历史和体育课，这两科总能拿到优秀分数，但科学和数学课不太行，原因之一是我临时抱佛脚的学习方式。我每天和每个晚上都跑去训练，周末就打比赛，只在快要开家长会的时候坐下来学习，考个中等成绩就满足。我比较像样的一面是非常整洁，这是我始终保留的品质之一。我喜欢每样东西各居其位，井井有条，随时找得见。如果有什么东西从原来的位置移走，或者改了摆放的方式，我回家时一眼就看得出来。

父母对我在学校的成绩起伏宽容对待。他们叫我努力做到最好，不过以我们当时的境况，我想他们只要看到我有进步就好。我最喜欢学校的地方在于朋友和同学，我们互相嬉戏，搞些天真无邪的恶作剧。我的表现大致不错，但也有犯浑的时候。这都是成长的一部分。在某种意义上，这让我们觉得自己只是寻常的学童，做着一般孩子做的事，尽管时局艰难而凶险——我们知道离死亡很近。老师们尽量让场面可控。因为热爱体育，我格外喜欢体育课老师阿尔贝特·拉多夫尼科维奇，但和班主任马娅·格尔比奇女士关系也很好，她非常理解像我这样的难民孩子。有些日子因为炮击而停课，返校则意味着局势平稳些了，但我们经历过的恐惧没法用橡皮一擦就掉，老师们需要耐心和充分的体谅。

我用抓到的每一个空闲踢球。我们会在学校后面的混凝土操场上踢，回家后再到酒店的停车场继续。场地旁是一片草地，有几棵树。找一棵当作门杆，另一边摆块大石头，就有了球门。我们踢到精疲力尽才会停。我有时也站在树边当守门员，但始终更喜欢运球和射门。父亲就是在这段时间注意到我踢得不错。不用上前线的时候，他就带我去附近阿尔班纳西住宅区的运动场，教我怎样控球，怎样接球传球。我从中获得了巨大的乐趣。和父亲一起玩儿、足球还有比赛，这一切都像在老家那些无忧无虑的日子。但和扎通奥布罗瓦茨基以及宅院四周的空地不同的是，科洛瓦尔酒店门前有许多汽车，球飞出去难免很多次打到车。皮球撞到金属时响声刺耳，四周的窗玻璃有时也会遭殃。有一次闹得情况有点严重了，或者至少看起来挺吓人。足球撞到某辆停着的车的轮胎时，一名年长的先生突然现身，怒气冲冲地拿走我们的球，并当着我们的面刺破了它！然后他叫马尔科和我滚蛋。我开始时有些惊呆，很快便气得要死，一回到自家的房间就开始猛哭，因为我们失去了仅有的一只皮球。父亲问明刚才的事，听我说完就出了门。他找到那个刺破我们球的男人，要求他解释，那人就在酒店工作，父亲找上门的时候他还攥着一把螺丝刀，就是用来刺我们球的那把。

“第一，把那螺丝刀放一边去。第二，我不懂你为什么戳破孩子们的球。”父亲平静地和他说。

“那球砸到我车了！”男子回答。

父亲说，那不足以构成咄咄逼人和如此对待小孩的理由；他应该赔一个新球。那人道了歉，第二天，他真带我们到商店去，给我们买了个新球！这是我第一次看到父亲做出这样的反应，我当然很以他为荣。他让我很快又开心起来了。

7
7

CHAPTER 第三章 3

有一天父亲回到家，说他给我在扎达尔足球学院报上名了！那是1992年秋天，开学没多久，而我已迫不及待地要去上第一次训练课。好友马尔科也加入了学院，父亲开车带我们两人去。我们兴奋极了！训练在一个旧陆军基地里进行，我们把那个地方叫作巴宁，空间阔大，如今已经被改建成一座体育中心。最开始我们没有更衣室，就在看台换衣服。我至今记得我的第一双球靴：父亲给我买的，乐途牌，荧光绿色，我觉得是世界上最美的东西。父母做了许多牺牲来供给我们一切所需。父亲深信我会是个好球员。如果改换一下出身环境，他自己就能靠踢球闯出名堂，可惜生不逢时。他和母亲说我对足球有特别的天赋，他要确保我获得发展的机会——他从未得到的那个机会。

我的第一位教练是热利科·日夫科维奇。初次训练后，他立刻把我安排进一个由大孩子组成的队伍。我体格没他们强，却无所畏惧，这份自信必定来自以前带球踢遍大街、停车场、混凝土操场和科洛瓦尔酒店前草坪的经历。在那些地方，没人管你多大年纪，如果想加入球赛跟大孩子们踢，就得学着独当一面。我曾踢得两胫酸痛，曾在混凝土地面上飞扑倒地，再挂着一身血站起来。但我从来不哭不诉苦，就是撑起来继续踢。或许那就是大孩子们接受我、挑我加入他们球队的原因。我想，街头经历给了我一副硬骨头，在后来发挥了很重要的作用。

我们每周训练三次。最开始是父亲带我去，但他经常忙不过来，我就骑着自行车自己去。从科洛瓦尔酒店到训练场要20分钟。我知道父母会担心，因为说不定就在我去训练场的路上或练习当中，警报就会响，炮弹紧跟着落下来。当真遇上轰炸的时候，教练们迅速带我们进俱乐部躲避。今天作为一名父亲回望那些日子，想起足球队其他孩子的父母当时的表现，我愈加佩服我父亲的方式。他来观看训练的时候大都跟马尔科的父亲（两人性格差不多）待在一起，从不对教练的工作指手画脚，也从不对我或任何人施加压力。当然有很多父母和他正相反，父亲唯一一次介入就是为了保护我不受这种家长扰乱。那人属于眼里只看到自己的孩子、觉得一切都应该围着他转的那种父亲，在场外不停地嚷嚷、说粗话，一定也对我喊了什么。父亲在球场另一端忍无可忍，跑步穿过训练场地去厉色叫那人闭嘴，别再骚扰孩子们。父亲被触怒的时候会让人觉得凛然不可侵犯。骚扰停止了。

我喜欢训练。教练日夫科维奇和接他班的马托舍维奇教我们基本技术，怎样接球传球，还有球赛中的其他要素。即使在不参加训练的时候，我也不停地踢球。像以前一样，我们在酒店前的停车场找块地方，场地两边各摆两块石头做球门，于是开踢。那是真正的拼斗。大多数时候我们玩五对五，不过有时两队人数参差。我踢球的时候脑子里只有赢球和比别人出色两件事，这是有代价的。我所有的裤子、T恤，尤其是运动鞋，都被磨得千疮百孔。那年头我没有多少衣服，新鞋更不是想买就买得起的，所以我尽可能地爱惜它们。没什么高价货，实际上还都拣便宜的买，但那些式样简单的白色帆布运动鞋对我来说就是整个世界。每次踢破一个洞，我都尽量把它补好。

1995年，标志克罗地亚独立战争获得决定性胜利的“风暴行动”之后，我父亲开始接受飞机技师培训。他作为仍在服役的军方人员受雇于泽穆尼克机场，我家随之被安排到伊日酒店。这家酒店比较小而简朴，离科洛瓦尔酒店15分钟脚程。我朋友马尔科·奥什特里奇也离开了科洛瓦尔，全家被安置到萨格勒布酒店。但最重大的改变还是新学校。读完六年级后我转去了西梅·布迪尼奇小学，离伊日酒店更近。这所学校很好，即使老师们偏严厉一点我也很喜欢。我没过多久就适应了新学校和伊日酒店的居住条件。我们住一楼，空间还不到30平方米，有一个大屋兼做客厅、餐厅和父母的卧室。狭小的卫生间旁边是临时布置的小屋，我和亚斯米娜的两张睡床摆在里面。但家里的子女很快变成了三人：小妹蒂奥拉出生于1998年6月。

让我记起1998年的还有那一年法国世界杯赛事中克罗地亚国家队的耀眼战绩。我当时将近13岁，已能明白这是一种非凡的成就。那并不是我第一次观看世界级锦标赛。1994年我虽然才9岁，美国世界杯赛的一些细节仍牢牢留在我记忆中，尤其是我特别喜欢的罗马里奥和他的运球技术，还有贝贝托每次进球之后庆祝自己孩子诞生而跳的“摇篮舞”。但印象最深刻的还是巴西队和意大利队决赛罚点球过程中的期待和紧张。当然，我年幼时没法完全理解那些罚球决出世界冠军的球员们肩负的重压；20年后，我知道得再清楚不过了。

在1998年，不论克罗地亚队何时比赛，只要看看酒店里、街道上、广场上、咖啡馆和酒吧中人们的反应，就知道这是一场怎样的盛事。当时的气氛，大人们观看祖国球队精彩献艺时的狂喜，都让我不能忘怀，那些感情牢固地印入脑海。我和许多男孩一样幻想作为球员去体验这一切。我早早选定了长大以后在球队里担当的角色和印在球衣上的数字——和国家队队长兹沃尼米尔·博班一样，10号。博班是我的偶像，我追着看他在国家队和AC米兰队的表现。在我的少年时光中，AC米兰正在足球世界叱咤风云，而博班是他们最好的球员。跟我出自同一片国土的人是那支伟大球队的重要分子！我成为“红黑军团”的球迷是理所当然的。父母给我买了一身带有AC米兰标志的运动服，我还有最心仪球星的贴纸。可我做梦也想不到有朝一日我的偶像、人生榜样会亲手给我颁发任何名目的最佳球员奖，更别说世界级奖项了。

留在扎达尔

在此期间，有件事对我往后人生的一切产生了巨大影响。战后重建的时候到了，人们陆续回到原来的家园。大家都以为我父母也会回到扎通奥布罗瓦茨基，然而他们做出了重大决定：全家留在扎达尔！许多返乡的人都尽力劝说父母一起走。我家留下来主要就是为了我，父母希望确保我得到正规教育和成为足球运动员的机会。我之前说过，父亲深信我拥有出色球员的天赋，什么也不能让他改变这个想法。当然，在这件事上获得母亲的支持也很重要。她首肯之后，他们就决定竭尽所能让我获得出人头地的机会。如今我明白了当初这一步走得多么大胆，而父母做出了多少牺牲才送我达到今天的位置。

从我年仅 7 岁时上第一节训练课开始，练球带来了高额花销。我父母都有工作，有能力供养家庭，但每一分钱都得精打细算。可父亲总说："我当年没机会发展，但卢卡要有，花费多少我都愿意。"说到做到。他们买了我需要的全部器材，给俱乐部付会费，资助我参加过的所有选拔营。如果没有父母的支持和他们对"孩子的天分配得上这份牺牲"的坚信，我原本不可能有机会证明自己。叔叔热利科也帮了大忙——财务上、道德上、感情上——贡献几乎与我父母的一样大。父亲常说如果没有叔叔分担，他肯定付不起那么多费用。但他奉献的不止是金钱，我家不管出于什么原因或在什么时间需要他，他都会仗义相助。

我在少年组进步很快。我所属的那一代球员人才辈出，拿到了辉煌成绩。记者纷纷报道，他们当时发表的照片现在成了珍贵的记忆。我母亲担当了在那些日子汇集照片和文章、精心归档的主要工作。她密切关注媒体，从报纸里剪下报道，仔细排列一张张照片，巨细不遗地收藏起来。父亲负责技术活儿。他用录像机录下比赛，那些录像有两个用处：除了留作纪念，也能用来教导我纠正一两处不足。

每当我翻阅影集或看一段录像，都会重新经历那些时刻。珍贵的回忆不只有踢球。那些队员是我的朋友，我们朝夕相处，一起出行，真真切切地一起长大。我们常出去打比赛，国内国外的赛事都有。我们享受那些出征，因为在那些日子里，归属于一个俱乐部不是只看输赢的。我们都觉得自己是集体的一分子，彼此之间存有特殊的情谊。我们渴求个人的成功，但也盼望一起庆祝胜利。最初的时光里一切都显得轻快和孩子气，可以想象自己是名真正的球员，属于一支伟大的球队。后来，在进入 U-16 组尤其是 U-18 组的时候，人就成熟起来，意识到足球是一项条件很严苛的运动。倒不是说球赛失去了浪漫色彩或团队精神不复存在——这一切即使在最高级别的职业足球也必须保持，否则就没有乐趣可言。但是，随着个人的进步，足球运动员生涯中的其他因素开始凸显。我指的是与年龄不相称的那些牺牲，比如同龄人出去跟朋友找乐子的时候你要早睡，还有不停歇的训练和保持专注的义务，不只在练习和消耗体力时如此，在吸收学来的技术、策略和竞争技巧时也是如此。进步不能中断，而当你心思在别处或者总想着你的朋友在干吗、在哪里、玩了什么，或你心仪的姑娘在哪儿、你想和她看电影的时候，肯定是没法进步的。

在这样的背景下，真正值得一说的是某次决赛前夜我经历的趣事。我发着烧上床，盖条毯子，浑身哆哆嗦嗦像片树叶。当时的体温肯定爆表，但没人给我量，因为我生病没跟人说，谁也不知道。假如教练多马戈伊·巴西奇得知我生病，就不会让我在决赛上场。我害怕那样的结果，就躺在床上硬忍着高烧折磨，一边是忧心，一边是因为之前比赛累积的疲劳，我睡过去了。第二天早上醒来一身轻松，不冷不痛，几乎忘了前一天晚上的惨相。我上了决赛，进了一粒球，还是个头球！

最喜欢的教练

在扎达尔青少年足球学院度过的十年间，我换过几任教练。最开始是热利科·日夫科维奇，后相继迎来达沃林·马托舍维奇、米奥德拉格·保诺维奇、多马戈伊·巴西奇、罗伯特·博图纳茨。不管相处时间是长是短，每一位都为我的发展尽了责，我感激他们所有人。不过，有两人对我迄今的成长——既看球员资质也看人格——扮演了最重要的角色，他们是托莫·巴西奇和多马戈伊·巴西奇，一对父子。专家托米斯拉夫·巴西奇是扎达尔足球界的传奇人物，气度非凡又很有亲和力，当时任扎达尔青少年足球学院院长。他儿子多马戈伊去U-12组执教也是他安排的，我刚好在那一组。

多马戈伊·巴西奇曾是才华出众的球员，但职业生涯结束得早。他从第一次训练课起就给我留下深刻印象，年头越深，他的影响越大。他执教时正值我们刚进入青春期。在这个时期，你会盯着女孩看，想和大孩子一样出去约会找乐子；会开始觉得天下就数自己最聪明，各种各样的远大想法钻进你脑袋里，让你自以为步步绝妙。多马戈伊·巴西奇伴随我们经历了这一切。如今我懂得了在人生那个阶段拥有一位不只把你当球员看待的教练是多么重要。他对我们的教养也很关注，指导与教育并施。他的训练课引人入胜，部分原因在于他的独特性格。他不会只叫我们跑、传、截球、射门。举例来说，他教过我们怎样对待判罚不公。他把我们分成两队，自己当裁判，按照他自订的规则来。他会故意处罚某个队员，然后看我们作何反应。球员当中有的人发脾气，有的人一肚子冤枉哭出来。晚些时候他会解释，在球场上和人生中有各种各样的事情等着我们，遭遇不公平在所难免，我们得学会怎样克服这些困境。他教导我们负责任、守规矩，对此坚定不移。

多马戈伊·巴西奇读过很多书。我们当时都在上学，都是刚进青春期的半大小子，他却叫我们读书。一开始这个要求来得出人意料。我们听了提不起劲，但教练严格坚持。他会给我们一本书和一周的期限来读它，之后还有测验，看我们有没有做到。他会把球队召集过来围成一圈，问每名球员一个出自书中某章节的问题。我们可以自行挑选想读的书，而那些书他很早之前就全读过了。如果有人空口瞎说，他马上就能识破。如果有人没好好读书过不了关，就会被他撵回家。我选读的书是《鲁宾逊漂流记》《海蒂》，还有一本现在想不起来书名，我全读了。他是想教我们言出必行，不管心里喜不喜欢。在这一点上他从不放宽要求，并会处罚做不到的队员。比如我们有个节日“扎达尔之夜”，数以千计的游客和当地人齐聚庆祝夏天结束，几乎每个社区都有音乐表演和派对，而教练会警告我们：“我不想看到任何人在外面玩到夜里一点钟以后。谁要是超时被我抓住，以后别想来这儿训练！”

他说到做到。我们很喜欢他，因为在那套强硬做派背后，他对我们爱护到极点。他不许任何人攻击我们，总是守卫、支持着我们。他令我们充满了一种特殊的信心。在学识之外，他还别有风度。他长得高大帅气，总戴着雷朋眼镜，散发着独特的气场。我们还知道他曾入伍参战。

我们的训练大多安排在下午五六点钟开始，偶尔也在上午训练，通常是十点。有一次就是在上午，我们来到训练场，但教练没露面。我们以为他被什么事情耽搁迟到了，但那也很奇怪，因为他从没迟到过。过了两个小时，俱乐部有人过来告知我们噩耗。

我们的教练死了？！大家都愣住了。不记得当时是否有人告诉我们他的死因和事情原委，后来得知跟他以前的某些私人问题有关。但他的死因对我无关紧要，震动我内心的是，昨天还是我极其尊敬且亲近的教练的那个人，突然再也见不到了！卢卡爷爷死的时候我已经体会过失去亲近之人的感受，但离开家乡后那些能引我回想起惨剧的事物和场景都远隔千里。父母尽了力，时间冲淡了伤痛，我渐渐习惯了不再拥有卢卡爷爷的现实。但就多马戈伊来说，他是我爱戴的教练、尊重的权威，在青春期的微妙岁月里，失去这样的人尤为痛苦，因为马上就能意识到失去他们带来的缺失。虽不能说我一夜之间就长大了，但这份悲痛烙印在我身上，使我更快地成熟。他教过我们的每一件事，关于责任、恪守规则、言出必行、对待冤屈和逆境，都成为我做人的态度中更加重要的一部分。我在后来人生中遇到的许多难事都是靠着他的话语走过来的。

多马戈伊·巴西奇之后来的教练是罗伯特·博图纳茨。不出所料，他有另一套执教风格，但我仍受益匪浅。博图纳茨的安排与巴西奇和其他教练一样，让我紧跟前锋打攻击型中场。我的个头比其他球员都小，体格也较弱，但每个人都看得出我的爆发力多猛。他们说我技术很棒，速度和灵活性弥补了个头的欠缺。我喜欢运球，有时甚至过度使用花巧和假动作。我大约就是从这个时期开始用右脚背外侧传球。我能凭头脑胜过身体壮得多的球员，意识到这一点后自信大增。球队去沃迪采打过一场大赛，证实了我的才能。我们和来自克罗地亚的一流队伍对垒，赛后我被评选为最佳球员，而且是在扎达尔队没进入决赛的情况下。我们拿了第三名。

同时期的另一段经历令我忆之心喜。当时有另一名攻击型中场吸引着媒体注目，并且是像我这样的年轻球员口中的谈资：尼科·克拉尼察是萨格勒布迪纳摩队传奇人物齐佐（兹拉特科）·克拉尼察的儿子，此时正大放异彩，被视为即将加入迪纳摩第一球队的人选。我看过他踢球，只消触球几次，他的一身出色技术就显露无遗。看他控球跑动是种乐趣，而我不久后得到了与他当面接触的机会。迪纳摩队来扎达尔踢一场友谊赛，他们的球员就寄宿到我们本地人家中。巴西奇教练负责安排住宿，尼科后来被分到我家在科洛瓦尔酒店的住处。我们一起度过了两天，在扎达尔闲逛、观光、交谈，过得很开心。那时我们根本做梦也想不到有一天能并肩作战，先后为克罗地亚国家队和托特纳姆热刺队效力。

失意于哈伊杜克

我受训于罗伯特·博图纳茨教练的时期有一个重大事件，就是参加斯普利特哈伊杜克俱乐部的球员选拔。我转会到迪纳摩的时候已有许多文章和报道讲过这件事。后来，我再度转会托特纳姆乃至在皇家马德里队证明了自己的价值后，又有过一阵沸沸扬扬。迪纳摩队和哈伊杜克队是克罗地亚国内并立的双雄，它们间的火热对峙引来了许多舌战。因此，我职业生涯中的每一次成功都不可避免地使媒体老调重弹，把哈伊杜克俱乐部的教练当初没能慧眼识英才的事再炒一遍。我已经读过多种不同说法，文章里常用约西普·斯科布拉尔、兹沃尼米尔·博班这些本国足坛伟人的经历来比照。他们两人都拥有辉煌的职业生涯，而评论家们热衷于抨击当年据说没能预见到这一切的本地教练们。但就我而言，媒体的报道有大量不实信息。例如，报纸上常写到，马里奥·格尔古罗维奇当时和我一起参加选拔，哈伊杜克俱乐部选中了他而没选我。事实却是格尔古罗维奇在我到达斯普利特市之前就已经在为哈伊杜克队效力，而我是跟好友马尔科·奥什特里奇一起去的。

父亲始终是哈伊杜克队的拥趸，母亲和我家其他人也是一样。对我们来说，哈伊杜克是一座殿堂。达尔马提亚地区为人父母者但凡家里有孩子踢球，都会觉得进入哈伊杜克队等于梦想成真。我小时候是斯普利特市这支“白衣军团”的铁杆球迷，即使后来身在哈伊杜克的死敌迪纳摩队的阵营，我也从未隐瞒过，因为隐瞒这件事是愚蠢和虚伪的。不过，在身着蓝色球衣收获了那么多精彩经历之后，现在我的心属于迪纳摩也在情理之中，正如对于哈伊杜克俱乐部和它在所有拥趸与达尔马提亚人心中的地位怀着高度尊重，是很自然的事。

热利科叔叔牵线，我们通过一名中间人联系上了哈伊杜克的几位教练，父亲约好了试练。那阵子我在扎达尔没有训练课，因此父亲认为没必要通知任何人，甚至没跟扎达尔青少年足球学院的院长托莫·巴西奇打声招呼，后来发现这是个大错误。他把我和奥什特里奇送到波尔尤德球场，安顿我俩住进俱乐部的招待所。试练是在附近的训练场由马里奥·丘图克教练监督进行的，我们大部分时间在一起踢。我感觉自己表现得不错，期待他们的教练和球探能满意。但说好的两周试练期还没结束，哈伊杜克青少年足球学院的院长马林·科瓦契奇就过来找我谈话。我立刻知道肯定不会是好事。科瓦契奇说得简单明了：要加入哈伊杜克对我来说还太早。

我永远忘不了那一刻：职业生涯中第一次大失所望。我没法接受他们的决定和传达这个决定时的冷漠态度。脑中闪过一个念头：或许扎达尔有人发现我们来参加试练，让哈伊杜克插手把我们打发回家。我这样想是因为奥什特里奇同样吃了闭门羹，而他在试练中的表现看起来也不错。我给父亲打电话，叫他来接我们。这次意外失利让他不快，对他来说我永远是一流的，不论在哪支队效力。

后来，我在其他俱乐部和国家队证明了自己的才能，就不再感受到年少时被人告知你不够好的那份苦涩。一名球员在那么小的年纪，才华被人误判是可以理解的，尤其是对方需要在诸多孩子中迅速拿定人选的情况下。我认识许多当时在赛场上展露才华的年轻球员，曾深信他们会成为大腕，吃定足球这碗饭。后来大多数人都事与愿违。随着长大，有的人失去了身体潜能的优势，有的不够坚持，还有的只是运气不好，没能在需要的时候获得支持和认可，所以失意放弃了。对有些人来说上学更优先，不能专心踢球且情愿为它牺牲一切。没人能拍胸脯担保一个10岁、12岁甚至16岁出类拔萃的孩子将来准能够格当职业球员。反过来也一样，有些球员在少年组看起来没什么希望，但最终脱颖而出，拥有成功的职业生涯。有些人像我一样体格没早早发育，早期得不到青睐，却赢在最后。那些在媒体上指责哈伊杜克乃至其他任何俱乐部没眼光的“内行人”全都显得很无知。

“您儿子没达标，我们很抱歉。他就是太小。”哈伊杜克的人这样跟父亲说。他很难接受这样的结果，但也不得不面对现实。我并没有泄气，我要证明他们看走眼了，志气反而变得更强。在球场上，无论对手是谁，我都觉得可以稳定发挥，这种感觉非常重要，我后来参加最高等级的赛事时才意识到这一点。一个球员做得到什么、做不到什么，自己心里最清楚。在训练或比赛中，你知道跟别人相比你的位置在哪儿。如果你跟得上节奏，能带球过人，一对一角逐，漂亮地传球，这说明你已经达到可喜的水准，应该寻找新的挑战和机会来更进一步。每当有这样的感觉，我就知道自己可以迈出职业生涯中的下一步了。

我们回到扎达尔，更多的问题和失望接踵而来。

扎达尔青少年足球学院的院长托莫·巴西奇得知我们去哈伊杜克参加试练了。要说他因此对父亲有意见，那是说得太轻了，在那以前他们本来关系很好，经常来往。

“你怎么能背着我搞这一套？”他怒斥道。父亲别说事先问他的意见，连招呼都没打一声，这让他愤愤不平。即便如此，托莫先生的发作还是超出父亲的意料——也很伤人。对我来说，这件事是几年里的第二场大风波。

“如果他不够格去哈伊杜克，那他也不够格来扎达尔！后面三个月不准他来训练！”

父亲把这消息带到的时候我简直不敢相信自己的耳朵。我没法想象要脱离足球、脱离我的队友和朋友们度过这么长时间，再一想好久不能参加任何比赛，我都快吐了。凭什么这种事发生在我身上？在俱乐部门外每过一天都觉得有一年那么长。

父亲偶尔也会承认托莫先生的怒气有情可原，但就是接受不了这个离谱的惩罚。我知道他们大吵了一架，反目了许久才又开始谈话。

这一切搞得我不知所措。然而就像父亲说的一样，没别的办法。我们必须重整旗鼓。托莫先生给我布置了一套拉伸练习，说至少可以让我长高一点儿。我每天做好几遍，几乎魔怔。我没事就在篱笆上悬挂，见过的人肯定都觉得我疯了，我脑子里只剩下那个终极目标：长高。

不练拉伸的时候我跟朋友们玩足球和篮球。父亲下班回家后会带我去停车场或附近的混凝土球场练习。他帮我打磨技术，矫正射门动作和接球姿势。夏天缓缓地过去，日常就是去海边，游泳，跟朋友玩，不间断地做拉伸练习。让我喜出望外的是，夏季结束时，我居然梦想成真，长高了！我不确定这跟拉伸练习有多大关系，可能在一定程度上起了作用吧，但我想自然发育也刚好赶在了那段时期。

与此同时，我爸和托莫先生抛弃前嫌，又开始有说有笑了。一天，他们一块喝咖啡的时候，托莫终于发话："跟卢卡说他可以再来队里训练了。"

回归足球

父亲告诉我可以归队的时候，我乐疯了！三个月还没过完，我就得到回归正常训练的机会。我高兴得忘乎所以，但也理解托莫先生把我从俱乐部支开的用意。他和父亲都觉得我们在他不知情的时候去哈伊杜克试练是一件憾事。他对我的评价从来都是正面的。他的经验和知识都极广博，他的建议总能带来进步。过了些年，我作为一名职业球员崭露头角之后，父亲告诉我："好多人现在敲着胸口后悔没要你，但当年是托莫·巴西奇慧眼识珠，总说你能成。他从来没当你是个不起眼的小家伙，一直把你将来的成就看得清清楚楚。"

托莫先生是一号了不起的人物，对人高标准严要求。在身为球员又正值青春年少的成长过程中，这份权威会使你敬畏。但他的建议都是金玉良言，他的纪律手段也一样高明。他会组织单人训练课，告诉我们怎么练，要是对我们的表现不满意就会直接把人轰走，直截了当，没人能跟他打马虎眼。他学识渊博，善于在短时间内看出别人的才能，分辨谁是真正的球员、谁是冒牌货。所以当他对我说"卢卡，你能成大器！"，我就确信属于我的时代正在到来，我做得到。

听起来可能太傲气，但其实在这个时期之前我已经觉得自己在球场上如鱼得水，甚至童年在巴宁基地练球时就已经这样了。当时有好多小学员，教练把我们分成组，我那一组名叫"飓风"——得名于当时流行的足球动画片。还有一个叫"密史脱拉风"的组是我们的主要对手，但我们也跟年纪较大的少年球队打比赛。不管站在对方场地上的是谁，我总能设法施展出自己想到的任何招数。可以说球一旦到了我脚下，我就是所向披靡的，我很少失球。比我大的孩子们不会轻忽我的表现，并会在给己方队伍挑选球员时显示对我的看重。

当然，也有许多不如意的时刻。我早先经常挨踢，尤其是在运球的时候。我勇往直前地跟人捉对较量，毫不担心对方的体格强过我。由于个子矮小，他人的怀疑从第一节训练课起就伴随着我，但我习以为常。每次踢完一场好比赛，他们称赞我的表现时，后面总免不了跟着一个"但是"。"那孩子是个奇才，但是他个子太小了！"当然了，有好多球员又高又壮，体格拔群，进球很多，但随着年纪增长，大家身体上的优势拉平，技术知识的分量就显现出来。

在哈伊杜克受挫之后，每当有人对我的能力表示怀疑，我的干劲反而更加高涨。我从小就相信自己，但可能正是因为经受过别人的疑心，斗志和自信才变得坚固。这种品质也可能是来自遗传。母亲就非常坚强自信，而父亲是个斗士，有始有终从不放弃。

我的学校教育当然也在跟足球并行前进。小学毕业后，我进了旅游职业学校，择业前景是服务员。要不是踢球踢出名堂，我就会去当服务员！我当时还挺喜欢这个主意。入校第一年，我们去了扎达尔的海事饭店实习，这是家承办婚宴的饭店。大言不惭地说，我给客人上饮品是一把好手，当时我们的主要任务就是这个，唯一不喜欢的是洗盘子。我们这些实习生都成了好友，工间休息或在厨房吃饭的时候相处得其乐融融。但上完高中一年级后迎来新的转变——当时的决定对我后来的人生有长远影响。

托莫先生在丧子之后那段时间远离俱乐部。我们教练的葬礼太让人伤心了。多马戈伊的父母和他兄弟西尔维奥都受到了很大打击。托莫先生看起来心灰意冷，但他后来抖擞精神又投入了俱乐部的事务，照顾了几个像我这样的少年球员。有一天他请我们父子过去谈话，大意是：卢卡技术很好，有成为伟大球员的潜质，他的成长已经超出扎达尔能培养的限度。我认为已经是时候更进一步，他需要转到更高水准的地方继续发展，把潜能充分发挥出来。

此时距离在哈伊杜克试练受挫过去了差不多一年。托莫先生的话对我意义重大。我觉得很光荣，因为他不是个会讲恭维话的人，我知道他说的是真心话。

“我可以，现在就可以！”一桌人沉默片刻后我冲口而出。

父亲的反应也类似，但我看出了他眼睛里的问号。要更进一步，没错，但去哪里、走什么门路去呢？在哈伊杜克俱乐部失利后，他变得加倍谨慎。

托莫先生明确表示不看好哈伊杜克。他们两家的关系显然不睦。

“我另有个主意。”

那个主意是——迪纳摩。

14

CHAPTER 4 第四章

我最关心的是自己作为一名球员的下一步发展。托莫先生说的没错。当你意识到在当前的环境里已不能进步之后，有两个选择：一是为了安全继续留在这个环境里，最常见的结果就是发展停滞；二是接受挑战去一个难度更高的环境，要提高实力才能站住脚。既然我们都同意要走，托莫先生就打定主意去联系兹德拉夫科·马米奇。他当时是迪纳摩俱乐部的董事会成员，还办着一家代理机构栽培几名年青球员。他作为经纪人很称职，名声在外，而且影响力与日俱增。这都是我从别人的谈论和报纸消息了解到的。托莫先生跟马米奇说好给我一个机会。之后，他需要跟扎达尔的人交涉，说服他们批准我签迪纳摩。这一步出了些问题。扎达尔那边的人想让我签一份抽成合同，加强他们在未来可能的转会谈判中的分量。父亲是什么都不想签。在转会窗口期，他递交了一份书面申请去终止我和扎达尔的合同，我拿着这份材料就能签新的俱乐部。当时达成的协议是扎达尔将为我的训练和教育收取连带补偿费，比如后来我转会去托特纳姆热刺和皇家马德里时。

2001 年夏季标志着我的职业生涯乃至人生中的第一个重大转折点。当时我仍留在扎达尔享受夏天、找朋友们玩，而父母去了萨格勒布解决我的身份问题。由于我才 15 岁，属于未成年，父母才是跟马米奇体育经纪公司实际签约的人。那边负责接洽的是公司雇员达米尔·约齐奇，全程鞍前马后地帮忙。他们也跟兹德拉夫科·马米奇见了面，对他印象很好。在接下来我为迪纳摩效力的七年间——算上在波黑莫斯塔尔的兹林尼斯基俱乐部、本国国际扎普雷希奇俱乐部的两次租借，父亲一共也没跟马米奇聊过几次。我之前说过，他只在不得已的时候才插手我的职业生涯，比如由于我未成年而出面代签合同。

我年纪还小时，他送我去集训课，有闲空儿的时候教我两招，给我买训练装备，凑钱交各种费用。他和母亲给了我最大的支持。他像每一位好父母那样关心备至，但又从很早的时候就允许我独立。正因此，我才能很快学会在球场之外审时度势、果断选择并承担相应的责任。在有些情况下，他觉得我选择了不利的处境，第二次作为租借球员去国际扎普雷希奇俱乐部服役就是一例。他跟兹德拉夫科·马米奇透露了自己的不满或犹疑，但就像以前许多次类似情况一样，最后的决定权在我。去莫斯塔尔给兹林尼斯基俱乐部效力时，我还是个青少年球员，却要在很考验体力的联赛里拼搏。当时许多人说——这套说辞你一定已经听过许多遍——我体格太弱，在这么有挑战性的高级赛事里尤其拖后腿。但父亲不担心，也没发话劝阻过我，他看见了我的决心。他说："儿子，你要是觉得去那里对你有好处，就去当个好样儿的给他们看看！"他唯一在意的就是我满不满意，他总是说这就足够了。

跟马米奇经纪公司签的头份合同给我提供了免费住宿、每日一餐和每月 500 德国马克的津贴，其中 80 马克用来付我的学费。迁居萨格勒布意味着我得转校，于是去了旅游职业学校，那儿的课程设置跟我之前在扎达尔的学校一样。我上的是夜校，因为白天大部分时间都花在了集体训练和单人训练、比赛和旅行上。一切以足球为先，我就是为了这个才搬去首都的。

转会到大城市里的大俱乐部的兴奋感一直在我心里翻腾，几乎持续到动身前的一刻。但随着行期临近，我变得越来越伤感，意识到以后的人生将天翻地覆。同时又不断想起过往经历的一切。扎达尔让人难以割舍，我在这个城市度过了十个难忘的年头，至今也对它怀着故乡之情。童年，成长，上学，朋友，初恋，足球，这些当然都让人刻骨铭心；还有轰炸，恐惧，和幼小心灵的一次次失望。这一切不断在脑海里涌现。我在 16 岁之年、对即将到来的巨大人生跨越的焦躁中，明白了被我留在身后的是什么。在扎达尔那些年对我意义重大，首要原因在于身边那些人：我亲爱的父母，可爱的妹妹们，至交马尔科·奥什特里奇和一群朋友，以及我的足球生涯之父托莫先生。他们要留下来，我要离开。我将在大城市里孤身一人，不知道前路有什么在等着。

但出发前的一夜我并不慌乱。畅想未来还是让人兴奋的，我不害怕。我知道此行将铸就我的职业生涯。我意识到自己必须独立——依时势不得不如此。而且我也知道：如果我想当一名成功的球员，萨格勒布是个好机会。我从来没想过要留在家里。

早晨，情绪仍然焦躁，但我已做好准备。我没带许多行李，所需的全部家当可以装进一只健身挎包。但临行的一刻颇为难过——要跟家人道别，跟母亲和两个妹妹道别。父亲和我一起走，送我到萨格勒布进少年国家队，去跟斯洛文尼亚队踢两场比赛。赛后我就得独个儿留在萨格勒布，开始在迪纳摩俱乐部训练。所以那天早晨我跟扎达尔说了再见。我的童年结束了，一种生活方式就此不复存在。我的年龄是 15 岁又 11 个月，但我知道从这天起就要负起成年人的一切责任。只有这样才能克服前路上的一切阻碍，抵达我为自己设下的目标；只有这样才能承受与家人分离，习惯在大城市里的新生活。

我走的时候，母亲很平静，她总是处变不惊。但我能看出她在努力遮掩脆弱，不让我出门的脚步更艰难。我拥抱她的那一刻——啊……世上只有这一个母亲。我没哭，但觉得如鲠在喉。大妹亚斯米娜哭成了泪人。我们俩很亲近，她从很小的时候起就喜欢跟我待着，即便我在街上跟男孩子们踢球，她也宁愿跟着我，不爱跟其他女孩玩儿。

坐进车里关上门的时候实在难受。我转过身向母亲挥手，然后看见父亲在方向盘后面哭。车子开动了，看着母亲、妹妹们和她们身后的故乡，让我直接垮了。眼泪顺着脸流下来，我就那样一声不吭，父亲也一样。这是新生活的开始。那辆红色的“扎斯塔瓦 128”载我去往萨格勒布，我在路上想着自己经历过的一切和前面要迎来的事情。

在扎达尔也有不好过的日子，也曾尝尽艰难和悲伤，但充满欢乐的时刻数不胜数。我在一个不缺爱的家庭里长大，始终沐浴在关爱里。我学会了简朴地生活和知足常乐，感觉自己拥有一切。他人笔下写过很多关于我早期生活的故事，例如贫困、战争的恐怖和难民经历。我们曾经贫寒是真的；轰炸和恐惧有很长一段时间围绕着我也是真的；我们曾当了五六年的难民，与遭逢同样厄运的人们合住在临时收容所，这些都是真的。尽管如此，也不能说那对于我是一段糟糕或艰苦的人生。父母和围绕在身边的其他所有人是我人生前十六年的一部分，他们令我对那些日子留下快乐的回忆。

要是让我只用一个故事，甚至一个标志物来描绘这段人生，我会讲讲护胫的事。我不是个喜欢要这要那的孩子，而是恰恰相反。像所有爱球、踢球的男孩一样，我也有自己的偶像。我最早开始崇拜的也是最杰出的一位是“外星人”路易斯·纳扎里奥·德利马，也就是大家熟知的罗纳尔多。我喜欢他运球的风格、穿破防守的技术和举重若轻的进球。父亲知道我多喜欢他，于是特意给我买带有这位伟大巴西人照片或球员号码的物品。他总是这样，只要知道我想要什么，一定想方设法让儿子得偿所愿。母亲在这方面支持他，叔叔热利科也是个雪中送炭的热心人。所以我从来没缺过任何东西，不管是为了踢球、上学还是旅行。球鞋、旅游鞋、运动服我都有，甚至还有辆自行车，以及包、球衣、足球、T 恤。别人练球都有护胫，于是我也得了一副。唯一的区别是我的护胫上有罗纳尔多的照片！父亲把它们拿来的时候我高兴极了，后来像至宝一样爱护。有人编造说我家当时特别穷，父亲只好用木头给我做护胫，这和好多关于我童年的故事一样是谣传。

来到大城市

抵达萨格勒布后，我住进拉夫尼采区的一间出租公寓。这地方离训练场和球场很近，步行大约10分钟就到。我的室友叫马尔科·奇里亚科，人很好。我以前在扎达尔踢一场室内五人足球赛时会过他，那次我们队赢了。他也在迪纳摩踢青少年联赛，大家都管他叫奇罗。当时他是一名出众的中场，可惜后来职业生涯不太成功。现在他的职业是销售代表，我们仍是好朋友。

在萨格勒布住的第一间公寓很小，只有独卧、厨房和一个小阳台。上一期租户不知是谁，反正没怎么为后来者着想，屋里满是垃圾！我们只好忙不迭打扫。幸好奇罗跟我一样喜欢整洁。我们说干就干，把垃圾清掉，松了口气，然后聊了好久。这一天真够累的，我很快睡了过去，大概一动不动地直睡到早晨。这就是我在大城市度过的第一个夜晚。

我不是第一次来这里。以前为扎达尔俱乐部出赛的时候来过萨格勒布几次，那时已经对这座城市印象深刻，只是没机会多四处看看。迁居后，我的大部分时间也是在公寓和球场的两点一线间度过。我们的日常集训安排在俱乐部里，偶尔有针对个人的技巧或体能强化训练，都是由经纪公司组织。公司还管一顿午餐，在离俱乐部不远的“宁静屋顶下”餐馆吃，晚饭就得我们自己操心。早上我一般吃个三明治加巧克力奶。

刚来那几个月我自然难免时时想家。我思念家人和扎达尔的熟悉气氛，迫不及待地盼着放假坐客运汽车回几天家。父母一如既往地帮我度过了这些难挨时刻。他们周末常来看我，问寒问暖，看我上场踢球。赛后父亲会谈谈我的表现，是那种友好讨论。当初我在扎达尔刚开始踢球的时候，他有一段时间曾没完没了地批评。有一次他不停数落我，到家后我忍不住大哭。然后母亲提高嗓门跟他说，既然不肯让我好好踢自己的，以后禁止他去看我比赛。她又来给我打气，叫我耐心，对我非常宽容。父亲对此心怀不满，于是偷偷去球场看我踢球，我都不知道他在看台上。

给迪纳摩俱乐部效力期间，我还回扎达尔过暑假。全家人像以前一样欢聚。不过，母亲虽然在伊日酒店外停车场道别时显得特别坚强，其实在我看来还是很难忍受分离的。父亲是个敏感人，至今如此，一家人道别时他经常把头转开，藏起眼里的泪水。但他能念叨着自己的信条让心里好过些："我只在乎卢卡开不开心！"我问他意见的时候经常听到这句话。他会先说自己的看法，再补充道："儿子，我相信你会拿出个好主意。你一直都能的。"他酷爱足球，看我踢球是一大乐事。不论在球场上表现怎样，比赛结束后，我对他来说都是最棒的球员。

"但是你看没看见什么可以改进的地方？"我经常问他，"哪个判断有问题或者做了错误的决定？"不管我怎么问，都不妨碍他沉浸在快乐里。

母亲对足球没那么入迷，对她来说，观看这种体育赛事只是因为里面有她儿子。她希望我上大学，毕业找份好工作。哪怕在我作为职业球员的前途显而易见时，她也坚持让我继续学业，而且她常常表达不满。

我搬到萨格勒布后，父母每天给我打电话。妹妹亚斯米娜常说："我的天，妈，你别成天给他打电话，他不是小孩子了。卢卡知道怎么照顾自己的。"但母亲就是忍不住，即使她自己也知道是反应过度。她不问一句就不安心："你吃了吗？饭够吃吗？训练怎么样？累不累？"她还每次都要告诉我穿暖和点儿别感冒，或者睡觉多盖一条毯子，因为内陆夜里比海边冷。如今我 34 岁了，自己也有了三个孩子，母亲还是总问我一样的问题，跟当年操一样的心。

蒂奥拉当时年纪太小不懂事，但13岁的亚斯米娜什么都明白。父母特意等到合适的时机才告诉她我要离家，怕她接受不了，结果她表现得出人意料。她看见我为得到这次机会开心，这才是她最关心的。但真到了我动身的时刻，她还是情不自禁哭了出来，因为她跟我都知道我们人生中一个特别的段落结束了。我们相差4岁，从始至终很亲近，而且一起经历过许多事情。当然也有龃龉的时候，比如我正要出去跟朋友玩，却不耐烦地听见母亲絮叨：“卢卡，带上亚斯米娜。你没看见她哭吗？她就是想跟着玩儿。”我心里里嘀咕：“她干吗不跟别的女孩子玩？她懂什么足球？”可她总要跟着我。亚斯米娜和蒂奥拉，她们是我最爱的两个软肋。

足球学院

到萨格勒布迪纳摩俱乐部以后，我马上注意到了训练质量和强度的差别。这里的训练专业性很高，条件是我以前从未体验过的。我过了一阵子才习惯新日程。我在U-16组别的第一位教练是米罗斯拉夫·斯蒂皮奇，后来又换成斯捷潘·德韦里奇。

在集训之外，我也很快意识到为迪纳摩出战意味着什么。区别非常大。扎达尔的气氛更轻松，对败仗看得没那么严重。换成迪纳摩，警钟马上就响了。在克罗地亚U-17联赛打了两场胜仗后，我们在温科夫齐输给了施巴利亚队，教练们怒形于色，而我是表现不够水准的球员之一。所以到下一次主场比赛、在马克西米尔球场对阵希贝尼克队时，我一开场是坐在替补席上的。以我的理解，问题出在我不愿意打防守上。我在扎达尔出赛时比较自由，跑位以进攻为主。这在迪纳摩可行不通。作为中场，我需要在赛场两端都有担当。这意味着改变踢球风格，而且如果不按要求完成，很明显我不会有好日子过。中场休息时我们输着分，当时的足球学院院长赫尔沃耶·布拉奥维奇过来对我说：“下半场你上，我们期待你改变比分，展露你的本事。光凭你之前的表现，连兹德拉夫科·马米奇都救不了你！”

场上摆开 4-2-3-1 阵型，我在中间位置担任攻击型中场，打了一场漂亮仗。我们队赢了，在那之后我的表现和受重视程度都有提升。我意识到在场上必须双向跑动，既要管进攻又要管防守。后来我们在著名的克瓦内尔湾海滨胜地青少年足球大赛出战时，布拉奥维奇当着所有球员的面肯定了我的进步。

在队友当中，我跟三个人交情深厚。左后卫赫尔沃耶·查莱是球场上的一员猛将，已经有打高级类别赛事的经验。马尔科·钦德里奇主攻右翼，像子弹一样迅疾，我深信他能成大器。韦德兰·乔尔卢卡是足球方面的万金油，担任中后卫或防守型中场。我们曾先后在迪纳摩、托特纳姆俱乐部和国家队并肩作战。查莱和我成了至交，关系好到我是他婚礼上的伴郎，他是我儿子伊万诺的教父，他妻子伊利亚娜是我女儿义玛的教母。我们夏天一起度假，两家人往来甚密。我在迪纳摩的第一个赛季结束后，曾邀请钦德里奇到扎达尔跟我和一帮朋友过暑假。他放松心情玩得很过瘾，我则努力增加点运动量。我跑步，游泳，打篮球踢足球，不太出去玩。我想再强壮些，为以后做准备，因为我知道迪纳摩有什么样的挑战在等着。

第二赛季，我参加 U-17 联赛，教练是迪纳摩的传奇人物斯捷潘·斯泰夫·德韦里奇。此时我已经适应了萨格勒布的生活，终于过得有模有样了。体格上我仍未达到其他球员的水平，但是感觉自己越来越壮，我在比赛中的漂亮表现能体现出这一点。我凭这份成绩跻身同时代球员的一流行列。当时许多球员都跟马米奇体育经纪公司签了约，所以我在这方面并没获得什么优势。有些球员的排名超过了我，很可能是因为他们身体更强壮或者有加入国家队的战绩。他们的待遇明显更好。查莱差点入选迪纳摩的首发阵容。但我从不因为别人取得进步而嫉妒，只会为他高兴。而且，我习惯了为自己而战，知道没有不劳而获的好事。我总是在球场上证明自己的价值，坚信这样能传达最有力的讯息。

我第一次见到兹德拉夫科·马米奇是在“宁静屋顶下”餐馆里，当时正跟室友马尔科·奇里亚科吃午饭。他走过来问我在迪纳摩待得怎么样，对我的位置满不满意。我答道：“只要能踢球，我就很满意。”这句话再加上三两个打招呼的用语，就是我们那次交流的全部内容了。

说起在俱乐部的位置，我不得不提那个赛季发生的一件事，它能说明我为什么觉得德韦里奇对我的发展有巨大影响。那时他经常在赛间对我诸多批评，大多数时候我都接受他的指正，但有一次我觉得他说得太过火，忍不住发作了。在又挨了一回狠批之后，我瞪着他伸开双臂，意思是“行了吧，别烦我了”。他当时岂止是压不住火，简直要吃了我。“你那是什么意思，小子？！你以为你是谁？”那场面让人下不来台，但是起了一些效用。我后来再也没那么顶撞过。德韦里奇待我公正，我们相处得不错。我知道他会把我当作一个球员来尊重。在后来的一个重要时期——我在波黑兹林尼斯基俱乐部踢高级别比赛的第一年，也是由他来指导我。

与此同时，迪纳摩的人员准备组织一支次级青少年球队——迪纳摩二队，这是响应伊利亚·隆查雷维奇的倡议而决定的。他是当时的足球总监，很有雄才大略。这支队伍由 U-16 和 U-18 组别里最有才能的球员组成，我与查莱、乔尔卢卡、隆查里奇、沙里奇、格拉维纳、卡尔杜姆、米库利奇在春赛季都曾跟这些人并肩作战。罗密欧·约扎克担任教练，为我们安排了特别训练项目。这是好事，因为可以让球员为高级别预热。但在 2003 年夏天，我突然得到一个被莫斯塔尔兹林尼斯基俱乐部租借去打波斯尼亚超级联赛的机会。

兹林尼斯基俱乐部的副总裁兹登科·季迪奇跟我们俱乐部关系很好，于是安排从迪纳摩把他自己的儿子伊维察还有达沃尔·兰代卡、莱奥纳尔多·巴尔尼亚克租借到兹林尼斯基。伊维察和达沃尔都是我在俱乐部的朋友，就出主意让我跟他们一起去。迪纳摩给我开了绿灯，父亲也没意见，我就答应了！我没法预料会有什么结果。波斯尼亚联赛是出了名的惨烈，尤其是对于年轻和体格较弱的球员。有人说，估计我还没等上场就会被凶猛的对手吃掉，但我不怕。我感觉向前更进一步的时机已经来了：我要迈入高级足球联赛。

中间的事情出了些乱子——在我职业生涯里不是第一次了。我人已到了莫斯塔尔，才接到迪纳摩的电话，说："计划有变，萨格勒布本队这边急着要用你！"我听了倒也觉得不错，因为这意味着我可以回到新组建的迪纳摩二队跟朋友们并肩战斗。过了半小时，我还在琢磨刚才的事，电话又来了："你还是待在莫斯塔尔吧！"这一番峰回路转后来还是有了喜人的结果，尤其是对于我作为球员的前途。

学习了 11 年足球之后，我踏入高级别赛事。这一切证明当初从扎达尔迁到萨格勒布是明智的决定。我的球技进步了，也能跟更好的球员一起训练，享受优越的条件和见识广博的教练。迪纳摩足球学院是克罗地亚最好的球校，相信在整个中欧一带也排得进前几位，我在的时候这里就出了许多顶级球员。而在萨格勒布的两年使我学会独立并全身心投入职业球员之路！

第一次租借——兹林尼斯基

莫斯塔尔从第一天起就很对我的胃口，我马上感觉到了。我在俱乐部的白峰球场附近找了一间公寓，两个地方之间有 400 来步路，但我不介意每天走。我跟队友达沃尔·兰代卡合住，他也成了我的死党。另一好友伊维察·季迪奇对我帮助很大，因为莫斯塔尔是他老家。

第一次参加训练，我在俱乐部人员和看台观众的眼睛里看到了追随我整个职业生涯的疑问：“呃，那个瘦巴巴的小子怎么能在这儿踢球？！”但我对这个已经免疫了，他们忧心的目光烦不到我。我确实是头一次参与高级别的竞争，而且对手们虎视眈眈，但我准备好了。我们的赛季前集训营设在库普雷斯。我踢了几场练习赛，让他们看清楚我不是有些人眼里的那种小破孩。我迫不及待地想踢正式比赛，并在空着的球衣号码中选了23号。我当时喜爱的两位运动员就披着这个号码，一个是数月前刚从篮球一线退役的篮球巨星迈克尔·乔丹，另一人是大卫·贝克汉姆，他在那个夏天签约皇家马德里队并改用23号。贝克汉姆是我在足球界以及整个体育领域最欣赏的球员之一，我已经开始想象自己穿着那件球衣打第一场高级赛事了，但教练很快把我揪回现实。

等到冠军联赛开始前的最后一场训练结束，教练宣读初战上场的球员名单，对手是来自巴尼亚卢卡的斗士队。我等着他念到“莫德里奇”，却落了空，满心不高兴。我气恼得想哭，问自己当初干吗到这儿来。还好我忍住没吱声，因为教练很快过来解释：“卢卡，就是跟你说一声，没选上是因为俱乐部还没给你注册。”我如释重负。不是我表现不好，只是手续问题。我之前说过，各种各样的波折伴随着我整个职业生涯。

第二场比赛对战希洛基布里耶格队，我上了场却没留下什么美好回忆，全队0–3惨败。下一仗是首次在主场球迷面前出阵，我印象深刻。对手是泽尼察的钢铁队，我表现很好！在50分钟左右我因肌肉痉挛被换下场，球迷们起立喝彩欢送我。那是我与兹林尼斯基球迷之间深情厚谊的开端，一直持续到赛季和我在莫斯塔尔租期的末尾。我们的战绩一般，因为队伍还年轻而稚嫩。赛季进行了五周，我们换了新教练斯捷潘·德韦里奇，也就是我在迪纳摩 U-18 组别的教练。比赛打完，兹林尼斯基在 16 个俱乐部中排名第 11，但基础已经打好，下个赛季就实现了历史性的首次夺冠。这桩大事正好实现于俱乐部建立 100 周年，其时我已离开，但仍然为曾是他们中的一员而荣幸。他们的热烈礼遇让我觉得欠了情，便用自己的最佳表现去回报，他们也看在眼里。我收获了许多赞誉，当地报纸说我是联赛中最好的球员之一。但最让我欢喜的认可来自“菲利普·舒尼奇－皮帕奖”，是兹林尼斯基球迷组织颁给当季最佳球员的。它的重要性还来自另一个原因——它是我在高级类别获得的第一座个人奖杯。

从足球生涯的角度看，波斯尼亚超级联赛使我得以累积经验。教练们把我放在右中场的位置，德韦里奇拿我当右边锋，给我发挥的自由。这让我有了展现进攻技术的机会。以前听到的关于联赛的传闻，来了以后发现并非虚言，波斯尼亚超级联赛非常凶险——客场比赛尤其如此。最恶劣的客场是特雷比涅，巴尼亚卢卡、泽尼察也只稍微好一点。裁判根本没想着保护客场球员。我大腿小腿挨了好多攻击，猛烈到什么程度呢，我视若至宝爱护了几年的那对有罗纳尔多照片的护胫在特雷比涅废了。有个家伙双脚贴地朝我铲过来，金属鞋钉在塑料护胫上戳出个洞！幸有罗纳尔多保佑，我逃过了严重挂彩的噩运。

幸运的是那个赛季我没受过重伤。我学会迅速从对决里脱身，在得球的瞬间甩掉对手，还有快速过人。我的敏捷帮了大忙。耐力方面也没问题，唯一困扰我的是肌肉痉挛。几乎每场比赛踢到 60 分钟左右，小腿就会抽筋。我不担心。我把这事归因于年纪小，以及身体应对高级别球赛激烈性的调整。我大量补钾，按时做拉伸练习，好好训练，继续增强肌肉力量。

观赛的人很多，尤其是在跟希洛基布里耶格队、萨拉热窝队和铁路工人队那几场德比大战。现场气氛有时好得令人难以置信，但种族对立的紧张感也存在。我向来喜欢赛场和看台上的热烈气氛，但在那个时期，波黑地区的联赛有时确实容易出乱子。

可是我没害怕。在莫斯塔尔和兹林尼斯基俱乐部的日子很美好，我们的队伍严整而出色，球迷喜欢我，大家都友好相待，我享受这一切。高水准的联赛令我更强大，而对手们那近于蛮横的攻击性迫使我把技术练得更精简、迅捷，更依赖本能。最能说明我真实感受的是我对迪纳摩俱乐部表达的意愿：把在兹林尼斯基的租期延长一年。我知道自己在迪纳摩不会被给予太多机会，所以继续留在莫斯塔尔打波斯尼亚联赛似乎是最佳选择。然而迪纳摩对我另有打算。

第二次租借——国际扎普雷希奇

2004 年 6 月中旬，马克西米尔球场蓝色酒吧的展柜里摆满奖杯，我和另外三名年轻球员就在这里跟迪纳摩签了工作合同。这是人生第一份职业合同，让我喜不自胜。这份五年合同证明我达成了自己的目标——成为一名职业足球运动员！此后我要想的就是去赢奖杯了。

在夏天的转会期，迪纳摩又把我跟查莱、乔尔卢卡、亚涅托维奇、卡尔杜姆一起租借给了国际扎普雷希奇俱乐部。国际队组建了优秀的阵容，混合了久经考验的老手和年轻球员，配合协作的氛围又很好。我们后来的成绩很大程度归功于教练斯雷奇科·波格丹，他经验丰富，以前曾是迪纳摩和德国卡尔斯鲁厄俱乐部的球员。但我在这里的开端并不出彩。教练对我采取了用一阵晾一阵的安排：这次比赛上场，下次比赛坐冷板凳，这样轮换着一直到了在斯洛文尼亚踢季前赛的时候。我上了第一场比赛，对方是瓦尔捷克斯队，我状态平平。第二场对卢布尔雅那奥林匹亚队，按规律又该我开场坐板凳，然而有一名球员受了伤，于是教练决定把我放进首发阵容。我踢得不错并进了一粒球，照理说这下差不多能锁定我在首发里的位置了，不料再次听到那句甩不掉的评判——这回还是教练团中的一位说的：“他这样……怎么跟人家比赛？”转战维尼亚尼时，我献出了优秀表现。最后一场比赛是对战我以前的师门扎达尔俱乐部，我在4–1的胜局中贡献了一个进球，并被评为本场比赛的最佳球员。到了联赛开始前的一刻，教练来跟我说：“卢卡，不用担心你的排位。你会得到十场比赛来证明你的价值！”

波格丹说话算话，也对我很有信心。感受到教练的赏识对一名年轻球员意义重大，尤其是在建立自信方面。秋赛季我作为中场或攻击型中场打了18场比赛，位置多数在左翼；进了4个球。第一粒进球是在克罗地亚足球甲级联赛对瓦尔捷克斯队，第8个比赛日，我19岁生日刚过了9天。我们3–2打赢，驱散了一周前赛季内初次吃败仗的闷气。我们势不可当地杀进冠军联赛，赛季前六场比赛全胜，稳居榜首，并风光地把名次保留到第15个比赛日。接下来在冬歇期之前的三场比赛里我们猛势耗竭，赛季第一阶段结束时的排名是第四。在春季冠军赛的季后赛里，国际队跟哈伊杜克队争雄，一直拼到赛季最后一场，可惜最后铩羽而归。我仍在遗憾那个春天没能留在国际队参加夺冠赛——因为迪纳摩俱乐部在冬歇时决定把我调回去。

关键原因在于迪纳摩和尼科·克拉尼察之间的冲突。尼科是迪纳摩队的队长和最有才华的球员，深得所有球迷喜爱。他也是许多激烈争议的话题人物，尤其是在他转会到本队的大敌哈伊杜克俱乐部的时候。时运难测，那个赛季发生了太多始料不及的事。尼科转会后随哈伊杜克队迅速夺冠，而迪纳摩迎来在克罗地亚足球联赛中输得最惨的一个赛季。这是球队的耻辱，但他们从中学到了许多。在接下来14个赛季中，迪纳摩13次夺冠！随着这支蓝衣军团登上不可撼动的霸主地位，他们的劲敌哈伊杜克队自 2005 年以来就没尝过胜绩。

我在这个失意的春天回到迪纳摩队。克拉尼察的离去在进攻型中场的位置留下一个空洞，管理层决定用我来填补。一方面，离开国际扎普雷希奇俱乐部让我心里难受。波格丹教练总说如果我那年留在他队里，国际队本来能历史性地首次夺冠。能否夺冠我说不准，但看我们在赛季第一阶段的表现，肯定离冠军并不遥远。这支来自萨格勒布郊区的小队伍原本有机会夺得一场辉煌的胜利。另一方面，我又很高兴能回到马克西米尔球场。迪纳摩永远是迪纳摩，然而在它成绩最糟糕的半个赛季里，我也陷入了在高级足球生涯中最差的境况。

冠军联赛最后一轮的前四场比赛我只上了一场。我们击败了卡门英格勒队。后面的升降级附加赛可能是我职业生涯里最痛苦的时期。管理层认为球队需要新舵手，于是兹维耶兹丹·茨维特科维奇取代伊利亚·隆查雷维奇成为我们的领袖。队里的气氛很差，训练起来杂乱无章，比赛当中尤其难堪，因为球迷对我们喝倒彩。雪上加霜的是我还伤了脚，缺席了一个多月。我错过四场比赛，在最后三场比赛担任候补。赛季最后一战安排在马克西米尔球场，我们对扎达尔队。此战是一段艰难时期的相称结尾：比赛终结于第 62 分钟，迪纳摩 7–0 领先；扎达尔队吃了 4 张红牌再加因伤下场，球员已不足 7 人，按规定结束比赛。整个赛季两极分化，虎头蛇尾。不过，正如 2004–05 的足球赛季有泪也有欢笑，我也在这期间收获了人生最大的幸福：遇见了梦想中的恋人。

爱情来敲门

好多有心人发现了我在国际扎普雷希奇队踢球期间的一个细节：我的短发！人人都知道我一直更喜欢留长发，但在那个时期，我正在服为期一年的义务兵役，是体育兵团的一分子，头发必须得剪短。也是在那个时期，爱情找上门来。

我在扎达尔和萨格勒布的时候有过几个心仪对象和几段短暂交往，但由于一心扑在足球上，对聚会玩乐缺乏兴趣，自然难有机会遇见让我眼前一亮、心想“这个人与众不同！”的姑娘。反正我年纪还轻，对这事不太上心，相信它迟早会发生——而且真遇上的时候，我肯定马上能感觉到。结果它来得比我预想的还早。

我初次注意到这个女孩是在马克西米尔球场南侧的马克西酒馆，从莫斯塔尔回归后又擦身而过遇见几次。查莱和乔尔卢卡说她是马米奇体育经纪公司的员工，因为我很少去那儿，所以对她没什么印象。也许公司找我有事的时候她跟我通过一两次电话？谁知道呢。总之2004年夏天，我意识到自己心动了。我太害臊，连跟她自我介绍都不敢想，只知道她的名字是瓦尼娅。我还打听到她比我大5岁，但长相上显不出来。她看上去年轻、美丽，以及——对，与众不同，我就是能感觉到……

在国际扎普雷希奇队的赛季开始之后，我的日子又被足球占满：训练，比赛，拼搏，连番得胜带来的狂喜。当时我决定结束跟室友合住的状态自己住，所以需要找间新公寓。这事该归我经纪公司管。8月，我入选U–21国家队，当时的球队主帅斯拉文·比利奇后来成为我职业生涯里的贵人。记得我们在图赫利温泉宾馆集结，天气闷热难当，我那天上午犯恶心，肯定是染上胃肠型感冒了。我在宾馆房间休息时，电话响了，是瓦尼娅从经纪公司打来的，安排我去看公司给选的几处公寓。接到她电话让我精神一振，可是身体不舒服，我就请她晚上8点左右再打来，她同意了。从那一刻起，我的心思就没法从她身上移开。我知道这是我的机会，不能错过。走运的是随着这一天过去，我的胃病也减轻了。

我简直等不到8点，电话响的时候激动不已。当然，我还是藏住了。

她做了自我介绍，互相寒暄几句，我说我以前去公司的时候遇见过她。然后她说了租新公寓的备选，叫我回城的时候去看。如果就是为了说这事，根本没多少话好聊。于是我问东问西，打开新话题，尽量让她在电话上多留一会儿。我们谈天说地，聊了她的工作、我的队友、迪纳摩和他们的赛季、我在国际扎普雷希奇队的表现和青年队，以及我在萨格勒布的生活。我觉得她很放松，结果我们这第一次的直接接触持续了三个多小时！想来在图赫利宾馆的室友马里奥·格尔古罗维奇那天肯定被我烦死，但我兴奋难耐——既为我们一见如故的畅谈，也为瓦尼娅本人。我喜欢她的活力和她的态度。最后，我们约好在我回萨格勒布的时候见面。当然这还是为了给我找公寓，但光是见到她这个想法已经——啊啊啊！内心深处，我希望我们三小时的长谈具有某种意义，而且我感觉这不是随随便便的那种交往。

又通过几次电话后，我们很快见了面，一起去看公寓。近在眼前的瓦尼娅看上去跟我想象的一样，美丽又单纯，有趣而毫不矫饰。我为她倾倒，没有更好的说法。我跟她看了几间公寓，再次选了拉夫尼采区的住处，更重要的是离她住的地方近，相隔只几百米。

那时我既没车也没驾照，只好请瓦尼娅帮忙搬家。她说“没问题”，在约定的时间开了一辆大车到我住处的门口。我手里拎着两个包下了楼，她问要不要帮忙搬剩下的行李。

“我没别的东西了，就这两个包。”我说，好像这是再正常不过的事。她吃了一惊。

“你当真这么简朴？要是早知道没多少东西，我就不开这么大的车来了。我以为你总得装一车东西走吧。”

我们笑了一通。我不操心家当，住着租来的公寓，只留必要的东西，吃饭基本在外面解决。至于衣服，我不挑，我不是总得有新衣服的那种人。我需要的全部家当可以装进两个包。

开车到新公寓花了不到一分钟，我请她上楼喝杯咖啡作为答谢。跟她在一起时间过得特别快，而且总也待不够。后来又见面喝过几次咖啡。有时是我去她的住处做客，反正离得近。我们是喜欢凑在一起谈人生的朋友。她的成长环境跟我不同，条件好一些，即使如此也远远说不上一帆风顺，尤其是情感方面。她在瓦拉日丁出生，母亲韦斯娜·尤拉伊奇怀她时患有妊娠合并症，在当地住了三个月医院。瓦尼娅在离萨格勒布约 80 公里的库蒂纳城长大，父亲米兰·博斯尼奇在那里打篮球，还开着一家餐馆。母亲韦斯娜有工商学位，外祖父米兰·尤拉伊奇是个有名望的商人，担任石油化工公司的主管。所以她在物质优渥的家庭里长大。她告诉我全家人以前经常出去旅行，夏天和冬天都要休假，甚至还去了 1984 年萨拉热窝的冬奥会。到 11 岁的时候，这种田园诗一样的生活突然终止。父母离了婚。她母亲决定迁居萨格勒布，把她也带去了。外祖父米兰和外祖母多布丽拉本已在萨格勒布居住，在拉夫尼采有间公寓，瓦尼娅母女就暂住那里。最初半年她母亲每天通勤去库蒂纳，在一所高中教书，之后又在萨格勒布找到工作，决定自己租房，也住在拉夫尼采。维持生计很不容易，但外祖父母会帮忙。最初瓦尼娅被生活的巨变压抑，沉浸在伤心事里无法自拔。她慢慢明白全家人再也不可能团聚，她非常想念父亲。

情定终身

瓦尼娅的母亲有两个姐妹，亚斯娜和海伦娜。瓦尼娅有两个平辈表亲，马克斯和伊娃。姨母们给她无微不至的爱护，尽力填补全亲的空缺。亚斯娜是建筑师，住在萨格勒布；海伦娜是设计师，跟瓦尼娅一般年纪，所以两人一起长大，更像是姐妹。

12 岁时，瓦尼娅不得不承担起家庭的责任以帮助母亲。同龄的女孩都在玩耍中享受无忧无虑的童年，她却在学习烹饪，打扫房间，洗衣熨烫。过了几年，瓦尼娅的母亲存了钱，又变卖一些家族产业，在拉夫尼采买了房。等母亲在迪纳摩俱乐部找到工作，瓦尼娅已经上高中了。她母亲在迪纳摩工作了 14 年。她家人个个上大学，自然瓦尼娅也要上。她选择了工商学院，成绩优异。21 岁的一天，母亲给了她一个惊喜——在自家两条街外买了间小公寓，母亲对她说：“瓦尼娅，这是钥匙，现在你有自己的住处了。那儿离我很近，你需要什么可以来拿。但我希望你能独立，学会照顾自己。”

这完全是个新情况，但瓦尼娅知道母亲是为了她好。她跟父亲断了联系，必须了解不依靠别人独立生活意味着什么。这使她更加坚强。她自立自强，上学的同时还找了份工作。马米奇经纪公司有个员工离职休产假，瓦尼娅就去顶她的缺。她做了两年行政工作，为经纪公司的签约球员服务，我们就是这么认识的。

听完她的故事，我的好感更增加了。她太棒了！她曾拥有每个人梦寐以求的那种童年，后来家庭离散，她又需要飞快地长大，对自己负起责任。我认识她母亲后，发现她也是个同样精彩的女性。不管作为单身母亲养育孩子经历过多少财务和感情的困顿，瓦尼娅仍旧长成了一个脚踏实地的人，原因是不言自明的。

她谈起父亲时的悲伤让我很受触动。13 岁时她切断了跟他的一切联系，因为痛苦地意识到他身上并无父爱。杳无音信的状态持续了漫长的 10 年，我很难理解这样的关系。虽然我的童年发生过许多可怕的事，但一家人始终密不可分。两人的童年情感经历截然不同，但经过一次次长谈，我们很快知道双方在许多事情上所见略同，比如人生中什么最重要，比如家庭意味着什么。

我第一次提出约会的时候已经深陷爱河，她同意了。那一天是2004年12月1日，我们的纪念日。那天晚上在她家，我们第一次亲吻。这一生好像从没这么快乐过。以前听人说“心里七上八下”觉得不知所云，但那天晚上我知道是什么感觉了，我为她而倾倒。

我们成了一对儿恋人。最开始我们说好对外保密，不希望做别人的谈资，也不想出现在正对我越来越感兴趣的媒体上。可是并没那么简单。我很难向查莱、乔尔卢卡这两个死党隐藏恋情，而消息传开后，许多人都去找他俩打听。跟一个真诚心细、谦逊温柔的姑娘约会，让我开心得容光焕发。她不对我拿下迪纳摩的职业球员合同大惊小怪，也不在意我几乎一无所有。她一次也没提过自己的工商学位，而我只拿着一张夜校文凭。我想告诉所有人跟这样一个迷人的姑娘相爱是多么快乐。我渴望分享这份快乐，是因为她爱的就是名叫卢卡的我，而不是作为迪纳摩球员的我。我一旦看准了就不会因为任何人或事动摇：就是她了。自初次约会后过了两个月，我就知道我愿意跟她共度余生，而且也是这样跟她表白的。

我待在她家的时间很多。我们享受彼此的陪伴，聊天，一起看电影，放松地独处。某日，小偷闯进我的公寓，光天化日之下就偷走了我的东西。失窃的大都不是什么要紧物件，只有一条金链是我珍爱的。这桩事让我觉得不自在。大概过了一个月，瓦尼娅对我说：“卢卡，你反正待在这儿的时间比在自己家多——你要不搬过来住？”

那还有什么说的！我退掉公寓，搬到她那里。确定关系之后六个月，我们住在一起了！从那天起，她把全部真心付给了我们的家庭和当初只是个潜力股球员的我。她的人格力量和这个独一无二的女性对我的重要性显现在后续所有人生章节中。假如她没有在我刚19岁那年走进我的生活，如今使我自豪和快乐的这些成就都不会发生。

冠军归来

回到迪纳摩待了一个糟糕的春季后，我需要抽身静心休整一下。我刚经历过动荡不安的赛季，在两个不同的俱乐部起起伏伏，唯一闪光的时刻就是我与瓦尼娅新生活的开始。

迪纳摩也经历了变故，改由约瑟普·库泽任主教练，新组了球队，我觉得在首发队伍中赢得一席之地至关重要。此时季前赛还没开始，俱乐部文件说新的迪纳摩队将围绕我组建。我也得到了最中意的 10 号球衣。这次有象征意义的交授发生在 2005 年 7 月 16 日，优秀的老球员埃丁·穆伊钦踢完最后一场比赛与足球生涯告别时。我们最后一场季前赛对战萨拉热窝铁路工人队，埃丁在第 10 分钟下场，我接替上场时，他把自己的 10 号球衣给了我，祝我前途无量。

我们在冠军联赛里旗开得胜，到第 11 个比赛日，积分领先竞争对手 4 分。可是到 10 月又着实吃了一场惨败，被属于第四梯队的伊万尼奇石油工人队剥夺了取得克罗地亚杯的机会。这事来得像晴天霹雳，提醒我们不能骄狂。在那之后我们就所向无敌，表现出色，理所应当地拿下联赛冠军。球迷们回到了球场，看台上能有两三万人。经过春季的挫败后，这样的气氛让人迷醉。上一赛季的烦心事在这六个月间消散无踪，在支持我们的浩荡球迷面前踢比赛太爽了，身为球员别无所求。正是这件事给我力量，激励我越过重重障碍，把自己献给日复一日的训练。通过这一切，把比赛变成对足球的特别庆祝活动，而只有当球员和观众感受到同样的喜悦时才能达到这个境界。

我们的队伍很优秀，教练也棒。约瑟普·库泽真是位了不起的人物。他做过球员，专业教育背景是律师，有一套独特的沟通技巧。他的点评能令人捧腹大笑。他幽默而睿智，能把工作气氛搞得很好。作为教练，他深钻学问，又能创新。即使球队里有不少得天独厚的能人，他也不希望我们只依赖自己的天赋。他坚持让我们重复练习基本技术，直到身体能自动反应。库泽还知道怎样摆出多样化的进攻阵型，像他这样的教练并不多。在他的指导下，我的表现和风格都迈进了一大步。在这个扬眉吐气的赛季里，我也完成了在国家队成年组别的初战。我还记得我们在瑞士巴塞尔 3–1 击败阿根廷队和强敌梅西归来，刚恢复训练时教练跟我说的那番话。

“干得漂亮，卢卡，好样的。但是现在你得比以前还要用功，付出更多的力气。你既然已经进过国家队，人们就会用不一样的眼光看待你。”

我听了他的建议加倍用功，因为以后要顾及的东西更多了。我没有因为见识过国家队的风光就忘乎所以。库泽说得委婉而恰到好处——更高的期待也意味着更多的批评。他是心口一致的人，我们跟他可以有话直说、表达观点或意愿。

于是，趁着优胜的欢乐气氛，我代表查莱和乔尔卢卡跟他讲：“领导，我们申请外出。我们训练比赛表现都不错，我觉得理当放松一下。都是年轻人，您懂的。”

他以一贯的平静态度回答：“没问题孩子们，但要保证半夜前回来。”

人之常情，一旦感觉到父母、上司或其他权威对你慈祥开明，就会忍不住趁机找点甜头。

“领导，宽限点儿行吗？早了年轻人都还没出门……”

我都来不及把这句话说完，他就抬高嗓门打断了我：“跟我讨价还价吗你？我说了，半夜！”

库泽的意思很清楚：总有一条线是你不能踩的，不管结果、表现或关系有多好。

我们庆祝联赛夺冠的时候补上了之前未能尽兴的狂欢。那天太棒了，尤其是对于我这样的年轻球员来说。决胜是在5月13日这天，一个对所有迪纳摩拥趸来说特殊的日子，铁杆球迷团体“蓝衣坏小子”更是重视。在1990年的同一日期，迪纳摩对战贝尔格莱德红星队赛前发生了暴动，赛事取消。我当时4岁半，像其他小孩一样不懂这些比赛的重要性。不仅是对迪纳摩和它的拥趸，对整个克罗地亚都意义非凡。对许多人来说，“蓝衣坏小子”勇敢而自豪地抵抗狂暴的红星队球迷那个日子象征着塞尔维亚对克罗地亚敌意的开端。许多迪纳摩支持者在保卫我们这个国家的独立时献出了生命。每年的5月13日，人们来到马克西米尔，聚集在为他们竖立的纪念碑周围，感念他们的牺牲。

这一天也刻在时任迪纳摩队长的兹沃尼米尔·博班记忆里。他在奋力从警察手里保护球迷时被打，回击并踢了一名警员。他的队友维耶科斯拉夫·什克里尼亚尔也挨了警棍。当时的迪纳摩教练同样在尽力保护场上的队员和球迷，他正是约瑟普·库泽，16年后带领我们拿下迪纳摩近年历史上最漂亮的一个赛季的人。对我来说，2006年5月13日是身在迪纳摩的三个半赛季里最快乐的时刻之一。那天的一切都是完美的！

在上届冠军联赛受辱之后，我们这次已稳拿冠军，而用来结束赛季的是克罗地亚最盛大的德比之战：我们对斯普利特哈伊杜克队。我就爱德比大战的炽热气氛。我们2月份在对方主场波尔尤德球场交锋，我打进了决胜的一球：第11分钟，我用这粒进球为迪纳摩奠定了赛季最终战的胜局。在个人层面，这也是一个精彩赛季里的高光时刻。迪纳摩队在这次联赛中从容地遥遥领先，结束时领先里耶卡队11分，怒甩哈伊杜克队36分。

我们在自家球场跟3万多名拥趸一起庆祝夺冠。乘坐敞篷巴士穿城游街令人心醉，熙熙攘攘的人群在通往主广场的途中对我们欢呼，气氛热烈如火。经历过上赛季的挫败，我们都需要这一场狂欢。这是我头一次参与这样的庆祝。到第二天，我就在想不知以后还有没有机会感受这样的盛况，我哪里知道这只是辉煌之路的开始。

5

CHAPTER 第五章 5

2006年是个特殊的年份，因为它还标志着我在克罗地亚国家队成年组别的起步，光这一段故事就得讲两本书才说得完！为克罗地亚而战的每一场比赛都是特别的，其中蕴含着无比厚重的情感和记忆，很难塞进一两章里。所以我就只挑这十三年的奇妙旅程里最特别的时刻来讲，以2018年俄罗斯世界杯为高潮段落。

2006年，国际足联世界杯在德国举行，此前媒体都在纷纷猜测兹拉特科·克拉尼察是否会招我入国家队。3月在巴塞尔有一场对阿根廷的友谊赛，队伍阵容公布之前，有些消息灵通的记者已确知兹拉特科·克拉尼察会点名要我。官方招募令送到迪纳摩的时候，我乐疯了，心脏简直要爆开。我的梦想实现了。自打1998年我看到克罗地亚在法国世界杯赢得铜牌时起就一直在幻想的事正在真实发生。瓦尼娅在身边分享了我的喜悦。她送我到召集会面的喜来登酒店，一路看着我孩子气的兴奋。

球员们一见如故地招呼我。其中有我的好友马里扬·布里亚特、球队谐星达里奥·斯尔纳和好心的马尔科·巴比奇，他们使我顺利完成了跨进“男子汉队伍”的过渡。我尤其感激尼科·克拉尼察的支持。很多人有意在我们之间挑动冲突，特别是在他转会去哈伊杜克，而我回到迪纳摩补他的位置之后。传言说迪纳摩更想留住的是他，而他的离去对我的前途来说是天上掉馅饼。全是胡说八道。他们对于国家队也是同一套说辞，说尼科在首发阵容里是因为他父亲是主教练，而我因此遭到排挤。日久见人心，我们后来在国家队和托特纳姆并肩作战的日子显然说明了这些谣言的无稽。在我看来，尼科·克拉尼察在转会前是迪纳摩最好的球员，为他在国家队争得一席之地的是他的水准。从他到我家在科洛瓦尔酒店的小公寓寄宿时起，我们一直关系很好，彼此满怀敬意。

我的兴奋感在巴塞尔迅速冲到顶点。在世界杯热身赛前的球队会议上，教练通知我进首发阵容！罗伯特·科瓦奇负伤，所以他们把伊戈·图多尔挪到中后卫位置，我则获得了中场位置。我迫不及待地想给家人报讯。赛前两小时，我打电话给瓦尼娅，她听了又惊又喜。

可是接下来——意外！又出问题了。我一只脚的后跟发炎了。为了防止摩擦疼痛和尽量减小发炎处的压力，我在球鞋上弄了个洞，用白胶布把伤处盖住，就这样穿着有洞的鞋在国家队初次登场。

阿根廷队有四大金刚：梅西、里克尔梅、特维斯、克雷斯波。我没发怵，强敌只会让我的肾上腺素流得更快。我享受这场比赛。教练叫我尽量支援其他球员，稳妥传球，不要失球。我在比赛结束前1分钟下场，他恭喜我发挥不错。3–2获胜的结果更加深了我对那个夜晚的特别印象。除了首次随国家队出战的经历，它令我难忘的另一个原因是利昂内尔·梅西。他为阿根廷队拿下第一个进球，但更让我印象深刻的是他的速度和华丽控球技巧。他非常敏捷，能瞬间转向，明显是球星的料子。

大概又过了100天，德国世界杯开幕的时候我已准备就绪。开赛第一场是在柏林对战巴西。近距离看到罗纳尔多、卡卡、罗纳尔迪尼奥、罗伯托·卡洛斯、卡福、迪达等球星，太让人兴奋了。奥林匹克体育场的气氛无可比拟。我们的拥趸从世界各地赴会，我全家人都在里面，大家一起为我们喝彩、嘘巴西队的球迷。我还记得克罗地亚国歌奏起的时候，我们所有的球迷都跟着一起唱。如今想起来我还是会激动得起鸡皮疙瘩。可惜的是，卡卡进了一个球，我们队0–1输了，我没得到上场机会。比赛结束时我想和罗纳尔多交换球衣来着，但后来在更衣室才拿到他的球衣。他是我最喜欢的球星，拿到他的球衣是一大快事。但斯捷潘·托马斯求我让给他，因为他许诺过给弟弟鲍里斯搞一件。我被租借到兹林尼斯基俱乐部期间结识鲍里斯，知道这对他意义重大，就把球衣给了斯捷潘，跟他换了卡卡的球衣。

在我看来，世界杯是每一名球员职业生涯的顶点。我因为在这一届出场不多有点失望，总共踢了21分钟。当时状态良好，本该让我多上场一些，我至今仍这么认为。下一场小组赛是对日本，我在大热天做热身活动，弄得身体过热了，不过最后7分钟仍得以上场。这一场的结果是令人失望的0–0平，这对于盼着晋级到淘汰赛阶段的我们可不妙。接下来必须在最后一场比赛击败强队澳大利亚才能出线。记得比分咬在2–2时球迷们呼喊着我的名字，要求让我上场。到第74分钟我上了场，但并没扭转局面，我们要回家了。这次的结果虽让我失意，却仍增长了精彩的阅历。我心里没有怒气，还很感激兹拉特科·克拉尼察，是他把我纳入国家队，让我能在足球界的顶级舞台参赛。

在迪纳摩的起起落落

在2005—06赛季和我们的冠军赛赛程之前，我跟兹德拉夫科·马米奇很少接触，而他在此期间已经成为萨格勒布迪纳摩俱乐部举足轻重的人物之一。我在库泽麾下屡次立功之后，感觉马米奇对我改变了态度，关注度高了许多。他常来观看球队训练，有一次我们在马克西米尔的主场地练习，即将与梅久穆列队比赛，他批评我的头球能力差劲，还半开玩笑地跟我打赌：“5000块赌你永远不会头球破门！”

我接受挑战。对梅久穆列队第4分钟，我率先拿下1分，如假包换的头球！队友们也知道我打了那个赌，就跟我一起庆祝，纷纷把手举在空中对着马米奇所在的包厢伸出五根手指。没过多久，我们正坐大巴去外地比赛，他在车上向我走过来，一脸严肃地递给我一个信封，里面是5000欧元。他对我说：“以后你每进一个头球就拿这么多钱，直到赛季结束。”

可惜啊，我那个赛季再也没进过头球！

在萨格勒布迪纳摩俱乐部的地位提升，也帮我敲定了一份更好的合同。我作为租借球员在国际扎普雷希奇队期间的年薪是1.2万欧元；后面三个赛季在迪纳摩，我们夺下三次联赛冠军、两次克罗地亚杯和一次超级杯，我的合同身价也涨了三次。这是俱乐部对我的进步表达欣赏的方式。在我这方面，不假思索地签下十年期合同，也能说明迪纳摩和他们的足球事业让我十分满足。

此期间的第二个赛季，我们希望保持在克罗地亚全国联赛的王者地位，同时也对欧洲赛场胸怀大志。2006 年夏季，我们在欧冠预选赛抽签中不走运，抽中了阿森纳队。我们奋勇作战，但他们更强，夺去了冠军联赛入围资格。我们又转战欧洲联盟杯，对欧塞尔队，可惜主客场两回合比赛都输了。这是个阴郁的时期，因为在欧洲战场出师不利意味着俱乐部管理层对我们教练约瑟普·库泽愈发失去信心——之前我们争夺克罗地亚杯时被低级别队伍淘汰，双方关系已有裂痕。我们发挥的水平不如上一赛季好，阵型松散，我也不明白是为什么。训练中和赛场上的战略跟前赛季没什么不同。不出所料，教练是最先遭受指责的人。在第 13 个比赛日，我们意外输给同样来自克罗地亚的希贝尼克队，这成了库泽在迪纳摩执教的最后一场比赛。这位一年前刚刚带领我们在赛季中所向披靡的教练被解雇了。我们关系很好，我替他难过。在近 18 个月的共事期间，他帮助我实现了职业生涯中的重大进步。

接替库泽的是布兰科·伊万科维奇，他迅速稳定军心，改进了我们的阵型。我们在全国联赛中华丽地卫冕，终场领先哈伊杜克队 20 分。我们也赢得了克罗地亚杯，再度把关注焦点移向欧洲和欧冠赛。伊万科维奇在对德国云达不来梅队的关键预选赛前创造了良好的气氛，他对球队的潜力有坚定信心，我们也充满自信，在征战不来梅的第一场比赛中显露无疑。我们踢得不错，甚至在队友博什科·巴拉班进球后一度领先，可惜最终还是 1–2 败给了这支德国球队，失去了在第一回合比赛锁定优势的机会。尽管如此，我们还是坚信能在主场再战中淘汰德国人，拿到欧洲冠军联赛资格。他们最好的球员是巴西人迭戈，在国际上很有声誉，而我们教练伊万科维奇却一口断定我比他强得多。这番言论在媒体上激起褒贬不一的回音，但伊万科维奇并不是第一位直言对我的能力有信心的教练。早在 U–21 组别国家队时期，主教练斯拉文·比利奇已经把我当作球队领袖看待。在欧洲 U–21 足球锦标赛中对战瑞典队时，还差两天就是我 19 岁生日。那天他把我叫过去，伸手搂住我的肩膀，简短地说：“卢卡，从现在起，你就是队长！”

我听了当然很高兴，但也尽力保持平静。我知道比利奇对我评价很高，从他做过的一个慷慨比较就能看出来。当时，新星安德雷斯·伊涅斯塔正在巴塞罗那受到万众瞩目。

“卢卡，听着，伊涅斯塔是个大牌球员，但你必须明白你的潜力跟他一样大，我相信你能打出同样水平的比赛。”

比利奇和助理教练阿廖沙·阿萨诺维奇曾是克罗地亚国家队成员，就是在 1998 年法国世界杯赢得铜牌的那支队伍，对我们后辈来说，他们就是不折不扣的传奇人物。我们吸收他们的知识，聆听教诲并深信不疑，因为不管我们需要什么他们都随时愿意帮忙。他们有领袖魅力，使我们年轻的队伍中充满正能量，从对瑞典队预选赛期间的一个小插曲就可见一斑。当时我们有点休息时间，查莱、格尔古罗维奇和我结伴在球队落脚那个小镇的中心区闲逛，刚好碰到比利奇和他的助手们。他跟我们随便寒暄了两句，说笑间把手伸进口袋，掏出钱包，给了我们每人一些零花钱。“拿着逛商店吧。”他说，拍了拍我们的背就走了。对那时 19 岁的我们来说，他既是偶像又是领导，这个举动是出乎意料的。重点当然不是钱，是他的作风。在之后八年里，我跟比利奇与他的球队关系都很好，他在很多事情上的建议都是金玉良言。

说回迪纳摩，布兰科·伊万科维奇为我们对不来梅队的第二回合战做了周详备战，大家士气高涨。看台上来了3.5万名拥趸，然而换到客场的德国人还是以3–2赢了，我们的欧冠征途再度梦碎。我们没让自己像上赛季那样沉沦，在欧洲联盟杯的资格赛里抽中阿贾克斯队后，上下一心使出所有力气来证明自己的价值。运气站在这支阿姆斯特丹强队一边，他们拥有斯塔姆、亨特拉尔、埃曼努尔森、苏亚雷斯、罗默达尔等优秀球员，在萨格勒布的客场第一回合夺得优势，当着我们3万名球迷的面1–0取胜。每个人都觉得我们差不多完蛋了。第二回合赛在阿姆斯特丹竞技场举行，来了4.5万名喧闹的球迷。我们很快震慑了他们，让笑容回到自家拥趸脸上。开场34分钟后，对方球员对曼祖基奇犯规，我方获得一次罚球，选中我当射手。球应声入网，确立了我们的领先优势。后来两队比分咬平进入加时赛。我们发挥很好而且势不可当，自信能赢下这场。尤其是曼祖基奇，他在加时赛前6分钟就进了两球，完全碾碎了阿贾克斯队的希望。他们完了，不可能有再进三球反超的机会。那对我们所有人来说是一个多么盛大的夜晚！头一次，我们感觉自己有了足以跟欧洲顶级强队竞争的实力。回到萨格勒布时，祖国拥趸在机场像迎接英雄一样等着我们，又是奏乐又是歌唱。我们心花怒放。没人预料到兹德拉夫科·马米奇会在众目睽睽下扯碎衬衫、脱得只剩底裤。大家知道他的庆祝方式一向热烈，但这次未免过于失态。一场大捷之后，他给球队和教练都留下了阴影，所有报纸都光顾着谈论这出戏了。

小组赛采取单循环制，我们跟四支队伍比赛，主场、客场各两次，分别跟巴塞尔队、雷恩队战平，负于汉堡队和卑尔根队。等待了37年，迪纳摩又一次错失在欧洲竞技场上推进到春赛季的机会。

耀眼的复兴

克罗地亚在2008年欧洲杯上精彩的入围之战与我们在迪纳摩队连

番得胜的时期相重合。德国世界杯赛后，公众舆论要求国家队更换舵手、招揽更年轻的球员。之前在U–21组别执教的斯拉文·比利奇被任命为成年组主教练。他指挥的第一场比赛就是在里窝那对战刚刚夺得世界杯冠军的意大利队。他提拔了几张新鲜面孔，把爱德华多·达席尔瓦和我放在首发11人队伍里，乔尔卢卡是晚些时候换上场的。我们打了个漂亮仗，2–0获胜，我和爱德华多各进一球。克罗地亚威风凛凛地冲进了2008欧洲杯的预选赛。我们在莫斯科与俄罗斯队打成平局，而且表现占优。10月，我们7–0完胜安道尔队。接着，7天后在萨格勒布，我们拿下了克罗地亚历史上对英格兰队的首次胜绩！马克西米尔球场的气氛狂热至极。看台上密密麻麻挤着——3.8万人！英格兰队有着令人敬畏的阵容：兰帕德、鲁尼、特里、费迪南德、科尔、内维尔、卡里克、克劳奇。但我们从容不迫。比利奇教练本人作为英国足球的“发烧友”，却让我们深信胜利在望。我们采取4–4–2阵型，普莱蒂科萨守门，乔尔卢卡、罗伯特·科瓦奇、希米奇、希蒙契奇防守，尼科·科瓦奇和我在中场，拉帕伊奇、克拉尼察打边锋，彼得里奇、爱德华多打前阵。我永远忘不了这场比赛。我们压着对方打，气势尽显，观众也不断给我们鼓劲。下半场，我们发挥越来越好，凭借爱德华多一粒精彩绝伦的进球达到高潮。比赛进行到第69分钟，英格兰队走霉运灌了自家一记乌龙。加里·内维尔当时打算把球回传给本方守门员保罗·罗宾逊，罗宾逊正想大力把球开出去，不料球在地面上蹦蹦跳跳，滚进了球门！这次胜利是克罗地亚国家队赢得最痛快的一次。

这一年的收官之战是对以色列队，爱德华多上演“帽子戏法”，斯尔纳乘胜追击再进一球，完成了4–3的胜局。这对于我们挺进2008欧洲杯是一次决定性的助推。此时，我们这支球迷口中的“格子军团”正如日中天。斯拉文·比利奇是全国最当红的人，球员们发现媒体谈起他时都是一副谈论未来总统的口吻！整个国家都在沉醉中。我们顺风顺水地完成了这个小组的预选赛程。好笑的是，其间我们只吃了一次败仗，输给马其顿队，而那次刚好也是我们打入欧洲杯的“护照”敲定之时。那是预选赛阶段倒数第二场比赛，球场被雨泡得像沼泽，中场休息时我们正在洗球衣上的泥，突然来了消息说俄罗斯在以色列败阵。我们入围了！大家在更衣室短暂而喧哗地庆祝了一下，可能更多的是感到如释重负吧。随后在泥泞寒冷的球场上，斗志更高的马其顿队进了两个球，理所应当地拿下一场胜利。这个结局让两队都喜气洋洋。

我们从斯科普里乘飞机到伦敦，4 天后我们要在传说中的温布利球场为荣誉和快乐而战。在斯科普里受挫后，我跟比利奇说：“我们在这样的烂泥场里踢球都没露怯，等走上温布利完美无缺的场地，咱还不得满场飞，把英国人碾成渣。”

对英格兰队来说，这是一场定成败的比赛。他们需要再得 1 分赢过俄罗斯，才能入围欧洲杯。我们在这个久负盛名的球场上面对强队英格兰，一显本色的信心和动力都很足。几乎每个人都认为英格兰队稳赢，更无人认为他们会拿不到入围欧洲杯所需的 1 分。这一仗他们派出了杰拉德，到下半场让贝克汉姆也上场了。他们两人之前在萨格勒布没出场。我们这方则用斯尔纳换下拉帕伊奇，奥利奇顶上彼得里奇的位置，彼得里奇继续候补。

球场里大约来了 9 万人，气氛盛大。温布利是一个奇迹之地，让人既敬畏又激奋。我队球迷在北面看台紧挨着球场的区域，呼声动人心魄。比赛进行到 14 分钟，克拉尼察和奥利奇已率先拿下 2 分，英国人震惊。我们像插了翅膀般在上半场呼风唤雨。中场休息后，对手带着更大的决心迎上来。贝克汉姆和迪福这两名不久后将成为我亲密队友的高手出阵，令主场的一方恢复生机。我们在跟迪福过招时吃了一个罚球，被兰帕德从容罚进。第 65 分钟，大卫·贝克汉姆传中给克劳奇，后者头球得分，双方 2–2 平。我队上半场在 7 分钟内连得 2 分，英格兰队又用 9 分钟内的两个进球回敬。如果战平，意味着两支队伍都能去奥地利和瑞士继续比赛，而俄罗斯队要蹲在家里。第 69 分钟，比利奇让彼得里奇换下爱德华多。8 分钟后，普拉尼奇华丽地单刀直入，彼得里奇从侧翼近 20 米外起脚射门，进球！克罗地亚赢了，又是一场球队历史上的伟大胜利。但最大赢家是俄罗斯，捡了现成的欧洲杯出线资格。我后来得知，这场比赛对于我不久后的跨国转会是非常重要的助力。

那天晚上感受到的一种东西让我经久不忘：独特的英国精神。他们输了球、入围失败，肯定痛心疾首，却照样向我们道贺，并不失风度地承担了随后国人的所有批评和失望。有些其他大牌队伍和球员在类似情况下绝不会伸出友谊之手。英格兰的足球风格独一无二。2008 欧洲杯后，我接下来的四年将尽情享受这种风格。只有一次例外。

2010 年世界杯预选赛抽签给了英格兰队一次再决胜负的机会，他们拿出了狠劲。在我 23 岁生日这一天，法比奥·卡佩罗教练指挥的英格兰队在萨格勒布当场打得我们威风扫地，4–1 取胜。这是克罗地亚队历史上第一次主场失利！换到英格兰再战时他们更加凶狠，兰帕德和杰拉德各进两球，鲁尼再添一球，在我的 24 岁生日压倒性的 5–1 获胜。我那次没能上场，因为我们在国际比赛日前一天集结于克罗地亚，为接下来对白俄罗斯、英格兰的比赛备战时，我右腿腓骨骨折，不得不休养三个月，这意味着不能去温布利球场出赛。但我看得出英格兰队摩拳擦掌要报一箭之仇。这一次命运不再垂顾我们。英格兰队差点赢了在这个预选赛小组中的全部比赛，只负于排名倒数第二的乌克兰。而乌克兰队凭借这场胜利，再加上对一贯垫底的安道尔队那场，积分比我们高出 1 分，获得进入淘汰赛的资格。克罗地亚队在其短短的历史上首次缺席世界杯。

欧洲豪门的召唤

在2006—07赛季期间，迪纳摩队和国家队的几名球员赢得了多家欧洲俱乐部的垂青。我感觉到自己也在他们的雷达上。媒体充斥着各种各样的臆测，比如拜仁慕尼黑俱乐部看中我了，但这只是凭空猜想。我自己并没有这些考虑，因为对出国没什么热情。我当时才21岁，但也老练到一定程度了，明白耐心是稳步发展的一个核心要素。我在迪纳摩待得安逸，而且经过又一个成功赛季，我们重新获得了在欧洲有所作为的机会。迪纳摩宣布将组建一支更加强大的球队，管理层表示他们不会转卖首发队伍中的任何重要球员。俱乐部选了我当队长，我带着这份荣誉开始踢2006—07年的季前赛，并盼望在欧洲留下一份好印象。

入围欧冠联赛、在春天出征欧洲是我们的目标，我当时的心情是志在必得。然而，形势在卡普芬贝格的季前赛训练营中开始转变。我们得知，爱德华多已经转会到英国阿森纳俱乐部。他是我们最重要的球员之一、拿分高手，为迪纳摩和国家队都献出了精彩表现，却在2007年夏季离开我们，这清楚地说明之前关于组建强队的说法只是画大饼。这让我心中不快，跟俱乐部管理层发了通牢骚。爱德华多离开我们到奥地利的基地后，兹德拉夫科·马米奇走进我的房间。他说："卢卡，顿涅茨克矿工俱乐部给我发了一份很棒的转会邀约。你想去乌克兰吗？"

"不想！"我回答的语气明确表示我对这个话题毫无详谈的意愿。"矿工"开出的价钱很高，好像是2000万欧元，但金钱不是影响我转会国外的最大因素。我尊敬矿工队，但在考虑出国发展方面，我另有其他志向。这次机遇到此为止。队友听说俱乐部可能也要把我转签出去，我跟他们说已决意留下。

迪纳摩确实也签了新球员：从萨格勒布转会过来的马里奥·曼祖基

奇，以及一个月后从比利时归来的博什科·巴拉班。我们才刚适应了爱德华多的离去，又挨了一记闷棍。迪纳摩把韦德兰·乔尔卢卡卖给了英国曼城。我受到的是双份重打击，因为查利跟我基本上形影不离（查利是我们对乔尔卢卡的昵称）。我满腹牢骚，因为迪纳摩一面高调宣布对这个赛季雄心勃勃、令我甘心坚守并推掉任何有关国际转会的商谈，转头又卖掉了爱德华多和乔尔卢卡这两个顶级球员。我当然为自己的前队友开心，两人转会的条件都很棒，但对于自己球队失去两名必不可少的球员又极为失望。难以想象我们这样还怎么挺进欧洲。没错，我们在跟阿贾克斯队的精彩对决中打进了欧洲联盟杯小组赛阶段，但这只能增加遗憾，因为前一场比赛我们是在没有爱德华多和乔尔卢卡的情况下对战云达不来梅队。虽然再也无从验证，但我敢说如果这两人没走，我们肯定能入围欧冠联赛，因为与不来梅队那场比赛离胜利只有一步之遥。

伴随着这些失望，我也萌生了去意。我收到明确的信号：外界对我有强烈兴趣。切尔西俱乐部是最持之以恒的。之前我们在欧洲联盟杯对阵巴塞尔队时，管理层通知我说，这家伦敦俱乐部的星探来看我踢球。后来得知到场的是他们的足球董事弗兰克·阿尔内森。我在那场比赛踢得不错——甚至可以说是在迪纳摩队踢出顶尖状态的一次。冬歇期我在扎达尔，听人说迪纳摩和切尔西两家已经达成协议。兹德拉夫科·马米奇乘飞机去了伦敦，而我笃信会在冬季的转会窗口期把阵地换到斯坦福桥球场（切尔西队主场）。我已经开始想象与迪迪埃·德罗巴、约翰·特里、弗兰克·兰帕德、安德烈·舍甫琴科等切尔西球星并肩作战。正当我在扎达尔守着瓦尼娅，等着电话打来的时候，却风闻谈判破产、转会失败。兹德拉夫科·马米奇和他兄弟佐兰来扎达尔传达了"喜"讯："卢卡，我们决定先不转卖你了。"

我懊恼且不知所措。我去跟父母通报转会没戏了，之后离开他们的公寓，在楼前停车场跟瓦尼娅又回顾了一遍这笔糊涂账，终于崩溃哭了出来。迪纳摩和兹德拉夫科·马米奇已经卖掉其他核心球员，理由是无法拒绝大俱乐部的邀约，但看起来偏偏要留下我，即便这次要签我的也是大俱乐部、开价最高的邀约。我觉得自己受到了不公对待。在这一刻之前，我还对兹德拉夫科·马米奇极其信任，但在转会切尔西失败之后，我心怀愤恨。我们的关系凉了，再遇到他的时候我就只是简单打个招呼，没有别的话。

我们去了土耳其的季前赛训练营。他们又卖掉中后卫席尔登费尔德的时候我已经不意外了。我知道为无可奈何的事担心是没有意义的。1月中旬，在冬季室内五人足球锦标赛期间，马米奇当着球员的面对教练伊万科维奇恶语相加，随后教练辞职。尽管迪纳摩在2007年的赛程中尚无败绩，他还是被迫下课。兹沃尼米尔·索尔多从迪纳摩的U-18级别被提拔上来接管我们。索尔多在球员时代有过1998年法国世界杯勇夺铜牌的传奇战绩，为迪纳摩和德国斯图加特俱乐部效力过。有新教练掌舵，我们重复了前一赛季的战果，连续两季把全国甲级联赛冠军和奖杯都收入囊中。训练场上和更衣室里洋溢着高昂斗志。索尔多呈现了善良、值得依靠的人品，但球员们心里清楚他对于俱乐部四周的负面气氛不会忍耐太久。我们在斯普利特击败哈伊杜克队夺得奖杯之后，索尔多宣布离任。伊万科维奇走后过了不到四个月，又一名教练辞职，队伍所向披靡、夺得所有的奖杯也于事无补。

转会切尔西失败的最初打击平息后，我决定重整旗鼓。塞翁失马，焉知非福，我就信奉这个道理，于是把所有烦恼抛诸脑后，决定把全部心思放在为迪纳摩队和国家队好好表现上。我知道出国发展的机会迟早会重现，却没想到它会那么快到来。

adidas
LFP
19

CHAPTER 第六章 6

一切都发生得太快了，让我觉得既突然又兴奋。2008 年 4 月 25 日周五，在我们与斯拉文贝鲁波比赛前夜，兹德拉夫科 · 马米奇在 11 点后打电话告诉我，俱乐部已经与托特纳姆热刺达成协议，问我是否接受个人条件——换句话说，我是否愿意转会。我同意了，并意识到自己即将出国闯荡。由于太过兴奋，那天晚上我彻夜难眠。

那时瓦尼娅在我身边，她知道所有细节。当我打电话和父母分享这个消息时，父母高兴得哭了。家人都对我即将前往英格兰，征战精彩的英超联赛感到异常兴奋，因为这是我职业生涯中的一大步。其实我一直喜欢热刺，我记不清究竟为何关注热刺，但确实很了解那支球队。我很高兴自己很快就能成为热刺的一员，脑海里已经在开始畅想热刺的氛围。

第二天是周六，我原本以为上午的日程安排与其他比赛日没什么不同，却很快就忙了起来。我发现自己竟然没有一套合适的正装！过去我没有正装，也不想穿，但得为即将到来的特殊场合准备一套。我总不能穿着牛仔裤去伦敦接受体检，然后签合同。与往常一样，瓦尼娅迅速做出反应，一大早就拖着我去商店选衣服。我在第一家开门营业的服装店买了套正装，不过后来还裁剪了一番，这样穿起来才合身。

热刺俱乐部主席丹尼尔 · 列维来和我见面，他看上去和蔼而放松。我们俩在经人介绍后聊了一会儿，然后一起坐车去机场，乘坐列维的私人飞机前往伦敦。时任迪纳摩足球总监的佐兰 · 马米奇也和我们同行。飞行期间我们没聊太多，这很适合我，因为当时我的英语水平还不够好，并且还没有从兴奋劲儿中缓过来。我一直在思考到了伦敦会经历些什么，那是一种甜蜜的期待。

在伦敦，我首先接受了体检，整个过程很快，没有遇到任何问题。然后我就签了合同。不过，抵达白鹿巷球场的那一刻最令我难忘：热刺主场迎战米德尔斯堡，大约3.6万名观众坐在看台上观看比赛，当我走进包厢时，问候声从四面八方传来……通过球场的大屏幕，热刺球迷看到我来了，纷纷起身鼓掌。

热刺带给我的第一印象令人振奋，我对迎接眼前的巨大挑战感到激动，并期待着抓住机会证明自己的能力。后来，当我抽空跟瓦尼娅、父母和朋友通电话时，我告诉他们，热刺的一切都让人印象深刻。

但我需要回萨格勒布，因为还要和迪纳摩的队友们一起踢四场比赛。其中，三场联赛为我在克罗地亚联赛的职业生涯画上了完美的句号，对手分别是我曾经租借效力的国际扎普雷希奇、哈伊杜克，以及克罗地亚联赛的三巨头之一里耶卡。

在迪纳摩主场与里耶卡一役中，大约2万名球迷涌入球场，庆祝我们赢得联赛冠军。那是我的告别战，赛前我收到了俱乐部的礼物，球迷们与我道别的方式也令我动容。东看台的一条横幅上写着："卢卡，谢谢你！"虽然语句简单，但我也想对俱乐部和球迷说声谢谢，他们的欢呼和歌声让我感动得落泪。

尤其是在比赛第80分钟，当我被替换下场，向马克西米尔体育场的球迷挥手告别时，他们的回应更令我终生难忘。比赛还在进行，迪纳摩6–1领先，但四面看台上的球迷都站起来为我鼓掌，这令我感到无比自豪。然而，当我坐在替补席观看剩下的比赛时，却被悲伤笼罩。迪纳摩给了我一切，如今我却要离开了。

那个赛季我保持了稳定的竞技状态，连冬天那次不成功的转会风波都不能动摇我，在一些场次的比赛中表现出色。2008年春天，我的人气达到了顶峰。我感受到了球迷的爱与尊重——这一切令我更难过，因为在我效力迪纳摩的三年半里，我们始终未能在欧洲赛场取得好成绩。我认为我们本应可以做到。

与里耶卡的比赛结束后，我和瓦尼娅到一家餐厅吃晚饭，我在那里给兹德拉夫科·马米奇发了条短信：“谢谢你为我所做的一切。如果我在冬天离开迪纳摩，将没有机会经历这个美妙的时刻。”

球迷们为我准备的告别仪式以及球队的反应都让我感动。我和队友一起庆祝夺冠，但他们让球迷将所有的注意力都集中在我身上，这让我的离去变得更加困难。我记得当时跟瓦尼娅说：“我想，总有一天我会回到迪纳摩。”

那时候我甚至还没有离开，因为迪纳摩还需要做客波尔尤德球场，与哈伊杜克进行克罗地亚杯决赛的次回合比赛。由于我们首回合 3–0 获胜，那场比赛悬念不大，对我们来说更像走过场。瓦尼娅从萨格勒布开车前往斯普利特，在路上卷入了一场车祸，所幸没有造成任何后果，只不过没能在比赛开始时赶到球场。我穿着迪纳摩球衣，踢完了效力那支球队的最后 88 分钟，最终随队捧起了冠军奖杯。

148 场比赛、37 粒进球、6 座奖杯……我将永远难忘在萨格勒布迪纳摩的岁月，也已经准备好了迎接新的挑战。

2008 年欧洲杯：大喜大悲

在离开迪纳摩，开始在托特纳姆的冒险前，我把所有注意力都放在了奥地利和瑞士联合举办的欧洲杯上。与克罗地亚国家队的所有成员一样，我的内心充满动力，渴望着在欧洲杯赛场干一番大事业。2008 年恰逢克罗地亚在 1998 年法国世界杯上取得里程碑式成就十周年，大多数人相信那支克罗地亚队能够在欧洲杯上复制当初的辉煌战绩，斯拉文·比利奇和他的助手们曾在 1998 年赢得世界杯季军，所以我们也有信心。

当我们以令人信服的方式完成预选赛阶段比赛后，就连那些经常质疑国家队前景的克罗地亚民众，似乎也变得乐观起来。然而在2008年初，我们遇到了一个大麻烦。

2008年2月，在迪纳摩与华迪斯的一场联赛前，我和几名队友坐在酒店里观看阿森纳对阵伯明翰的一场英超联赛。阿森纳前锋爱德华多曾效力于萨格勒布迪纳摩，也是我在克罗地亚国家队的队友。不幸的是比赛开始没多久，他就遭遇了一次严重伤病。主队伯明翰的后卫马丁·泰勒粗暴地铲倒爱德华多，导致他左脚脚踝骨折变形……那一幕太可怕了！可怜的爱德华多。

两周前，我们在斯普利特迎战荷兰队，当时爱德华多告诉我阿森纳对他很好。与我们所有人一样，他对即将到来的2008年欧洲杯感到兴奋。然而令人悲伤的是，遭遇重伤的他无法随队出征欧洲杯了。就像2007年夏天爱德华多离开萨格勒布迪纳摩一样，如今，克罗地亚国家队也失去了这位出色的前锋。后来我们经常会想：在欧冠和欧洲杯赛场，如果有爱德华多这种水平的射手与我们并肩作战，将会发生些什么？

整个欧洲杯预选赛阶段，爱德华多打进了10粒进球；在比利奇执教期间登场的16场比赛中，他有12粒进球入账。巧合的是大约一年半后，我也在对阵伯明翰的一场英超联赛中严重受伤，腓骨骨折导致我远离球场超过3个月。

2008年2月，我们在斯普利特与荷兰进行了一场热身赛，那场比赛我们表现不佳，以0–3败北。那次失利并不完全是件坏事，让媒体和球迷对我们的热捧稍稍降了些温。我和队友们没有感受到压力，因为我们相信到了欧洲杯赛场，我们能够发挥出良好状态。大赛前的热身赛有作用，却未必能准确地反映一支球队的竞争力。

但一个无法否认的事实是，爱德华多的缺阵确实令球队实力大打折扣。我们拥有佩特里奇、奥利奇和克拉什尼奇等出色前锋，但爱德华多属于另一种类型的球员，在比赛中更依赖于射手直觉。这类球员很难防守，因为他们特别擅长创造和把握机会。伊万·克拉什尼奇也拥有出色的直觉，不过他在欧洲杯前一年半突然患病，令我们震惊。

命运对我的一些队友太残酷。2007 年，克拉什尼奇出现了严重的健康问题，不得不两次接受肾移植。我们原本对克拉什尼奇继续职业生涯不抱太大希望，但他在经过 11 个月休养后成功复出，展现了勇气、执着和敬业精神，并随队参加了欧洲杯，甚至打进了两粒进球。

2008 年欧洲杯上，我们的出色表现表明球队已经变得成熟。克罗地亚首战对阵东道主奥地利，我用一粒点球帮助球队 1–0 获胜，拿到了重要的 3 分。随后，我们在第二场小组赛中 2–1 战胜德国队，以一种令人信服的方式展示了球队的强大实力。那场比赛在克拉根福乌泽尔萨球场进行，克罗地亚球迷坐满了看台上的大部分座位，一如既往地高声为我们加油，使我们感觉就像在主场作战。一切都顺风顺水，克罗地亚球迷创造了一种梦幻般的氛围，而我们也以一场伟大胜利回报他们，提前获得了四分之一决赛的资格。

与德国队一役结束后，我被评选为比赛最佳球员，全队上下士气高涨，所有人都充满了动力。中场休息时，球队更衣室里发生的一幕很好地说明了这一点：我们的队长尼科·科瓦奇指责后卫韦德兰·乔尔卢卡没有盯紧德国队的某些球员，俩人因此爆发了激烈争吵。尼科的弟弟罗伯特·科瓦奇最先做出反应，劝说两名队友冷静……我认为这是个积极的信号，表明队员们专注于比赛并且满怀斗志，比赛结果也能证实。

在对阵波兰的第三场小组赛中，比利奇派出了另一套首发阵容，球队凭借出色的表现 1–0 获胜。四分之一决赛在奥地利维也纳富有传奇色彩的普拉特体育场进行，我们的对手是土耳其。虽然有许多土耳其球迷涌入球场——他们被称为全世界“嗓门最大”的球迷——但克罗地亚球迷在看台上掀起了更大的声浪，让我又一次觉得就像来到了主场。

那场比赛非常艰难，为了争夺半决赛席位，双方球员都拼尽全力，身体近乎透支。由于两支球队没能在90分钟的常规时间内分出胜负，比赛进入了加时赛，但我感觉我们有优势。毕竟，奥利奇有一次射门击中横梁，并且我们创造了一些非常不错的机会。

加时赛上半场，土耳其向我们施加了巨大压力，不过我们在下半场扳回了局面。比赛场面相当胶着，两支球队都小心翼翼地避免丢球。

直到加时赛最后一分钟，我们在一次反击中攻破了土耳其的球门。克拉什尼奇传球给我，我立即将皮球传给在边路活动的队友斯尔纳，斯尔纳尝试传中，但那次传球被土耳其后卫挡了一下。皮球朝着底线滚去，土耳其门将鲁斯图弃门出击，试图阻止皮球出界，因为那会让我们得到一次主罚角球的机会。但我比鲁斯图抢先一步触球，紧接着转身用左脚将皮球传向罚球区，克拉什尼奇从天而降，门前甩头攻门破网！

在克拉什尼奇进球那一刻，克罗地亚球迷的看台几乎沸腾了，我们都和他拥抱庆祝，几乎令他窒息。斯拉文·比利奇从替补席上一跃而起，朝我们跑来……比利奇欣喜若狂：球队在加时赛的最后时刻打进制胜球，还有比这更好的结果吗？大家似乎都认为土耳其队输定了。加时赛只剩下最后几秒钟，包括土耳其球员在内的所有人都觉得，接下来只是走个过场。

但过早的庆祝令我们变得不再专注，最终酿下苦果。比利奇向助理裁判示意换人——他很可能想提醒我们不要飘飘然，而是要控制情绪。我们并没有牢牢地控制比赛，坚持控球，反而做出了既幼稚又愚蠢的回应。

加时赛补时第2分钟，土耳其队主罚的一记任意球飞向克罗地亚禁区，我们有几名球员起跳，我以为他们会及时解围。另外，西穆尼奇似乎被土耳其球员犯规，但裁判没有吹哨……我只能难以置信地看着皮球弹向塞米赫，后者大力抽射破门！这是真的吗？我简直不敢相信自己的眼睛。我们距离半决赛只有咫尺之遥，却一下子失去了来之不易的优势。我们怎么能如此倒霉，如此幼稚？

我在点球大战前有一种不祥的预感：我们似乎已经输了。当一支濒临输球的球队和对手回到同一条起跑线时，往往会拥有心理优势。我们几乎已经握住了半决赛的门票，却只能无奈地看着它从手中飘走。这是一种可怕的压力，会令人很难保持冷静，尤其是在点球大战中。

事实证明，我的这种理论是正确的。在克罗地亚与土耳其的点球大战中，我和拉基蒂奇都没能罚进，佩德里奇的点球被鲁斯图扑出，只有斯尔纳罚进一球。最终，我们以点球大战 1–3 的比分被土耳其淘汰。

短短几分钟内，比赛形势就发生了翻天覆地的变化：土耳其人开始疯狂庆祝球队晋级四强，而我们则被沮丧、绝望的情绪击垮，颓然倒在球场中央的草地上。

很难用言语形容我们的悲伤，我们哭得就像孩子；比赛结束后，我们在更衣室哭了整整一小时。比利奇彻底崩溃了，一言不发，也没有任何其他人说话。工作人员将我们从球场带到酒店吃晚饭，一路上氛围特别孤寂，我们简直就像守灵人，正在办一场葬礼。我们一直沉默地望着彼此，脑海里的思绪飘忽不定。

次日，我们乘坐球队大巴返回克罗地亚，但心情仍然十分低落。大巴在沿途的几个休息站停了段时间，让我们伸展双腿。我们遇到了几波克罗地亚球迷，他们给我们打气，试图减轻我们内心的痛苦……我知道球迷们也很痛苦，整个克罗地亚都在流泪。

我们曾如此接近闯入半决赛，但命运跟我们开了个残酷的玩笑。命运允许我们品尝晋级的神奇时刻，却又将它从我们手中踢走。当时我们年轻、充满激情，球队内还有科瓦奇兄弟和西穆尼奇等经验丰富的老将，大家既团结又拥有坚定的信念。我对那支球队很有信心，相信我们已经为决赛做好了准备。22 岁的我信心十足，即将转会热刺，甚至觉得谁都无法阻挡我。我感觉自己浑身充满了力量，并乐在其中。

那场失利令我们耿耿于怀了很多年。如今回头来看，我认为那次戏剧性的输球对我们在大赛中的自信心产生了巨大影响。直到年份中再次出现数字（1998–2008–2018）时，我们终于消除挫败感，完成了对命运的复仇。

疗伤

2008 年欧洲杯后，我始终很难平复心情，即便在家乡扎达尔也是这样。为了远离城市的喧嚣，瓦尼娅、我和几个朋友租了一艘船去航海。我试图以平常心对待失败，但所有努力都徒劳无功。我明白，失败是体育运动中的一部分，但失败的滋味太难以忍受。

在大约一半的时间里，无论我们做些什么，我的思绪都会回到克罗地亚与土耳其的那场比赛，尤其是加时赛的最后时刻。我无法忘记那些令我内心备受煎熬的场景，正如忘不了自己罚丢点球……它们一次又一次朝我袭来，尽管我明白就算自己回忆再多次，也无法改变过去。连续几天、几周甚至几个月，我都饱受这种创伤后负面情绪的困扰。

虽然我入选了 2008 年欧洲杯最佳阵容，首次在重大国际赛事中得到认可，但我并没有从中得到安慰。如果我所在的团队遭遇失败，个人荣誉永远不会让我感到快乐。毫无疑问，2008 年欧洲杯是我职业生涯中的最大创伤。

尽管如此，亚得里亚海的美景仍然在帮助我慢慢恢复。我必须放松心情，让自己重新充满活力，因为我在英格兰的故事快要开始了。这对我来说既是新的挑战，也是证明自身价值的一次新机会。瓦尼娅和我经常聊热刺，不过有时也会聊聊我职业生涯的第一阶段，以及彼此间的情侣关系。我俩讨论的话题数不胜数，有的话题轻松幽默，但也有一些话题更严肃。

从我俩交往第一天起，瓦尼娅一直是我身后最坚强的后盾。她总是默默支持我，把我和我的工作放在第一位，却从来不认为这是什么特别的事情，更不会抱怨自己牺牲了太多。只有一回，她明确告诉我越界了。

在我俩刚开始谈恋爱那会儿，有时我仍然表现得像一个没有任何责任感的粗心少年。迪纳摩的氛围非常棒，我和队友们喜欢在比赛结束后结伴出去吃晚饭、聚会，或者放松一下。有段时间瓦尼娅表示理解，但随着这类事情越来越频繁地发生，她终于做出了反应。她冷静地告诉我，无论对我俩的关系还是我的事业来说，这种做法都不对。

移居伦敦成了我和瓦尼娅关系的转折点——我俩一起在异国生活，完全忠于彼此。

瓦尼娅的某些生活习惯也曾令我很难忍受，吸烟就是最大的问题之一。一些人在瓦尼娅戒烟后才和她认识，都说无法想象她抽过烟，但我很清楚。过去她经常吸烟，这令我很烦恼……香烟从来不是我的选择，我这辈子只吸过一次，当时我十二三岁，和几个伙伴找到了一包万宝路。小孩子都喜欢尝试新鲜事，我和小伙伴们躲在一个不会被人看到的地方，然后打开包装，拿出一支烟点燃，深吸一口……我立即就后悔了，尼古丁、熏鼻的烟味和烟雾令我特别难受，也让我从此不再碰香烟。

我也不怎么喝酒。如果遇到某些特殊场合，比如和朋友聚餐、参加庆祝活动或者晚宴，我会允许自己喝两杯，但我很容易醉。父亲极少对我生气，其中有一次就和酒有关。

事情发生在我的家乡扎达尔。当时我即将动身前往萨格勒布，邀请几个从小一起玩到大的朋友共进晚餐，向他们道别。我在晚餐上喝了几杯酒，量不大，不过已经令我头晕目眩。当我回到伊日酒店的住所时，父亲留意到我走路的方式不太对劲，我的呼吸肯定也“出卖”了我。在满脸担忧的母亲面前，我辩解说自己没喝醉，但父亲让我单脚站立，看看究竟谁在说谎。我抬起一只脚，身体立即失去了平衡。

次日，我仍然能感受到人生第一次宿醉的严重后果，羞愧地站着听父亲训话。“儿子，你究竟在想什么呢？如果这是你的生活方式，你将永远无法出人头地，更不可能成为一名成功的足球运动员。如果你打算在萨格勒布也这么做，那就最好留在这儿。”那场宿醉和父亲的严厉警告深深地印在了我的脑海里。当然，家人不用担心喝酒会成为我的一种习惯。为了应付场合，我偶尔可以小酌两杯，但香烟和酒精从来不是我的爱好。

我曾多次要求瓦尼娅戒烟，告诉她吸烟有害健康，烟味总是令我厌烦，尤其是在封闭的空间里。但就像大多数吸烟人士一样，她似乎对我的话不上心，所以我知道劝说没什么用，也就不再唠叨了。大约六个月后，在斯普利特，我和国家队的队友们正在为对阵荷兰的友谊赛做准备，突然接到了瓦尼娅打来的电话。

“最近怎么样，有没有什么新鲜事？”我像往常那样问她。

“你知道吗，我戒烟了！这是大新闻吧，哈哈！”瓦尼娅告诉我。

虽然我为她感到非常高兴，但始终有点怀疑。不过，就算瓦尼娅没能一下子戒烟成功，至少她在尝试。我认为这是她向我表达爱意的一种方式，因为她正在为了我，试图戒掉吸烟这个令人讨厌的习惯。最终她做到了！从那以后，我再也没有听她说过想要抽烟，这反映了她的坚韧性格。只要瓦尼娅决心做某件事，她就一定能完成。

这种性格也是我俩的共同特点。我和瓦尼娅刚开始约会时，我就知道她是我命中注定的另一半。在和瓦尼娅见面前，父母已经知道我在和她交往，因为他们发现当我俩分开的时候，我经常煲电话粥。当然，父母肯定也注意到我的行为发生了变化。

父亲与瓦尼娅的第一次见面简直就像偶遇。当时，父亲到迪纳摩主场观看一场比赛，在一家马克西姆酒吧坐了一会儿。我在家乡扎达尔的一位朋友和父亲同行，认识瓦尼娅，当他在酒吧看到瓦尼娅时，就向父亲介绍了瓦尼娅。

“斯蒂佩，这是瓦尼娅，卢卡的女朋友！”

有趣的是，父亲在第一次见到未来儿媳时就很满意。那时候我和瓦尼娅还只是在约会，但父亲经常说，他知道我俩是天生一对。他给瓦尼娅的第一句评价就是：“儿子，瓦尼娅是个奇迹！”当我和瓦尼娅回到扎达尔，参加队友马里杰·布尔贾特和他妻子杰琳娜的婚礼时，我的母亲和妹妹们与瓦尼娅见了面。“瓦尼娅真好！”母亲说。我的两个妹妹也立即和她成了朋友。

从彼此认识的第一天起，父母和妹妹就与瓦尼娅建立了融洽关系，这让我很高兴。父亲后来告诉我，他们对我的选择非常满意。“卢卡，如果让我们为你来选，我们肯定选不到比瓦尼娅更好的对象。”

让瓦尼娅感到自己被接受很重要。她是个在城里长大的女孩，从小就习惯了不同的人际关系，但她愿意接受我和家人的相处模式。我知道，有时我和家人会让人觉得走得太近，就像被一根无形的脐带绑在一起，这对她来说可能很奇怪。

父母和妹妹们经常到萨格勒布观看我的比赛，住在我俩的寓所。只要我能抽出时间，我和瓦尼娅总是会回扎达尔。但就算我和家人不在同一个地方，也随时可以和父母、妹妹、叔叔热利科通电话。在我的整个大家庭，所有成员彼此关系亲密，包括外祖母曼达、姑姑马丽亚和内文卡（内文卡姑姑几年前不幸去世）、我亲爱的儿时玩伴和表姐妹慕杰娜、森卡，以及其他亲戚。瓦尼娅尊重我生活中的这些情感关系，并调整自己来适应。这并不容易，但她似乎轻轻松松就做到了。瓦尼娅没有刻意为之，而是自然而然地融入我的家庭，难怪家人们在见到她的第一眼就喜欢她。

许多细节都清楚地反映了这一点。当我和萨格勒布迪纳摩签下第一份待遇可观的合同后，我想做的第一件事就是为父亲买辆新车。那时候父亲开着一辆破旧的菲亚特 Uno，由于父亲经常去萨格勒布或其他地方看我，我希望他的座驾更安全、更舒适，所以给他买了俩帕萨特的新车。当我思考怎样将新车送到扎达尔，带给父亲惊喜时，瓦尼娅提了个建议："卢卡，为什么你不亲自开这辆新车呢？我可以开车跟在你后面。我们自己去扎达尔。"

于是我们提车后就开往扎达尔。我们打电话让父亲走出酒店大楼，他还以为我们需要帮忙搬东西进屋。当我们将新车钥匙交给父亲时，他惊呆了！父母总是悉心照顾子女，当你让父母的生活变得更轻松时，内心会特别快乐。为了给孩子提供更好的生活，许多父母牺牲自我，过着勤俭、清贫的生活。父母很高兴看到孩子收获成功，但当你能够回报父母，尤其是当你知道他们需要时，那种感觉非常美妙。物质财富永远无法补偿父母为我所做的一切，不过那辆车就像一个符号，表明我永远会照顾他们。

另一件事或许更能反映父亲的性格。当我已经在迪纳摩站稳脚跟后，父母仍然住在伊日酒店的部队宿舍。妹妹亚斯米娜正在里耶卡念书，但父母和小妹蒂奥拉仍然蜗居在空间狭小的房间里。我花了些时间攒钱，在扎达尔给父母买了一套周边环境宜人的宽敞公寓，还让瓦尼娅对公寓进行了装修。

虽然我的举动令父母很感动，但他们并没有立即搬到新公寓。父亲似乎没有想到，随着我成为一名职业球员，全家人的生活在短时间内就发生了翻天覆地的变化。他不停地找借口解释为什么不想搬家。我想，如果当初我不坚持，父母很可能至今仍然住在伊日酒店……他们习惯了简朴的生活，始终脚踏实地。

对父母来说，与亲朋之间的关系最重要。父母仍然和老友们维持着友情，照顾在奥布罗瓦茨独居的外祖母阿曼达，关心我们的亲戚。每当我和瓦尼娅需要找人照看孩子时，父母都会主动帮忙。大约六个月后，父母总算搬进了那套新公寓！如今他们仍然住在那里。

我的外祖母阿曼达也一样，80多岁的她不愿离开家乡，一直在奥布罗瓦茨独自生活。我们曾试图说服她搬家，可她甚至从来没有考虑过这么做。前段时间她接受了臀部置换手术，行动不便，更糟的是她住在一栋没有电梯的楼房的四层。但外祖母总是说一切都很好，父母经常带着生活用品和药去看望她，我们尽量满足她的所有需求，尤其是在健康方面。不过，每当我问外祖母是否需要或想要什么东西时，她都会温和地说："卢卡，我什么都不缺。快告诉我，你最近怎么样，孩子们还好吗？你有没有好好照顾瓦尼娅？"

阿曼达很早就成了寡妇，外祖父皮塔尔在我出生前就离开了人世。我和祖父祖母待在一起的时间更多，因为他们的房子离我家更近。不过每逢暑假，我和瓦尼娅都会带着孩子前往奥布罗瓦茨探望外祖母，或者说服她去扎达尔。我在扎达尔附近的蓬塔斯卡拉有一栋带三间公寓的房子，夏天我们都可以住在那儿。那栋房子还有个小花园，外祖母喜欢坐在树荫下聊天。她的故事总是很温暖，虽然她经历过许多苦难，但她从不抱怨。她的性格沉着冷静，习惯于照顾他人，对他人的关爱甚至超过对她自己。

在伦敦的新生活

2008 年 7 月 7 日，欧洲杯结束后不久，我的新东家热刺在西班牙进行季前集训，而我的心情也稍稍平静了些。由于我参加了欧洲杯，俱乐部允许我多休息几天，只需要在 7 月 18 日赶往瓦伦西亚报到。在大约一周的时间里，我满脑子都想着自己究竟会怎样开始在热刺的职业生涯。离开萨格勒布前，我邀请所有的前迪纳摩队友聚餐，举行了一场告别晚宴。那场晚宴也象征着我身穿迪纳摩蓝色球衣的时代终结。

瓦尼娅和我从萨格勒布飞往伦敦，兹德拉夫科·马米奇的儿子马里奥和我们同行。抵达伦敦后的最初几天里，由于我不得不去瓦伦西亚，马里奥留在伦敦，帮助瓦尼娅安顿下来。我们住在距离热刺训练中心只有 10 分钟车程的一家万豪酒店，那处住所对我来说很方便，但瓦尼娅却非常难受，因为酒店所处地理位置偏僻，还紧挨着高速公路……我们在万豪酒店待了两个月，然后搬到了瓦尼娅在奇威尔找到的一所房子。

在热刺，从西班牙籍主教练胡安德·拉莫斯到球员，球队上下所有人都对我热情有加，让我觉得自己受到了欢迎。拉莫斯坚持要求热刺与我签约，他对待我非常公平，当然也对我寄予厚望。他是个好人、一位知识渊博的教练，之所以没能带领热刺取得更大成功，也许只是因为缺少一点运气。

拉莫斯让我逐渐熟悉新的环境和英超联赛，让我通过调整自己，来适应完全不同的比赛节奏和要求。说实话，2008 年欧洲杯后我除了休息什么都没做。那段时间我需要与足球保持距离，努力减轻输给土耳其一役所带来的痛苦，并为迎接在英格兰的新挑战做准备。刚加入热刺时，球队的训练强度令我大吃一惊：我们每天进行三堂训练课，在训练中的奔跑量很大——沿着高尔夫球场或海滩——晚上还会进行与足球相关的各种体育运动和游戏。高强度训练曾经导致我的膝盖肌腱发炎，但随着时间推移，我渐渐适应了新的制度和环境。

与热刺4年后修建的新训练基地相比，俱乐部位于奇威尔的老训练营要简陋得多，不过我感觉在那儿训练也很棒。更衣室和其他设施都在集装箱里，但我并不介意。奇威尔训练营的球场最让我感兴趣：共有4块球场，其中一块的质量尤其出色，使我迫切想要上场踢球。另外，在伦敦生活的头几个月里，还有件事也让我感到意外，那就是天气。我原以为伦敦会经常下雨，却发现几乎每天都是温暖的晴天。

科特迪瓦中场迪迪埃·佐科拉是我在热刺认识的第一个朋友，他擅长跑动，喜欢说笑和搞恶作剧，很快就成了我的隔壁邻居。没过多久，我与更多队友建立了良好关系，尤其是吉奥瓦尼·多斯·桑托斯、门将修雷利奥·戈麦斯、阿伦·列侬和汤姆·赫德尔斯通。但令我喜出望外的是，当2008年夏季转会窗即将结束时，热刺从曼城签下了我的好朋友韦德兰·乔尔卢卡。这让一切都变得更容易了。

我不得不承认，在刚开始的时候，由于难以适应靠左侧道路行驶，我在开车时遇到了很多麻烦。与我在萨格勒布时的座驾一样，热刺为我提供了一辆宝马，但我不太习惯方向盘在前排座位的右边。因此，虽然俱乐部训练营距离酒店只有10分钟车程，我的车仍然有好几次撞到了路边。这太烦人了。我既担心可能造成严重的交通事故，又对汽车受损感到难过。于是我告诉瓦尼娅，她最好开车带我去训练，直到我习惯为止。许多事情都需要我快速调整自己，我决定将足球放在第一位，开车可以往后靠。

在我逐渐适应在英格兰生活和踢球的那些日子，善解人意的瓦尼娅给了我很大帮助，我必须感谢她。开车仅仅是一个例子。当我在萨格勒布学习驾驶时，我俩还在约会。我很快就学会了开车，却始终没找到平行停车的窍门。作为一位经验丰富的司机，瓦尼娅开着她的标致 206 前往一个停车场，手把手教我平行停车。在她的帮助下，我以优异的成绩通过了驾驶考试，终于能够买辆属于自己的车，想去哪儿就去哪儿，变得比过去更独立了。

我的第一部座驾是辆银色大众高尔夫，它很酷、活力四射，乘坐感也非常舒适。遗憾的是短短几个月后，它就被人偷走了。当时我的心情很糟糕，因为与很多人一样，我对人生中第一辆车有种特别的依恋感。随后一段时间里，我使用瓦尼娅的车。直到效力迪纳摩的最后一个赛季，我决定买辆宝马 X5 犒劳自己，后来又在转会热刺时将它送给了父亲，父亲至今还在使用。

2008–09 赛季的季前训练快要结束时，我们踢了几场比赛。我永远难忘自己在白鹿巷球场的首次登场，以及与热刺球迷的初次接触。在热刺与罗马队的一场比赛中，看台上挤满了球迷。这在当时并不多见，因为除了极少数特殊场合外，不会有太多球迷跑来看一名克罗地亚球员踢比赛。当然，随着英超联赛飞速发展，球场满座的场面很快就变得越来越普遍了。

热刺球迷用掌声欢迎我，他们精力充沛，营造了热烈的主场氛围，并且在看台上没有参与任何骚乱或暴力事件，这些都给我留下了深刻印象。赛季开始前，我感觉全身充满了力量，相信自己在英超赛场会有出色的表现。通过与热刺队友合练，我发现自己的水平并不落后；恰恰相反，我在球场上得心应手，所以觉得自己拥有收获成功所需要的一切……然而没过多久，我在热刺的命运突然急转直下。

拉莫斯把我当作一名边锋，而非典型的中前卫使用，球队的战绩非常糟糕。我们在前三轮英超联赛中两负一平，排名积分榜垫底。接下来的国际比赛日里，克罗地亚队的成绩也不太好。虽然我们在一场 2010 年世界杯预选赛中 3–0 轻取哈萨克斯坦队，我甚至打进了一粒漂亮的进球，但短短三天后，我们就在主场被英格兰上了一课，1–4 输球。

热刺队的表现更是惨不忍睹。前八轮联赛战罢，我们只拿到 2 个积分，在英超所有球队中排名倒数第一！连续 6 场比赛失利后，主教练的位置受到了威胁：同一周，我们在欧洲联盟杯的首轮小组赛中客场挑战意甲球队乌迪内斯，0–2 落败。回到英格兰后，在对阵博尔顿的比赛前，我们都觉得球队内部气氛非常微妙。当天晚上，我们被叫到会议室参加一次紧急会议。俱乐部管理层解释说，他们已经对拉莫斯失去信心，哈里·雷德克纳普将成为球队的新任主教练。这位经验丰富的老帅将会带领我们在次日迎战博尔顿。

雷德克纳普选择了 4–4–1–1 阵型，让我担任攻击型中场，在前锋达伦·本特身后活动。我们在与博尔顿一役中获胜，我也拿出了加盟热刺以来的最佳表现。紧接着我们前往酋长球场挑战阿森纳，打出了一场荡气回肠的比赛。

我们在北伦敦德比中率先进球，但枪手很快就后来居上，以 3–1、4–2 的比分建立了领先优势。当比赛进行到第 89 分钟时，双方的比分为 4–3，不过我们没有放弃：伤停补时第 4 分钟，当我的射门击中立柱后，列侬补射破门，帮助球队将比分扳平！那粒进球让我们欣喜若狂，列侬几乎快要窒息了，因为所有队友都朝他扑去。

我敢肯定地说，我们在那天成了一支真正的团队，随后的连胜也证明了这一点。接下来的主场比赛中，我们以 2–1 击败利物浦，俄罗斯前锋罗曼·帕夫柳琴科在伤停补时阶段打进制胜球。我们还客场以 2–1 战胜了曼城，我助攻本特打进球队的第一粒进球。

有趣的是在欧洲联盟杯的淘汰赛抽签仪式中，热刺抽中了萨格勒布迪纳摩。这意味着我将与前东家交手——在我离开萨格勒布短短5个月后，迪纳摩就来到了白鹿巷。与前队友对抗的感觉很奇怪，但我知道自己需要全力以赴，并助攻队友首开纪录。热刺最终4–0完胜迪纳摩，而我在比赛第75分钟被换下，接受了主场球迷的掌声。

直到那时我才意识到，在英格兰，一名球员可能经历各种大起大落。赛季初我们战绩糟糕，如今却连续多场比赛保持不败，没有输给劲敌切尔西、阿森纳和曼联，还击败了利物浦和曼城。这清楚地表明我们球队拥有不俗实力。另外，我们有时也会在与排名靠后的俱乐部的比赛中丢分，这意味着球队还不够成熟。

但最重要的是，我们终于开始扭转赛季初期的颓势。2009年新年休赛期，热刺在英超积分榜上的名次已经升至第16名，在英格兰联赛杯和欧洲联盟杯的战绩也相当不错。不幸的是，我又一次感受到了在关键比赛中饮恨点球大战的沉重负担……联赛杯决赛在座无虚席的温布利球场进行，热刺未能实现卫冕。我们和曼联在常规比赛时间0–0战平，但点球大战中曼联表现更好，以4–1的比分获胜。我们这边只有乔尔卢卡罚进点球，我甚至没有考虑过主罚——在维也纳被撕开的伤口尚未痊愈。

热刺主教练哈里·雷德克纳普极具个人魅力，擅长营造积极氛围和激励球员。雷德克纳普真心欣赏克罗地亚球员，这一点尤其令我受益。每当谈起他在西汉姆联和朴茨茅斯执教过的斯拉文·比利奇、伊戈尔·斯蒂马奇、尼科·克拉尼察和罗伯特·普罗辛内茨基时，雷德克纳普总是赞不绝口。在雷德克纳普执教热刺后期，我们拥有多达4名克罗地亚球员，包括我、乔尔卢卡、尼科·克拉尼察和斯蒂佩·普莱蒂科萨，有人甚至给俱乐部取了个绰号："克罗托特纳姆"。这在我看来一点都不奇怪。

雷德克纳普精通执教球队的所有门道，虽然大部分训练课由他的助手带领，但他时刻关注着一切。他总是希望让球员们在可以充分发挥自身能力的位置上踢球。自从雷德克纳普接手热刺以来，我的状态有了明显提升。雷德克纳普认为，如果球队在进攻端为我提供更多自由空间，允许我发挥创造力，我将能够拿出最佳水平。所以他让队友们传球给我，然后再由我为速度超快的列侬送出直传。

从那以后，我们的表现持续提升，在赛季结束时排名联赛积分榜第8。考虑到我们在赛季初创下了热刺队史最糟糕开局，这份成绩单已经相当不错了。当然，球队的最大功臣正是哈里：一位老派教练、一个非常积极和善良的人。

在征战英超联赛的首个赛季，我取得了明显进步，坐稳了球队主力位置。热刺球迷对我的表现也很满意，并且都希望我在接下来的赛季能够表现得更好。

2008—09赛季，在我遭遇职业生涯最严重危机的那段日子里，一位前辈给了我巨大帮助。就在与博尔顿的比赛前，我在开车去球场的路上收到一条短信：“如果你愿意，方便的时候给我打电话。兹沃尼。”克罗地亚足球界的所有人都知道兹沃尼米尔·博班是谁，他是我的偶像，但给我发短信的人真的是他吗？这个问题在我脑海里一闪而过。

起初我想，也许某个朋友在跟我开玩笑。博班为什么要跟我联系？不过，我仍然被那条短信激起了兴趣，想知道它究竟是谁发来的，于是拨通了电话。一听到电话那头的声音，我就知道是他！在有生之年，我永远不会忘记那个时刻。

“请保持冷静，不要因为球队战绩糟糕而责怪自己。当我刚到国外踢球时，也遇到过这种情况，我需要一些时间来适应。放松，一切都会好起来的！”博班告诉我。对我来说，博班的这番话来得正是时候，尤其是考虑到他经历过职业足球的风风雨雨，给我的建议可谓金玉良言。我和博班聊了大约 5 分钟，当时我非常兴奋——就像在童年时看着博班随 AC 米兰征服欧洲，或者他带领克罗地亚国家队赢得首枚奖牌时那样。与博班的对话给我带来了我所需要的力量和肾上腺素，从那以后，一切都变得更容易了。

休息一下

2009 年夏天，当我效力热刺的首个赛季结束后，我的心情比一年前轻松许多。我很高兴自己已经适应了对身体要求很高的英超联赛；我熟悉英超的节奏，并且向所有人证明自己有能力征战这种高水平联赛。另外，热刺球迷对我的认可也让我变得更自信了。

在亚得里亚海度假期间，瓦尼娅和我回顾了出国第一年的生活。我们在伦敦过得很愉快，但如果没有瓦尼娅的支持，这是不可能的。首先，在我加入热刺后的最初几个月里，瓦尼娅努力让我的生活变得更容易，让我能够集中精力踢球，向俱乐部证明自己，而她却正在经历一段特别难熬的时光。

当我忙于训练、旅行和踢比赛时，大部分时间她不得不独自生活。我知道她讨厌这种状态。在萨格勒布，如果我不在瓦尼娅身边，她会给朋友打电话，看望她的母亲或祖父母。萨格勒布是她的家乡，伦敦就像完全不同的另一个世界。

抵达伦敦两个月后，我们将住所从酒店搬到了古色古香的小镇奇威尔。奇威尔非常安静，远离伦敦的喧嚣，周围的森林更增添了这座小镇的魅力。瓦尼娅按她的喜好装修了我们的双层楼房，我从不干预，因为对她很放心。每天训练结束后，我会花大约 5 分钟开车回家，然后和瓦尼娅共度快乐时光……在 5 年的恋爱关系中，那是我俩第一次可以做自己真正想做、让俩人都开心的任何事情。

我们逐渐适应了伦敦的生活，也爱上了那座城市。我们经常乘坐地铁前往伦敦，花40多分钟就能到达市区。如果我们开车，由于交通情况的变化，可能需要耗费大约一个半小时。我们通常会当天逛完计划中的所有地方，如果我第二天有空，就会在伦敦住一晚酒店，次日再回奇威尔。

然而，任何美好故事都有灰暗的一面。当我不在家的时候，某些事情可能会对瓦尼娅造成或大或小的创伤。瓦尼娅承认，她很难忍受一个人独处的生活。她会打扫卫生、做饭、做家务来打发时间，有时还会逛商店，或者去餐馆吃午饭——在小镇奇威尔，她也没有任何其他事情可做。

当我们听说家附近发生过多起盗窃案时，我们非常担心。瓦尼娅对晚上独自待在家里感到害怕，我也经常心绪不宁，担心她会遇到危险。为了不再提心吊胆地过日子，我们很快做了一个决定：只要我不在瓦尼娅身边，她就得在万豪酒店过夜。

2009—10赛季，球队取得了梦幻般的开局。热刺签下了几名新球员，其中包括从朴茨茅斯转会而来的尼科·克拉尼察，这意味着尼科和我除了在克罗地亚国家队搭档之外，终于在同一家俱乐部成了队友。不幸的是，命运再次捉弄我们，令我们无法并肩作战。

经过赛季初的一波四连胜后，我遭遇了一次严重伤病。正如我此前所说，那次受伤发生在热刺主场迎战伯明翰的一场比赛中。下半场开始后不久，我与伯明翰中场球员李·鲍耶在拼抢时身体相撞。鲍耶以球风粗暴闻名，但他并非存心伤害我：我保护皮球，他想将球踢走，却踢到了我腿上。当时我感到右腿一阵剧痛，冒出了一身冷汗。

队医进场查看我的伤势，我原以为自己可以咬紧牙关，忍痛继续比赛。然而，腿部的疼痛感令我实在难以承受，我很清楚情况相当严重。医疗团队怀疑我的右腿腓骨骨折，决定将我送往医院，X光扫描结果证明他们的猜测是对的。在救护车送我去医院的路上，我接到斯拉文·比利奇的来电，当时就哭了，因为我意识到自己将会长时间缺席比赛。比利奇试图鼓励我，但我的心情实在太沮丧。

没过多久，鲍耶也打电话向我道歉。我从不觉得鲍耶故意踢伤我，在足球比赛中，伤病在所难免，我只是不太走运。幸运的是我不必接受手术治疗，只需要穿一只专门的“靴子”，然后开始漫长的康复过程。我在伦敦和克罗地亚各待了一段时间，而我的国家队好友，以及在热刺俱乐部的未来队友斯蒂佩·普莱蒂科萨也正在从一次严重的伤病中恢复。

在我因伤缺阵的大约100天里，尼科·克拉尼察表现出色，他打进了一些关键进球，为热刺升入积分榜上半区做出了贡献。后来我俩一起踢了几场比赛，然而在2010年4月，一次重伤导致他赛季报销。

2009—10赛季开始前，我向瓦尼娅提出了结婚的想法。我俩交往将近5年，同居的时间也有4年多。我们决定结婚，像夫妻那样一起生活。不过更重要的是，我俩都想要小孩，想养育至少3个孩子。我俩有相同的家庭观念，谈论孩子只会让我俩更兴奋。

我和瓦尼娅计划很快就要孩子，不过在那次受伤后的漫长恢复期里，我们决定加快进度。我俩渴望成为父母。某天上午，当我前往热刺训练营进行另一次康复训练时，瓦尼娅让我在伦敦我俩最喜欢的一家意大利餐馆与她共进午餐。我从来没想过她为什么想去那儿。抵达餐馆后，我立即在座位区看到了瓦尼娅，但我发现她的神情有些奇怪，似乎感到紧张。我刚坐下，瓦尼娅就向我解释了她为什么坚持要在那儿见面：“你要当爸爸了。”

很难用言语来形容我当时有多么快乐，经历过的人都懂。这是全世界最美妙的消息！我的妻子希望在一个特殊的地方与我分享。虽然孕吐令瓦尼娅备受折磨，但她希望让这一刻对我、对我俩来说都显得足够特别……在家里，我从来没有注意到瓦尼娅身上有什么变化，她一直瞒着我，直到确定自己怀孕后才告诉我。当我俩享用一生中最特别的午餐时，我和瓦尼娅对接下来的安排达成了一致。

此前，我们已经计划在赛季结束后结婚。瓦尼娅明确表示，她希望在医生的监督下，在萨格勒布度过孕期，我同意了。这并非因为她不信任英格兰的医生，而是因为我俩希望我们的孩子在克罗地亚出生。瓦尼娅还告诉我，她想从大房子搬到单层公寓住，因为她在大部分时间都会独自照顾婴儿，如果所有房间在同一个楼层，这会更容易。所以我们租了间公寓。我们在奇威尔的第一处住房给我们留下了许多美好回忆，但当我们搬进一栋漂亮公寓楼的宽敞房间时，她看上去似乎更开心，心情也更平静了。

2010 年 5 月 12 日，当瓦尼娅怀孕 8 个月时，我们在萨格勒布举行了公证婚礼。那场婚礼规模很小，我们只邀请了家人和最亲密的朋友，并让所有宾客在萨格勒布的一家餐馆共进晚餐。大约一年后，我和瓦尼娅举办了一场我俩都想要的教堂式盛大婚礼。

除了个人生活之外，效力热刺的第二个赛季也给我带来了许多快乐。热刺在英超积分榜上排名第四，这意味着球队将在时隔 48 年后重返欧冠舞台。2010 年 5 月，在与曼城争夺第四名的直接对决中，我们客场 1–0 获胜。赛后我们举办了一场盛大派对，庆祝球队获得欧冠参赛资格。

虽然赛季初期我受了伤，但我在伤愈复出后迅速赶上队友，拿出了出色的表现。媒体既认可球队所获得的成功，也对我的表现赞不绝口。我觉得我已经在英超证明了自己，让所有人都知道，在拥有许多顶级球员、拼抢激烈的英超联赛，我能够为球队做出巨大贡献。人们不再质疑我体格孱弱、身高或力量不足，而是会积极评价我的技术能力和团队精神。英超联赛和其激烈节奏让我变成了一名更好的球员，我的球风变得更快，也更简单直接。

2009—10 赛季唯一的瑕疵是，克罗地亚未能进入 2010 年世界杯决赛圈。那是我第一次无法随国家队参加大赛。所以我没有去南非，而是在克罗地亚度过了暑假。老实说，那将是一个与以往完全不同的假期。

为瓦尼娅感到担忧

2009 年 5 月 8 日，赛季刚刚结束后，我和瓦尼娅就回到了萨格勒布。孩子的预产期是 6 月 27 日。瓦尼娅留在萨格勒布休息，而我还有两场国家队的友谊赛要踢，对手分别是奥地利和威尔士。我从 5 月 24 日起就自由了，可以陪在瓦尼娅身边，提供她所需要的一切帮助。

萨格勒布天气很热，我原本希望带瓦尼娅去扎达尔的海边避暑，但医生告诉瓦尼娅，她在生下孩子前不能旅行，某些特定的健康问题需要治疗。不过，瓦尼娅仍然鼓励我去扎达尔，与我的父母和两个妹妹待几天，因为我们都知道，一旦孩子出生，我们就抽不出时间了。

在扎达尔的第二天晚上，父亲凌晨 5 点左右将我叫醒。瓦尼娅刚刚给我打过电话，但我没听到。“儿子，快醒醒，瓦尼娅不得不去医院，孩子就要出生了……”

我立即起床，穿上我能找到的第一件衣服，动身前往 280 公里外的萨格勒布。父母也开车跟着我。路上空无一人，于是我猛踩油门，想尽快赶到医院陪她。当瓦尼娅的羊水破开时，她独自住在公寓，好在瓦尼娅的母亲就住在附近，接到电话后她第一时间就带着照护产妇需要的所有东西赶了过来，陪她一起打车去医院。

每当聊起那天晚上发生的事情时，瓦尼娅和她母亲与出租车司机的对话总是令我们捧腹。当司机问瓦尼娅的母亲要去哪儿时，她几乎尖叫起来：“带我们去医院！她要生孩子了。”司机吓了一跳，他担心路上的颠簸可能对孕妇造成伤害，所以开车速度很慢，时速只有 18 英里。“拜托，开快点吧，我没问题。”瓦尼娅这样鼓励司机。她只想尽快赶到医院。

当瓦尼娅再次打电话给我时，我已经到了医院附近。我感到身体内肾上腺素激增，哭着告诉她：“瓦尼娅，如果可以的话，请等一下。我马上就到。”

但她不能再等了。就在我把车停在医院门口时，我们的孩子出生了。早上 8 点 10 分，我和瓦尼娅的第一个孩子降临人世，永远改变了我们的生活。对我来说，第一次看到儿子并将他抱在怀里的那一刻，是人生中最快乐的时刻之一。我紧紧拥抱瓦尼娅，希望那些纯粹的幸福时刻能够永远持续下去。我向瓦尼娅承诺，下次她生孩子我一定陪在她身边。那是我们第一次生孩子，准备不足。我们只知道瓦尼娅会通过剖腹产分娩，却完全没想到她在预产期前三周就会分娩。

瓦尼娅和刚出生的孩子不得不在医院住几天，我全程陪护，甚至在医院住了几个晚上。在最初的四天里，护士每天上午都会问我们：“给这男孩起名字了吗？”我们有几个选择。瓦尼娅想给儿子起名伊万，之后我提议叫他伊万诺。这就是我的小男孩，我的挚爱！

两周后，我们终于可以旅行了。当我们回到家乡扎达尔时，我的父母和妹妹们欣喜若狂。那是一段快乐时光，一切都很美好。我儿时的朋友来看望我们，看我和瓦尼娅的孩子。当然，我经常和他们一起玩牌，我很擅长。在纸牌比赛中，你需要时刻保持关注，记住对手已经出了哪些牌，手头可能还握着哪些王牌，只有这样才有机会击败他。我讨厌失败，即便在训练中也是如此，所以玩牌时很容易提高嗓门，和朋友发生争吵。

某天夜里，我和几个朋友在楼房的露台上玩牌，甚至没有留意到瓦尼娅已经回家。晚上 11 点左右，瓦尼娅走到阳台上晾衣服，却突然觉得很不舒服。瓦尼娅走下楼，告诉我她身体不适，我以为没什么大事，就让她躺一会儿。父亲陪着她去了我们的房间。没过多久，我和朋友们听到一声巨响，紧接着是一阵喧闹。我匆匆跑上楼，看到瓦尼娅的母亲也刚从自己的房间里跑出来。当时我被吓呆了，整个人都瘫了，因为瓦尼娅无法呼吸。

我的伴郎马尔科反应迅速，和我们一起将瓦尼娅送往医院。当我们开车时，瓦尼娅的母亲将她抱在怀里，因为她已经陷入半昏迷状态。在赶往医院的路上，父亲给老友纳基奇医生打了电话，告诉他瓦尼娅感到胸口有压力。瓦尼娅背部的疼痛很可能是跌倒造成的，但胸部压力表明她可能心脏病发作了。

经过一段高速行驶，我们终于抵达医院门口，医疗团队已经做好了急救准备。他们检查了瓦尼娅的身体，其中一位医生怀疑也许有血栓进入了她的肺部。医生们将瓦尼娅推进重症监护室，为她提供治疗，然后告诉我她需要休息，并送我们回家。考虑到有医生照顾瓦尼娅，我不再像刚开始时那么担忧，但仍然无法合眼。直到医院打电话告诉我瓦尼娅情况稳定时，我才终于放下心来。

次日，当我们去医院看望瓦尼娅时，我们对前一晚发生的事情有了更清晰的了解。医生得出的结论是，瓦尼娅体内血凝块是由她对怀孕的反应引起的，幸好救治及时，结果还不算糟。那天上午，瓦尼娅甚至不记得她有个儿子，这表明情况曾经特别严重……医院最终允许瓦尼娅出院，让我们在家里照顾她，但接下来一个月我每天都得带她去医院打针，并密切留意她的身体状况。在随后的一年半里，瓦尼娅不得不继续接受抗凝血治疗。不幸的是，经过长期治疗后，瓦尼娅的病仍未彻底痊愈。

欧冠初体验

在萨格勒布迪纳摩，我从未实现自己的最大愿望，那就是参加欧冠联赛。作为一项精英足球赛事，欧冠联赛允许你与最优秀的球员一较高下，征战欧冠是所有球员的梦想。我带着这个愿望来到热刺，尽管在英格兰，球队很可能更难以获得参加欧冠的资格。

首先，英超联赛的竞争异常激烈，有七八家豪门俱乐部争夺积分榜前四名。没有任何其他联赛的竞争比英超更激烈。其次从传统来看，热刺在欧冠赛场的前景并不被看好，因为他们已经有接近半个世纪没有参加过最顶级的俱乐部赛事了。

但 2010 年夏天，随着热刺在欧冠资格赛的两场比赛中淘汰瑞士俱乐部伯尔尼年轻人，我的梦想成真了。遗憾的是，首回合比赛并没有带给我美好回忆：我的肌肉受伤，球队 2–3 客场落败。第二回合比赛我没有上场，不过我的队友们发挥出色，热刺 4–0 完胜对手，以 6–3 的总比分晋级欧冠正赛。

在小组赛阶段，我们与不来梅、特温特、国际米兰和卫冕冠军 AC 米兰同组。那是我们首次征战欧冠联赛，所以我们都铆足了劲，表现非常不错，最终以小组头名的身份昂首出线。

我尤其难忘热刺对阵国际米兰的一场小组赛。比赛开始短短 10 分钟后，我们的首发门将戈麦斯吃到红牌，雷德克纳普不得不派出替补门将卡尔洛·库迪奇尼，而出于战术原因，他决定用一名身体更强壮的球员替换我，以弥补我们在球员数量上的劣势。虽然我们 3–4 输给了国际米兰，但加雷斯·贝尔闪耀全场，完成了帽子戏法。在那之前，贝尔频繁受到伤病困扰，克服了许多挑战才在热刺站稳脚跟。那场比赛标志着他崛起的开端。加雷斯和我在热刺的关系很亲密，而在共同效力皇马期间，我俩的友谊变得更牢固了。在热刺主场与不来梅的一场比赛中，我打进了自己在欧冠联赛的首粒进球。

16 强淘汰赛中，我们抽到了 AC 米兰——博班曾经效力 AC 米兰，所以我从小就支持这家俱乐部。这支米兰队不像上世纪 90 年代那么强大，但拥有一批非常出色的球员，其中包括我最喜欢的球员之一兹拉坦·伊布拉希莫维奇，他的踢球风格和精神总是让我振奋。与此同时，AC 米兰还拥有内斯塔、西多夫、蒂亚戈·席尔瓦、加图索，以及技术精湛的安德烈亚·皮尔洛等球星。但在前往圣西罗球场挑战 AC 米兰前的几周里，我们遭遇了不少问题。

首先，我们在足总杯第四轮 0–4 惨败于富勒姆，当天晚上我遇到了一个更大的麻烦。瓦尼娅和我在吃完晚饭后看了会儿电视，由于突然肚子疼，我很快就上床躺下了。我原以为自己能迅速入睡，疼痛感自然会消失，却一直疼痛难忍。直到次日凌晨 6 点钟左右，我实在无法再忍，就打电话向队医求助。队医告诉我，我可能患了阑尾炎。他们带我去医院，并准备让我接受手术。

我的精神崩溃了，因为职业球员一旦遇到健康问题，就无法参加比赛。另外，那是我第一次做手术，所以我甚至没有试图掩饰我的恐惧感。幸运的是手术进展顺利，很快就结束了。

当时距离与 AC 米兰的比赛只剩下不到两周，我再次开始与时间赛跑，想尽一切努力为比赛做好准备。我希望队医能尽快允许我回归训练。手术结束短短 8 天后，我已经开始与队友们合练；3 天后，我和其他球员一起乘坐飞机前往米兰。虽然我对此感到高兴，但赛前训练中，雷德克纳普的一番话仍然令我惊讶：“卢卡，明天的比赛你能首发吗？”

在任何其他情况下，我都会不假思索地点头同意，但我毕竟刚刚接受手术，身体还处于恢复中，能够随队前往米兰已经算得上奇迹，很难在一场如此重要的比赛中担任首发……雷德克纳普接受了我的意见，但在下半场进行15分钟后，他用我换下范德法特。

与AC米兰一役中，门将戈麦斯多次完成精彩扑救，力保球门不失，他的表现给我留下了深刻印象。比赛第80分钟左右，我在一次快速反击中为列侬送出直塞球，列侬带球突破防守球员，然后将皮球传给中路的彼得·克劳奇。在看台上的7.5万名球迷面前，彼得冷静地射门得手，帮助球队1–0获胜！我们在圣西罗球场击败了AC米兰，感觉太棒了！

在白鹿巷球场进行的次回合比赛中，我们和AC米兰互交白卷，顺利晋级四分之一决赛。我们接下来的对手是皇家马德里，而通过与皇马的比赛，我才明白了与最好的球队交手究竟是怎样一种体验。伯纳乌球场的气氛无比壮观，当我们在赛前热身阶段望着这座足球圣殿的巨大看台时，乔尔卢卡告诉我：“我感觉皇马球迷就悬在我的头顶上！”

比赛开始才5分钟，主队皇马就率先破门，建立了一球领先的优势。短短15分钟后，由于彼得·克劳奇吃到第二张黄牌被罚下，我们不得不以10人应战，最终被皇马4–0轻松击败。次回合比赛变得就像走过场，不过我们没有缴械投降。那场比赛球队表现不错，我记得热刺球迷一直在为我们加油助威，即便是在巴西射手罗纳尔多破门后。凭借罗纳尔多的那粒进球，皇马1–0获胜，以两回合5–0的总比分将我们淘汰。

2010—11赛季，托特纳姆热刺登上欧冠舞台，与数家豪门俱乐部正面交锋。对我来说，这也是唯一值得欣慰的事情。在当赛季英超联赛中，热刺的战绩令人失望，最终仅排名第5，无缘下一个赛季的欧冠联赛。

暴风雨下的大海和婚姻港口

随着英超联赛结束，我休息了10天，然后参加那个赛季的最后一场比赛：克罗地亚对阵格鲁吉亚的2012年欧洲杯预选赛。那是14年来，克罗地亚国家队在斯普利特进行的第一场正式比赛，有着特殊的历史意义。在斯普利特的波尔尤德体育场，克罗地亚的过往战绩相当糟糕：此前9场比赛一胜难求，其中包括3场正式比赛。由于克罗地亚国家队很少在波尔尤德体育场踢预选赛，达尔马提亚和斯普利特的球迷们感到愤怒，而这使得我们背上了沉重的心理负担。

那场比赛充满了挑战性。首先，比赛在赛季即将结束的6月份进行，球员们的身体状态并不太好。另外，格鲁吉亚也是个难缠的对手。两个月前在第比利斯，格鲁吉亚发挥出色，在伤停补时阶段打进制胜球，以1–0比分让我们遭遇了预选赛阶段的首场失利。而在波尔尤德体育场，格鲁吉亚仍然表现上佳，当比赛进行到第17分钟时就取得领先，使情况变得更加复杂。尽管如此，在克罗地亚球迷的支持下，我们仍然赢得了胜利：在比赛第81和第83分钟，曼祖基奇和尼古拉·卡利尼奇的进球帮助球队2–1获胜。

我终于可以专心筹备婚礼了。我和瓦尼娅的教堂婚礼定于6月11日进行。一年前，我们在市政厅举行了公证婚礼，与家人和挚友共同庆祝，但这回我们邀请了170位客人。

在威斯汀酒店，我们举办的派对持续到了次日上午7点。流行歌手姆拉登·格尔多维奇、无伴奏合唱乐队Klapa Intrade，以及著名音乐家哈利德·贝斯利奇倾情献唱，带来了一场精彩绝伦的演出。我喜欢他们的歌曲，他们为婚礼现场营造了美妙的氛围。直到第二天上午7点，格尔多维奇一直在引吭高歌，当人们在10点左右聚在一起吃早饭时，他还在唱！

婚礼结束后，我打算度假放松一下，但假期并没有持续太久。经纪人弗拉多·雷米奇和达沃·库科维奇打电话告诉我，切尔西希望与我签约。我在从萨格勒布迪纳摩转会热刺前曾差点加入切尔西，在我看来，这次新的接触表明切尔西对我的评价很高。2011年6月，切尔西任命安德雷·维拉斯－博阿斯接替卡尔洛·安切洛蒂担任球队主帅，而在我的职业生涯中，这两位教练都将扮演重要角色。

我对转会切尔西持开放态度，但一切都发生得太快了，简直快如闪电。首先，瓦尼娅和我乘坐私人飞机从扎达尔飞往戛纳，我的经纪人团队在戛纳等着我们。紧接着一辆安装了有色玻璃的面包车将我们送往大约30公里外的尼斯，切尔西老板罗曼·阿布拉诺维奇的保安在那儿接待我们，用一艘快艇将我们带到了他的游艇上。整个过程令我非常兴奋。我们在船上遇到20余人，看上去都是阿布的安保人员，而没过多久，阿布也在他的妻子和儿子的陪同下出现了。让我感到惊讶的是，就在阿布抵达的那一刻，他的所有安保人员都悄悄走了——他们显然训练有素，对时机的把握堪称完美。

此前我和阿布只见过一次，当时我在斯坦福桥观看切尔西主场与马德里竞技的一场比赛，座位离他的包厢很近。赛后我俩简单地聊了几句。而在蓝色海岸的那次会面中，阿布让我觉得他是个心态轻松、有一点神秘感的人。阿布没有拐弯抹角，一见到我就说：“我们知道你是一名优秀球员，我希望你与切尔西签约。”

我既然走上阿布的游艇和他交谈，显然也有类似的愿望。我在托特纳姆热刺度过了三个成功赛季，俱乐部已经接近英超榜首，我也终于感受到了参加欧冠比赛的乐趣。所有分析都表明，我是帮助热刺崛起的关键球员之一。我感觉是时候寻求新的挑战了。

我想为赢得冠军奖杯而战，但若留在热刺，恐怕永远没有机会。我渴望效力一家更有雄心的俱乐部。足球运动之所以美妙，是因为人人都可以踢球并享受比赛的乐趣，直到慢慢老去。然而，任何一名顶级球员的职业生涯都很短暂，我已经26岁，不愿放弃眼前的机会。

“你认为托特纳姆热刺会拒绝你的转会吗？他们会不会试图强行让你留队？”阿布问。

“我想，谈判将会很艰难。”我回答说，因为我知道两家俱乐部的关系并不好。

我们喝了点饮料，大约20分钟后，阿布和他的妻子就下船了。阿布和我道别时建议我们在游艇上放松、游泳，不过我们婉拒了这个提议，在向他表示感谢后也离开了。在一场足球比赛的90分钟内，我们又回到了尼斯海岸。我们在城里逛了一会儿，然后乘坐飞机回萨格勒布。瓦尼娅和我都对那次闪电般的会面印象深刻，但在内心深处，我知道热刺主席丹尼尔·列维甚至不想听到这件事。

没过多久，许多英格兰记者打电话问我是否真的想要离开热刺。我很诚实，或许也有些天真地告诉媒体，我觉得是时候在职业生涯中向前迈进一步了……我的回应引发了一场风波，直到转会窗口关闭时才平静下来。列维发表了一份公开声明，声称我不可能离开俱乐部，因为我和热刺有合同在身。

在季前训练开始前，我回到伦敦和列维聊了聊。与某些媒体所描述的情形不同，我和列维并没有恶言相向或辱骂对方，但那次谈话的气氛确实很紧张。列维指责我不应该公开宣布离队的意图，并重申热刺不打算以任何价格出售我。

随后一段时间里，我承受了巨大压力。媒体几乎每天都会分析我的状况，大部分热刺球迷也对我想离开感到不满。另外，哈里·雷德克纳普在公开场合对我的处境表示理解。这在当时绝非易事。

雷德克纳普是一位经验丰富的教练，见过许多类似事件，所以他很清楚一家更有雄心的俱乐部正在为我提供机会。但与任何其他教练一样，雷德克纳普希望组建一支有竞争力的球队，他知道热刺需要我。为了说服我留队，他竭尽所能地让我高兴，甚至在球队前往南非进行季前训练期间任命我担任队长。然而，我的心已经不在热刺，不久后就提交了一份正式的转会申请，却未能如愿。

8 月 6 日周六，我们在白鹿巷迎来了新赛季的第一场主场比赛，对手是毕尔巴鄂竞技。那场友谊赛也是在英超赛季正式开始前，我们对球队的终极测试。

由于我与切尔西的转会绯闻已经传得满天飞，热刺球迷的反应让我感到担忧。比赛开始时我紧张地坐在板凳上，但当雷德克纳普让我替补登场时，看台上的球迷们为我欢呼鼓掌，仿佛欢迎英雄的回归！经历了一段内心充满焦虑和担忧的时光后，那一幕令我特别感动。

就个人而言，我认为球迷的反应表明他们理解我想要加入一家更有雄心俱乐部的愿望，不过与此同时，他们也希望并鼓励我留在热刺。在我效力热刺的前三个赛季里，热刺球迷一直支持我，认可我对球队的付出。如今，虽然我可能会离队，但他们对待我一如既往的热情、友善，这给我带来了极大的快乐。

距离夏季转会窗口关闭只剩下最后 20 天了。为了与我签约，切尔西在与热刺的谈判中不断提高报价，但每次都被列维拒绝。列维的反应令我愤怒，雷德克纳普也明白，我很难进入比赛状态。我缺席了赛季初的前几场比赛，分别是热刺与哈茨争夺欧联杯参赛资格的两回合交锋，以及客场 0–3 输给曼联的首轮英超联赛。

在主场对阵曼城的一场比赛中，雷德克纳普要求我登场。当时，热刺队内有几名球员受伤，球队战绩也不尽如人意。比赛开始前几小时，我告诉雷德克纳普说我的注意力不够集中，不想首发。雷德克纳普坚持自己的想法，由于他一直对我很好，我同意了。然而，我的恐惧得到了证实：我根本不适合踢比赛……我们以 1–5 的比分不敌曼城，我在比赛进行到第 60 分钟时被换下。那是我在热刺表现最糟糕的比赛之一。

3 天后，转会窗口正式关闭。虽然当时我在克罗地亚国家队，但我已经意识到，自己不可能转会切尔西了。经过动荡不安的两个月后，我感觉需要与俱乐部保持距离，把主要精力放在国家队，专心备战与马耳他和以色列的两场 2012 年欧洲杯预选赛。我坐在替补席上观看了克罗地亚客场对阵马耳他的比赛，为四天后在萨格勒布与以色列一役蓄积力量。

那是一场相当艰难的比赛。我还在努力寻找状态，客队却在最令我们尴尬的时刻，也就是上半场结束前取得了领先。但下半场开始后不久，我就在比赛第 47 分钟利用距离球门 30 多码外的一脚远射扳平了比分。这是我职业生涯中最漂亮的进球之一，更重要的是它掀起了球队反攻的浪潮：随后短短 9 分钟内，爱德华多梅开二度，帮助我们以 3–1 的比分拿下了比赛。爱德华多的第一粒进球来自我的助攻，通过那场比赛，我终于开始找回状态。

回到伦敦后，我决心忘记夏天发生的一切，因为故事已经结束了。我需要埋头工作，全身心投入训练，让自身状态达到必要的水平，随时听候教练的安排。

雷德克纳普甚至有个更好的主意：2011—12 英超赛季，除了因感染病毒缺席与西布罗姆维奇一役之外，他让我在其他所有比赛中踢满了 90 分钟。我认为我度过了一个很棒的赛季。与狼队的比赛结束后，我们连续 11 轮不败（10 胜 1 平），一度高居联赛积分榜第二，直到输给斯托克城才暂时停下了高歌猛进的脚步。

到 2012 年 2 月底，我们在 23 场比赛中取得了 16 胜 5 平 2 负的出色战绩。不过，在赛季收官阶段，我们的势头有所减弱，在对阵积分榜下半区俱乐部诺维奇和女王公园巡游者的比赛中表现糟糕，联赛排名跌至第四，只比第三名阿森纳少 1 分。我们的排名与前一个赛季一样，获得了征战欧冠联赛的资格。

遗憾的是，由于排名英超第六的切尔西在欧冠决赛中击败拜仁夺冠，可以以卫冕冠军的身份直接晋级欧冠正赛，热刺的欧冠席位被挤掉，只能参加欧联杯。

在那个赛季，我与热刺俱乐部主席丹尼尔·列维面谈过几次。2012 年 1 月，列维甚至来到我家里，试图说服我延长与热刺的合同。如果我点头同意，那将是我与热刺第二次续约。列维还告诉我，如果收到像皇家马德里那样的豪门俱乐部报价，他会让我离开。当时，我没有过多考虑职业生涯的连续性，所以我说自己什么都不会签。我只想集中精力在热刺发挥出最佳水平，并为波兰和乌克兰联合举办的 2012 年欧洲杯做准备。

既然谈到列维，我想在这里多说几句。虽然 2011 年和 2012 年夏天发生了许多事情，但我与列维的关系一直很好。列维曾以打破俱乐部历史的转会费将我带到热刺，这表明他和热刺都对我有很高的评价。他们给了我一次巨大机会。我在代表热刺参加的所有比赛中总是全力以赴，并凭借自己的表现和行为赢得了热刺球迷的爱。总的来讲，列维是一位为热刺利益而战的杰出俱乐部主席。

但令我感到愤懑的是，列维曾经多次承诺允许我转投一家更大的俱乐部，后来却又违背了诺言。在我看来，一个人的承诺比什么都重要。任何了解我性格的人都知道，我在决定效力某家俱乐部时，从来不会优先考虑金钱——否则我会选择能够让我赚更多钱的其他目的地。在职业足球界，金钱是你在球场上的表现所带来的结果。为了证明自己的价值，你需要保持专注，为比赛做好准备；最重要的是，你需要始终充满动力，愿意接受挑战。

如果你不再有这种感觉，就该考虑换个环境了。在我的职业生涯中，我曾数次需要做出重大决定和改变，这从来都不简单，却无可避免。留在舒适区更容易，但你很快就会发现，这将导致你的职业发展处处受限，不符合俱乐部或球员的最大利益。

转会托特纳姆热刺就是我职业生涯中的决定性时刻之一。在迪纳摩，我是一名关键球员并且非常受欢迎，但我仍然决定离开迪纳摩，前往全世界对身体要求最苛刻的联赛证明自己。许多专家质疑我能否应付英超联赛的残酷节奏，担心当我与身体强壮的对手对抗时，无法展现自己的技术能力。

但我既不担心也不害怕。恰恰相反，自从接触足球运动以来，来自外界的所有质疑都为我带来了额外动力。从难民旅馆前面的停车场到校园运动场，再到青年联赛的球场上，我总是与那些比我年长、身体更强壮的球员踢比赛，证明自己的能力。这让我变得越来越自信了。

随着年龄增长和球技的进步，我的信念只会越来越强。一直以来，即便在我职业生涯的巅峰时期，许多人曾试图找到不同的方法来否定我。但我从未失去信心，而是在危急时刻耐心地忍受所有批评。我从未动摇，反而会从质疑声中找到新的动力。我相信假以时日，我会用表现证明质疑者是错误的。

效力热刺的 4 年里，我也在英超和欧冠联赛不断证明自己。那是我职业生涯中的一段重要时期，我要么成为一名球星，要么就沦为一名曾经展现天赋，却迅速沉沦的平庸球员……许多细节表明，我已经朝着最高水平迈出了一大步，否则那些豪门俱乐部不会对我感兴趣，热刺也不会坚持让我留队。

对我来说，是时候做出一个新的重大决定了。经常有媒体猜测曼联希望与我签约，并认为我是接替传奇球员保罗·斯科尔斯的理想人选。虽然这类传闻未经证实，但它们让我非常高兴。在我十几岁的时候，斯科尔斯就是我最喜欢的球员之一，我经常看他和吉格斯、贝克汉姆等球星一起为曼联踢比赛。

在足球界，各种传言和八卦消息就像日常仪式中的一部分，并且往往会随着转会期临近而疯狂传播。因此，我并没有天真地以为曼联已经下定决心要与我签约。但我永远不会忘记当弗格森爵士被问到他心目中2010—11 赛季的最佳球员人选时，他所说过的一番话。在那个赛季，效力于西汉姆联的斯科特·帕克被英格兰足球记者协会评选为年度英格兰最佳球员，而他后来在 2011 年夏季转会窗加入了热刺。

“我认为卢卡·莫德里奇是英超联赛最好的球员。”弗格森爵士说。

这不仅仅是一句简单的恭维话，而是一位传奇教练、一位充满魅力的专家对我的评价。弗格森很少公开赞扬球员，他的话表明我已经实现了转会热刺时的梦想。作为一名球员，我已经证明了自己。

我既不知道自己将转会哪家俱乐部，也不清楚丹尼尔·列维是否同意卖掉我，或者什么时候才肯放行。但我相信是时候继续前进，去迎接一个更大的新挑战了。

当我加入热刺时，一支伟大球队正在逐渐成型，我很幸运地成为其中的一员。我与队友们关系很好，大家在场外都是朋友。当然与克罗地亚联赛的情况不同，在英格兰，球员们不会在训练后聚会、结伴闲逛，或者互相串门。每个人都有自己的习惯和日程安排。但在训练和比赛中，当球队一起旅行时，球员们总是相处融洽。

在白鹿巷球场，每当比赛结束后，瓦尼娅和我喜欢在家庭包厢里的放松时刻。球员的妻子、孩子或女友们会在那儿社交。我们也很喜欢看台上的美妙氛围，瓦尼娅经常和我分享她在热刺主场观看比赛时的感受。我在球场上也有类似的感受：足球文化、比赛体验，以及人们对球员的尊重使英格兰足球显得非常独特。英国人将足球视为一种宗教，而对球员，尤其是那些来自国外的球员们来说，那是一种神奇的感觉。

我还了解了圣诞派对在英国的意义。记得第一次和热刺队友一起出门过圣诞节时，下午 3 点左右我们玩保龄球，我以为接下来会喝酒吃饭，派对也许要到晚上才结束，所以我没有告诉瓦尼娅什么时候回家。但直到夜里 10 点钟，我们还在吃吃喝喝，派对拖得太久了……瓦尼娅为我感到担心，因为我在第二天凌晨才回到家里。从那以后，我们终于明白了，在英格兰团建究竟意味着什么。

队友们很了解我，知道我的想法。在热刺，球员们互相尊重，不会窥探其他人的隐私。这就是为什么队友们从来没有讨论过我的转会。在我效力热刺的 4 年间，我和瓦尼娅感觉舒适自在，就像在自己家里一样，但我俩都知道，这种生活即将结束。

UEFA
CHAMPIONS
LEAGUE
adidas
Fly
Emirates

CHAPTER 第七章 7

2011 年秋季，虽然我在托特纳姆表现出色，但克罗地亚国家队却正在经历一场新的危机。那年 10 月，在雅典进行的一场 2012 年欧洲杯预选赛中，我们输给了直接竞争对手希腊。赛前，我们认为打平希腊就能拿到欧洲杯的一张入场券，因为我们相信在末轮预选赛中肯定能在里耶卡击败拉脱维亚。但在比雷埃夫斯的卡雷斯卡基斯体育场，希腊队送给我们一场彻头彻尾的失败。

那是克罗地亚国家队历史上最糟糕的比赛之一。虽然我在俱乐部的状态有了长足进步，但至少在对阵希腊一役中，我的表现很差。希腊队为直接获得 2012 年波兰—乌克兰欧洲杯的参赛资格而庆祝，克罗地亚国家队却被阴云笼罩。我们有理由感到担忧，因为球队没有参加 2010 年世界杯，如果我们未能晋级欧洲杯，克罗地亚足球将会受到严重打击。自从克罗地亚独立以来，国家队不得不首次面对连续缺席两届国际大赛的危险。

在从雅典返程的航班上，有人表达了担忧，尤其是克罗地亚足协的某些官员。球员和教练组成员在大部分时间保持沉默，他们需要整理思绪，消化对于比赛结果的失望情绪。与此同时，克罗地亚足协却正在计划对国家队的人员进行调整——最重要的是，足协对斯拉文・比利奇感到不满。

作为主教练，比利奇可以被批评，或者被要求卸任，但球员们并不赞成克罗地亚足协这么做。自从我进入国家队以来，我发现包括足协官员在内，一些与我们同行的人总是会影响球队士气。我不太喜欢足协官员经常和球员、教练混在一起，更不用说还有其他人了，而且我知道大部分球员也有同样的想法。球员们有自己的节奏、情绪、习惯和需求，尤其是在输掉一场如此重要的比赛后。

为了征战 2012 年欧洲杯，我们不得不先对阵拉脱维亚，然后再进行两回合关键的附加赛。那是我在克罗地亚国家队第一次参加附加赛。我们在罗维尼集训，球队内部的气氛非常糟糕。谁都不清楚比利奇是否会继续担任主教练，媒体对此进行了铺天盖地的报道，比利奇本人似乎也很担心。在比利奇执教克罗地亚青年队和成年国家队的 7 年里，我从来没见过他出现那种状态。

比利奇邀请乔尔卢卡和我走进他的房间，然后问：“我想要一个诚实的答案，球队是否仍然支持我？”我们给了他肯定的答复。球员们不希望比利奇离开，所以决心在对阵拉脱维亚的比赛中拼尽全力，用一场胜利来提振克罗地亚国家队的士气。我认为那次谈话对比利奇来说很重要，帮助他消除了克罗地亚输给希腊队所承受的一种奇怪的痛苦感。克罗地亚足协没有解雇比利奇，让他继续带队在主场迎战拉脱维亚，尽管那场比赛的结果已经无关紧要。

虽然兵败雅典的滋味相当苦涩，但在克罗地亚第三大城市里耶卡的坎特里达体育场，球迷们为我们营造了积极的氛围。看台上挤满了人，除了极少数起哄者外，大部分克罗地亚球迷都支持我们。我们也给了他们回报：凭借爱德华多和曼祖基奇在下半场的两粒进球，我们以 2–0 的比分赢球。那场胜利至少减轻了我们身上的压力。

接下来，我们还需要在附加赛中获胜。或许是命运的安排，我们发现附加赛对手将是土耳其！由于克罗地亚曾经在 2008 年欧洲杯四分之一决赛中被土耳其戏剧性地翻盘，我们都渴望一雪前耻，并对此充满了信心。

当听说球队将在附加赛中对阵土耳其时，我们非常高兴，因为这意味着我们有机会报一箭之仇。但只有美好的愿望往往还不够。土耳其是一支实力强大的球队，由荷兰名帅古斯·希丁克执教。另外，主场作战的土耳其尤其难以对付。在预选赛阶段的主场比赛中，土耳其击败了除德国之外的同组所有其他球队，德国则以全胜战绩出线。

经历在希腊的灾难一个月后，我们出发前往伊斯坦布尔。我们非常清楚，克罗地亚球迷并没有对球队抱太大期望，绝大多数人都认为土耳其是出线热门。抵达伊斯坦布尔后，我们都能感受到这一点。

我们的主教练斯拉文·比利奇专注于每个细节。他对让谁担任左后卫和前锋犹豫不决，与队内经验最丰富的几名球员分享了自己的想法。比利奇想听听我们的意见，我认为这是明确的做法，尤其是当形势需要的时候。

比利奇的想法是从一开始就全力进攻，向土耳其的最后一道防线施压，从而阻止他们按照自己的节奏踢比赛。因此，他决定让进攻欲望强烈的奥利奇和另一名前锋曼祖基奇联袂首发——这意味着队内主力射手爱德华多不得不坐在替补席上。比利奇还对球队阵容做出了另一个令人意外的调整，那就是让乔尔卢卡客串左后卫，戈登·斯基尔登菲特担任中后卫。

在伊斯坦布尔的酒店，比利奇将他挑选的所有首发球员叫进房间，耐心解释了他计划中的细节，并为我们鼓劲儿。

在气氛火热的土耳其电信竞技场，吵闹的主场球迷在比赛开始两分钟后就安静下来，因为奥利奇为我们打进了一粒至关重要的进球。奥利奇的进球也增强了我们的信心，让我们相信比利奇的战术奏效了。我们在比赛中表现出色，完全按照比利奇的要求去做。曼祖基奇和奥利奇紧逼土耳其后卫，使他们无法从容应对，这令土耳其人感到紧张。

与土耳其一役前，我们决心证明克罗地亚配得上晋级 2012 年欧洲杯，并最终凭借比利奇的大胆战术，取得了一场伟大的胜利。曼祖基奇和乔尔卢卡打进两球，帮助球队 3–0 完胜对手。

回到萨格勒布，我们与土耳其的次回合较量以平局结束。不过最重要的是，由于球队已经在伊斯坦布尔以大比分获胜，我们可以在毫无压力的情况下踢完那场比赛。我们纠正了历史错误，以淘汰土耳其的方式获得了 2012 年欧洲杯参赛资格。当然，我们仍然难以忘记 4 年前维也纳的那场令人失望的点球大战，它给我们留下的伤口永远不会愈合，但至少在 2012 年欧洲杯预选赛附加赛中，我们依靠自己的努力实现了复仇。

就我的俱乐部生涯而言，我认为 2012 年开局不错。热刺成功地度过了那个赛季，一些雄心勃勃的大俱乐部继续向我伸出橄榄枝。2012 年 1 月，巴黎圣日耳曼体育总监莱昂纳多给我打来电话。莱昂纳多是一名前巴西球星，曾效力于巴黎圣日耳曼和 AC 米兰，我看过他在 1994 年美国世界杯上的比赛。“我们对你的评价很高，希望你能加入巴黎圣日耳曼。”莱昂纳多简短地说。那是一次愉快的对话。我告诉他，我得等夏季转会窗开启后才知道会发生什么，但巴黎圣日耳曼的关注让我倍感荣幸。

我之所以对莱昂纳多的邀请感兴趣，是因为巴黎圣日耳曼拥有很棒的计划，并且已经签约了几名顶级球员。对我来说，效力巴黎圣日耳曼是一次巨大而又诱人的挑战。

过了一段时间后，我又见到了卡尔洛·安切洛蒂。这位意大利教练从 1 月开始执教巴黎圣日耳曼，他明确表示希望我加入他为下赛季组建的球队。我们在安切洛蒂的家里见面，聊得很开心。与卡尔洛交谈总是让人觉得舒服，后来，我和卡尔洛在皇马共事的经历也证实了我对他的第一印象很准确：他既是一位擅长赢得奖杯的出色教练，也是个了不起的人。

2 月底，为了备战 2012 年欧洲杯，克罗地亚举办了一场与瑞典队的友谊赛。我之所以期待那场比赛，原因之一是兹拉坦·伊布拉希莫维奇将会登场。当我第一次在球场上见到伊布时，他就成了我最喜欢的球员之一。伊布的技术能力，以及无数技惊四座的杂耍动作，都展示了他过人的天赋。我一直很欣赏他不屈不挠的好胜心和好斗的竞技状态。

伊布的父母来自我们地区，我们经常说，他的性格根本不像瑞典人。伊布有个性、心直口快——与那些惯于伪装的伪君子相比，我永远会选择跟像他这样的人交朋友。

在萨格勒布，瑞典3–1获胜，但伊布几乎只靠自己就击败了我们。赛后，我和队友们分享了自己的感受。我和伊布有过几次对抗，发现他的身体坚如磐石。有时你以为可以从伊布脚下抢走皮球，但他的站位却令你根本无法靠近。伊布的身形和技术简直超凡脱俗，他确实是一名伟大的球员。

2012年夏天，伊布转会巴黎圣日耳曼，这意味着我俩本有机会成为队友，但这件事并没有发生。在过去，经常有传闻称考虑到伊布母亲是克罗地亚人，克罗地亚足协应该尝试说服他加入我们的国家队。遗憾的是伊布选择了瑞典。如果克罗地亚队拥有伊布，谁知道会发生些什么呢……

与瑞典队的友谊赛结束后，又过了一段时间，克罗地亚国家队在罗维尼进行欧洲杯前的集训。虽然当地天气潮湿，但训练营的条件还不错。酒店有一间游戏室，所以我们可以在休息放松时玩乒乓球、台球或者电脑游戏。

有一天，我的经纪人马里奥·马米奇打来电话，他一开口就问：“你坐着吗？”这让我知道马里奥有非常重要的事情要告诉我，我在听过之后可能会膝盖发软。

“皇马打电话来了，他们的主教练希望你加入球队！”

我惊呆了，完全不知道该说什么。我当时心里想：这就是梦想成真吧！皇家马德里拥有百年历史，是全世界最好的俱乐部之一。很快，我接到了另一位经纪人弗拉多·雷米奇的电话，他清楚所有细节，证实皇马确实对我感兴趣。若泽·穆里尼奥当时正处于执教生涯的巅峰，被许多人视为世界最佳教练，他想让我为皇马踢球。这简直就是世界上最棒的消息，对吗？

我开始疯狂联想，想象自己身穿白衣军团的球衣，与其他球星并肩作战，在人山人海的伯纳乌球场举起冠军奖杯的样子……然而，在穿上皇马球衣之前，我还需要克服许多障碍。

在一名足球运动员的职业生涯，从开始到结束，每当有其他俱乐部邀请你加入时，你都会觉得很特别。当你年轻的时候，初次与其他俱乐部接触的体验可能会让你大吃一惊。随着时间推移，你会逐渐习以为常，但这种“示爱”仍然让人高兴。虽然我已经27岁，在职业生涯中经历了许多大风大雨，但我依旧非常兴奋。

我对可能加入皇马感到高兴，却不得不忍受心理负担——除了皇马、我的经纪人和我之外，我们必须保密，不能让任何其他人知道。这很难，因为我想与全世界分享我的快乐。

但我确实把这件事告诉了瓦尼娅，她不仅是我的爱人、孩子的母亲，也是我的朋友和坚定支持者。从我和瓦尼娅认识的第一天起，我俩就无话不谈，我在需要建议时总是会先问她。当我告诉瓦尼娅皇马想签下我时，她和我一样兴奋。我们都很清楚，这对我的职业生涯意味着什么。

事实上，当我听说白衣军团对我感兴趣后，就不想再听来自任何其他俱乐部的报价了。如果离开热刺，我只会加入皇家马德里！

作为欧洲杯备战计划中的一部分，克罗地亚在普拉和奥斯陆踢了两场友谊赛，对手分别是爱沙尼亚和挪威。由于我在漫长的俱乐部赛季中身体疲惫，受了一些轻伤，我没有参加那两场比赛。比利奇不想在欧洲杯开始前冒任何风险，他知道我需要时间休息。

当我随国家队从奥斯陆回到克罗地亚后，我们放了三天假，然后将前往波兰征战欧洲杯。我在萨格勒布度过那段假期。我喜欢网球，有一天邀请好友卡雷打比赛。我俩在拉夫尼斯附近切磋球技，而当我在比赛间隙查看手机，原以为会收到瓦尼娅的短信时，却发现了另一条令我惊讶的短信：

“卢卡你好，我想在你训练结束后给你打电话。祝一切顺利。若泽·穆里尼奥。”

那条短信令我终生难忘，因为我知道，关于皇马的美妙故事刚刚成为现实。我无法再专心打网球，草草结束比赛，但兴奋感很快就被焦虑所取代。我穿着因为网球场上尘土飞扬而变红的运动鞋匆匆赶回家里，然后满头大汗地坐在桌旁等待。瓦尼娅留意到我坐立不安，于是她告诉我：“先去洗个澡吧，我在电话旁边守着。如果他打电话，我再喊你过来。”

我没听她的，花了大概一两个小时等待电话铃声响起……穆里尼奥总算打来了电话。“我希望你在下赛季加入我们球队。我喜欢你踢球的方式，对你有信心。我相信你将会在皇家马德里取得成功。”

若泽·穆里尼奥立即赢得了我的信任。作为一位足球教练，穆里尼奥的伟大毋庸赘述，但我很快发现，他会以一种独特的方式对待球员。穆里尼奥向我解释了他计划让我踢哪个位置：“你踢中场，我认为你是一名 8 号球员。不是 10 号或者 6 号，而是 8 号！”

我兴奋地回答说：“谢谢你，教练！我很荣幸听到你想让我加入皇家马德里，我将会竭尽所能证明自己的价值，不辜负你的信任。”

“好的。让我们保持联系。祝你欧洲杯好运！”

放下手机的那一刻，我高兴得就像个孩子。穆里尼奥的来电意味着皇马正在运作我的转会，只不过在当时，我无法想象皇马怎样才能说服热刺主席丹尼尔·列维妥协，与他们达成协议。在第一次通话后，穆里尼奥经常会在我的比赛前后给我发短信。

不幸的是，欧洲杯抽签结果对我们不利，我们被分到与两大夺冠热门西班牙和意大利，以及爱尔兰同组。西班牙是卫冕冠军，他们在2008年欧洲杯上夺冠，还在四分之一决赛阶段通过点球大战淘汰了意大利。另外，西班牙还是2010年南非世界杯冠军。相比之下，在南非世界杯上遭遇惨败的意大利刚刚恢复元气，并满怀信心地参加2012年欧洲杯。

首轮小组赛中，我们3–1击败爱尔兰，曼祖基奇梅开二度，尼基察·耶拉维奇也打进了一粒进球。与此同时，意大利和西班牙1–1握手言和，这意味着我们必须在对阵意大利的下一场比赛中取得好成绩。

安德烈亚·皮尔洛是意大利队的核心人物，有几家媒体都在赛前分析中将皮尔洛和我进行比较，这让我感到高兴，因为他是一名顶级中场球员。斯拉文·比利奇要求我们限制皮尔洛的控球时间，不过皮尔洛仍然惩罚了我们，在比赛第39分钟时罚进了一粒精彩的任意球。但我们没有放弃，进入下半场后表现得更好了：比赛第72分钟，曼祖基奇的进球帮助我们将扳平比分，最终与意大利1–1战平。

有趣的是，曼祖基奇赛前就说他渴望攻破布冯把守的球门，他也做到了。这位传奇门将是曼祖基奇儿时的偶像之一，而后来通过与尤文图斯签约，他还和布冯成了队友。

我可能前往西班牙联赛踢球，但为了让克罗地亚晋级淘汰赛阶段，我们就需要战胜拥有卡西利亚斯、塞尔吉奥·拉莫斯、哈维·阿隆索、哈维、伊涅斯塔和托雷斯等球星的斗牛士军团。那是一支正处于巅峰时期的球队。我们在与世界杯和欧洲杯双料冠军的比赛中表现出色，证明了我们可以与最强大的球队竞争。然而，纳瓦斯在第88分钟为西班牙打进了制胜球——虽然在那之前，他们甚至没有创造出哪怕一次机会。

如果比赛形势朝着对克罗地亚有利的方向发展，我认为我们配得上一场胜利：我们确实浪费了几次进球良机，但我相信裁判本该判给我们一个甚至两个点球。遗憾的是，当时 VAR 还不存在！

如果暂时将比赛结果和失利带来的悲伤情绪放到一边，我其实很享受那场比赛。我感觉我有力量和技术做自己想做的任何事情。斯拉文·比利奇在比赛中给了我更多自由，而在我看来，对阵西班牙一役是我身披国家队球衣表现最好的比赛之一。

那也是我首次与皇家马德里和巴萨的球员交手，他们共同组成了有史以来最成功的一支西班牙国家队。我和自己一直很欣赏的伊涅斯塔交换球衣，还和所有西班牙球员聊了几句。塞尔吉奥·拉莫斯走近我，拥抱着我说：“马德里见！”这表明皇马球员已经在谈论我的到来。“但愿如此。”我答道。

0–1 输给西班牙后，我们晋级淘汰赛的梦想破灭了。如今回头来看，这确实是一项极其艰巨的任务：作为我们的小组赛对手，西班牙和意大利会师决赛，前者一路淘汰法国、葡萄牙，后者则将英格兰和德国队送回了家。西班牙在决赛中 4–0 大胜意大利，完成了史无前例的国家队大赛三连冠，包括一届世界杯和两届欧洲杯！

由于小组赛阶段的竞争太激烈，并且我们发挥了出色水平，克罗地亚球迷没有责怪我们，而是平静地接受了令人失望的结局。在波兹南和格但斯克，克罗地亚球迷在我们参加的每一场比赛中都为我们加油。克罗地亚无缘淘汰赛令球员和球迷难过，尤其是考虑到我们差一点就获得了晋级资格。但我们已经尽了最大努力，表现也不错，这才是最重要的。

与西班牙的比赛结束后，我被要求接受药检，所以很晚才回到球队入驻的酒店。当晚大家情绪低落，斯拉文·比利奇没有太多话想说，但我们都能感觉到，这很可能是他执教球队的最后一届大赛了。我对比利奇的离开感到难过，因为我俩关系很好，在克罗地亚青年队一起度过两年，随后又在成年国家队共事了 6 年——在此期间，我和他都一步步扬名立万。

比利奇是我职业生涯中最重要的人之一，没有任何事情能够破坏我和他之间的关系。

又一个多事之夏

2012 年欧洲杯结束后，我期待着度假。我有大约 30 天的时间休息和调整身体状态，并计划利用假期为即将奔赴职业生涯的下一站做准备。那也将是最大、最重要的舞台。我从未想过事情会变得像切尔西在前一年提出报价时那样复杂，但事实证明，情况甚至比当时更糟。

按照我们家庭的传统，我和瓦尼娅在扎达尔待了几天，还邀请朋友乘坐游艇环绕亚得里亚海航行。在那一周，我决定给热刺新任主教练打电话。或许是命运的安排，2011 年夏天，当时执教切尔西的安德雷·维拉斯-博阿斯希望将我带到斯坦福桥；短短一年后，成为热刺新任主帅的他却坚持要把我留在白鹿巷……只不过这一次，我已经下定决心要离开热刺。

我相信丹尼尔·列维会信守诺言。当我看到博阿斯在接受媒体采访时说我会留队后，我决定向他解释我的想法。

我告诉博阿斯："教练，别指望我。主席给过我承诺，如果皇马提供一份报价，他会让我离开球队。"博阿斯回答说："我知道了。等你归队后我们再聊。"

那时我就明白，从热刺到皇马的转会不可能像我预期的那么顺利。我在季前训练开始前一天抵达伦敦，随后立即去见博阿斯。那是一次从一开始就很艰难的谈话。很显然，新的夏季考验即将开始：托特纳姆热刺肯定会制造麻烦。我被激怒了。

次日，当博阿斯要求我和其他球员一起前往美国踢季前赛时，我俩吵了起来。博阿斯语气严厉地告诉我，我必须表现得像一名职业球员，还警告称事情不会像我想象中那样结束，我被某些人带坏了……我反驳说，无论如何我都不会去美国，然后用一句话结束了争吵：“我说到做到，现在我要回家了！”

我可没有开玩笑。第二天，当其他热刺球员飞往美国时，我独自回到了家乡扎达尔。这导致我和俱乐部之间的关系变得紧张，我担心它会被解读成一个巨大丑闻。作为一名球员，我始终坚持职业道德，但这似乎成了让列维履行诺言的唯一办法。我经常提醒列维：“主席，还记得您的承诺吗？”他会回答：“我们会谈谈。”之后却总是找各种借口回避这个话题。

当我回到扎达尔后，经纪人打电话向我解释皇马的立场。他们建议我返回伦敦以平息事态，以便两家俱乐部能够继续谈判。我很紧张，却也明白最好的选择就是回到奇威尔，一边训练一边等待结果。于是 4 天后，我又回到了热刺球员宿舍，焦急地等消息。

那时候，热刺即将离开拥有 16 年历史的奇威尔训练营，搬到一座新的、豪华的恩菲尔德训练基地。不过，列维主席秘书的一番举动让我明白，我的未来仍然存在很多变数：他递给我一只信封，里边放着飞往洛杉矶的一张机票——热刺正在那里备战新赛季。我拿走机票，后来又把它扔了。

我每天都会去训练，非常疲惫。我在热刺度过了四个美好的赛季，球迷爱我，人们尊重我，这一切令我热刺生涯的最后几天显得更加艰难。即使热刺一线队已经从美国回来，我仍然被安排独自训练。从备战新赛季的角度来说，我的季前“训练”内容远远不够。

在那段格外难熬的日子里，有一天，皇马总经理何塞·安赫尔·桑切斯给我打来电话，皇马俱乐部主席弗洛伦蒂诺·佩雷斯也在场。他们表达了对我的支持，这对我来说意义重大，让我相信事情最终会落实到位。桑切斯和佩雷斯告诉我，他们正和我一起等待，让我保持耐心。他们已经和列维聊过，谈判正在进行中。

那场谈判非常艰难。我的经纪人和若泽·穆里尼奥都会告诉我谈判的最新进展。列维快把他们逼疯了：似乎每当两家俱乐部即将达成协议时，列维就会提出新要求。那段时间，我、瓦尼娅和其他家人都承受着巨大压力……当我回伦敦时，我让瓦尼娅和伊万诺留在扎达尔享受暑假，不过她很快又来到我身边，因为谈判似乎已经结束。他们两次打电话告诉我："终于，我们就所有事宜达成了一致，你要飞马德里了。"但就在我兴高采烈地前往机场的路上，却又收到了新消息："我们不得不推迟转会，因为事情有了新的变化。"

当第二次发生这种情况时，我都快疯了。由于对转会谈判缺乏进展感到沮丧，内心备受折磨，我记得自己问过瓦尼娅："列维怎么能如此不公平？"

瓦尼娅和我都认为，这样的僵局还会持续一段时间，于是我决定让她先回扎达尔照顾伊万诺。对瓦尼娅来说，在伦敦浪费时间等待毫无意义。在转会窗口即将关闭，两家俱乐部达成最终协议前，我的父母来伦敦陪了我几天。

在这段漫长的谈判中，两家俱乐部来来回回反复拉扯，有几次我都担心皇马会退出。这个想法令我紧张。穆里尼奥发挥了至关重要的作用，哪怕皇马俱乐部官员已经对列维失去耐心，他仍然决心将我带进皇马。据我的经纪人说，穆里尼奥曾亲自打电话给列维，试图说服列维接受皇马对我的报价，"否则皇马可能会退出"。

考虑到各方面因素，如果皇马收回报价，这对热刺来说不会是个好结果。一方面，这意味着热刺可能错失一大笔转会费；另一方面，我会对球队感到失望，因为我被剥夺了效力最顶级球队的机会——那也许是我职业生涯中的最后一次机会。就算热刺像一年前那样，用合同强行让我留队，恐怕也担心我的状态会大幅下滑。

我在俱乐部设施后方的一块球场上独自训练。有一次训练结束后，当我洗完澡走出更衣室时，偶然遇到了列维。列维很少去训练基地，但这回他不能避开我了。在与列维的简短对话中，他问的第一句话是：“你今天感觉怎么样？紧张吗？”

“我求您信守诺言。我想参加对阵巴萨的西班牙超级杯，请不要剥夺我的这个机会。”

然后他告诉我：“下周一我就让你离开。”

我希望列维说到做到，但还是有点不放心。毕竟之前发生了太多事情，当时距离转会窗口关闭只剩下 5 天时间，我对列维松口不敢抱太大希望。

但 8 月 26 日星期天夜里，经纪人通知我，两家俱乐部已经谈妥了一切，我在周一上午就将飞往马德里！瓦尼娅和伊万诺已经在那座城市等我，母子俩是和马里奥·马里奇、普雷德拉格·米贾托维奇一起从扎达尔去马德里的。

这一天终于到来了。周一上午，睡了一夜好觉后，我在父母的陪同下飞往马德里。我已经完全卸掉心理负担，整个人都变轻松了。在那次愉快的飞行期间，我畅想着自己会怎样度过在皇马的第一天。那是个特别的时刻。我回想起职业生涯的许多往事，以及我在实现足球梦想前所走过的路。

皇马官员在机场迎接我，皇马俱乐部电视台的记者录下了我在那个特殊周一的每一刻。皇马的接待令我印象深刻，我感觉自己成了全世界最重要的人物，过去几个月里的所有痛苦一下子烟消云散。尽管如此，我还是觉得有必要给丹尼尔·列维打电话，向他表达我的谢意。

“谢谢你，主席先生，谢谢你允许我离开。这对我来说是一次绝佳机会。我很抱歉不得不以这样的方式离开，但我对过去4年所经历的一切心存感激。祝您和俱乐部未来好运！”

列维是一个话语不多、情感很少外露的人，但非常职业。“谢谢你为托特纳姆热刺所做的一切，祝你在新的俱乐部好运！”

我在马德里接受了体检，没有遇到任何问题，随后动身前往伯纳乌球场。首先，我去弗洛伦蒂诺·佩雷斯的办公室签合同，接着他们让我站在皇马赢得的奖杯前面拍照。当我走上楼梯时，许多员工走出办公室跟我打招呼。我太兴奋了。

从抵达伯纳乌球场的那一刻起，我就意识到皇马是一家无与伦比的豪门俱乐部，而这座“足球圣殿”拥有一种非常独特的氛围。新闻发布会结束后，我踏入球场，在皇马球迷面前正式亮相……走进更衣室的体验尤其令我印象深刻，我发现皇马已经将19号球衣放在一只写了我名字的储物柜里。

当时，我可以在三个球衣号码之间进行选择，分别是5号、16号和19号。丹尼斯·切雷舍夫穿着23号球衣，而哈维·阿隆索则是14号球衣的主人。19可以被拆成1和9，两个数字相加等于10，它在我看来是个神奇数字，也是我一直想要的球衣号码，所以我就选择了19号。

我迅速换上球衣，在接到俱乐部官员的电话后穿过球员通道走向球场——在伯纳乌的草坪上，我将不得不证明自己配得上皇马球衣。那一刻我特别紧张，心脏怦怦直跳。我通常不太在意礼节，但我必须尊重皇马的一些仪式。当我和瓦尼娅、伊万诺还有我的父母一起踏上伯纳乌球场时，立即听到了皇马球迷犹如山呼海啸般的欢呼。对我来说，那个周一是人生中最难忘，同时也最重要的日子之一。

与皇马签约那天，各种流程和亮相仪式占据了我很多时间，但我不想错过在巴尔德维巴斯的第一堂训练课，期待着尽快与新队友们见面。我也想见我的新教练，那将是我和穆里尼奥第一次线下见面。我需要足球，渴望成为球队的一员，感受训练和比赛。

当我到达训练基地时，皇马队长卡西利亚斯是欢迎我的第一位队友，他让我别拘束，就像在自己家里一样。某些球员已经走进球场，不过巴西中场卡卡还在更衣室里，他也欢迎我加入皇马。C罗热情地和我握手，像老朋友那样跟我打招呼：“你终于来了！”

其他皇马球员也和我聊了几句，然后他们告诉我，我应当去教练办公室见见穆里尼奥。穆里尼奥对我表示欢迎，并立即进入正题。他简要地向我解释了皇马是怎样一家俱乐部，告诉我他对我有哪些期望，还说会一直支持我。我也感谢了穆里尼奥为我所做的一切。经过一段时间的担忧后，我终于如愿转会皇马，接下来需要埋头工作了。

在皇马，第一堂训练课就让我感受到了队友们每天不得不面对的巨大压力。穆里尼奥将所有皇马球员叫进更衣室，进行了一次危机会议，原因是2012—2013赛季皇马开局不佳。皇马在前两轮西甲联赛中先是与瓦伦西亚战平，接着又输给了赫塔菲。而在这两场联赛中间，皇马还在西班牙超级杯首回合交锋中客场2–3不敌巴萨。我不会说西班牙语，所以听不懂穆里尼奥说了些什么，但他的语气和肢体语言清楚地表明他很生气。

新的起点

身穿皇马球衣的第一天，我的兴奋感并没有随着在巴尔德维巴斯的第一次训练结束而消散。我还逛了逛许多皇马球员定居的拉莫拉雷哈住宅区，皇马近几十年历史上最伟大的球员之一普雷德拉格·米亚托维奇也曾在那里安家。时至今日，我仍然记得1998年，他在阿姆斯特丹进行的欧冠决赛中为皇马打进制胜球，帮助皇马击败尤文图斯并赢得了冠军。

在佩雷斯重返俱乐部前，米亚托维奇还担任过皇马总经理，也是他将我推荐给穆里尼奥的。我们成了关系亲密的朋友。米亚托维奇经验丰富，非常了解皇马的系统，所以他的建议对我很有帮助。另外，米亚托维奇还和他的妻子阿内塔帮助瓦尼娅和我在马德里安顿下来，每当我们需要时都会提供帮助，这非常重要。

说实话，当我在米亚托维奇别墅前停车时，我无法想象这个值得纪念的周一会如何结束。

“掏空你的衣袋！”我的经纪人达沃·库科维奇告诉我。

我大惑不解地从衣袋里掏出了所有东西。达沃和弗拉多·雷米奇突然抓住我的腿和胳膊，将我扔进了游泳池！我的父亲还有另外一人也跟着跳进游泳池，其他人都欢呼起来。当时在场的人有我的妻子和儿子、我的母亲、瓦尼娅的母亲、米亚托维奇、我的经纪人雷米奇和达沃·库科维奇。

那是一场很棒的派对，给我在皇马的第一天画上了完美句号。

第二天就不再属于我了，因为我不得不跟上皇马的工作节奏。我和球队合练，穆里尼奥决定让我参加对阵巴萨的西班牙超级杯次回合比赛。这将是我身披皇马球衣参加的第一场西班牙国家德比，也是我在皇马的第一场冠军争夺战。

“我打算让你踢这场比赛的最后20分钟，然后我们在西甲对阵格拉纳达，到时候你会进入首发阵容。”穆里尼奥说。

赛前训练中，我的感觉非常不错。所有队友都在帮助我尽可能轻松地融入球队。与我效力其他俱乐部时的情况一样，随着时间推移，他们都和我成了朋友。我们在一家酒店等待比赛开始，因为训练基地的球员宿舍尚未竣工。一年后，每名一线队球员都将拥有自己的豪华五星级房间。至于硬件条件，皇马的训练基地属于世界一流水平，拥有如同地毯般的非凡球场，完美地将功能、美观与宽敞感融为一体，恰如其分地体现了俱乐部的声誉。

在身穿皇马球衣参加第一场西班牙国家德比前，我觉得肾上腺素在体内流淌。伯纳乌球场周围的气氛令人兴奋，马路被堵得水泄不通，球队大巴花了 15 ～ 20 分钟才抵达更衣室入口。皇马球迷围着大巴高声歌唱，跳起来看我们，通过这些方式来表达对我们的支持。在大巴里坐我身旁的哈维·阿隆索向我解释说，这是皇马的一项传统。球迷们的欢呼给我留下了深刻印象，更重要的是，这让我们对比赛充满了动力。

比赛正式开始前，皇马更衣室的气氛和其他俱乐部没有太多不同：大家都在专注地进行赛前准备，兴奋之余还会互相鼓励。根据球衣号码，每名球员都有自己的位置，例如 18 号阿尔比奥尔在更衣室的一侧，20 号伊瓜因则在另一侧。

当比赛进行到第 11 分钟时，伊瓜因为球队首开纪录，看台上的皇马球迷欢声雷动，掀起了震耳欲聋的声浪，令我激动得身上起了鸡皮疙瘩。在伯纳乌，球迷们的庆祝活动和声浪总是非常壮观，尤其是在皇马与巴萨交手时。对我来说，光是坐在那儿都会觉得眼前的一切如梦如幻，太不真实。

我在伦敦观看了西班牙超级杯的首回合比赛，当时还在为能否完成转会而烦恼。而在次回合比赛中，我已经成为皇马队内的一员——西班牙国家德比中的一名演员，这让我感到无比自豪。唯一的缺憾是：我还没有登场。我已经等不及穆里尼奥让我上场了。

当我从替补席站起来跑向热身区时，我先是听到看台上有人窃窃私语，紧接着就是响亮的欢呼声和掌声。我感觉身体里的火焰在燃烧。几秒钟后，我意识到自己不能像原计划中那样踢满 20 分钟。当时双方的比分是 2–1，C 罗为皇马打进第二粒进球，不过梅西追回了一球，这意味着两支球队仍然保留着夺冠的希望。

穆里尼奥在第 79 分钟做出第一次调整，用卡列洪换下迪马利亚，3 分钟后又用卡里姆·本泽马换下了伊瓜因。随着时间推移，我原以为自己没有机会在西班牙国家德比中完成首秀了，但替补席上突然有教练喊我。我顿时觉得体内肾上腺素激增。穆里尼奥告诉我：“你将替换厄齐尔，担任攻击型中场。如果梅西在右边路拿球，他总是会朝中路移动，阿隆索和你必须盯紧他。当我们进攻时，你需要控球和分球！”

那场西班牙国家德比中，我在常规时间的最后 7 分钟登场，算上伤停补时总共踢了大约 10 分钟。不过，这已经足以让我给球迷们留下深刻印象，并赢得在皇马的第一座奖杯。我感到心满意足，因为所有梦想都变成了现实！我甚至有机会打进在皇马的第一粒进球：当时我利用快速盘带摆脱防守球员，看台上的皇马球迷纷纷鼓起了掌。

终场哨声响起时，巨人的满足感令我欣喜若狂。当我们领奖时，佩佩和 C 罗将奖杯递给了我。我将奖杯举到空中，高兴得就像个孩子。赛后我还收到了穆里尼奥发来的一条短信：“你太棒了！恭喜你收获在这里的第一座奖杯，今后肯定还会赢得许多奖杯。皇马球迷已经看到了你是怎样一名球员，我相信他们将会喜欢你未来的表现。”

我在皇马的开端堪称完美，但很快就将经历一些戏剧性的变化。

国际比赛日到来前，我们在西甲对阵格拉纳达。穆里尼奥兑现了承诺，让我首发登场。看台上又一次座无虚席，我们以 3–0 的比分轻松获胜。作为攻击型中场，我在场上踢了 57 分钟，表现还不错。然而，由于那年夏天我没有进行足够的训练，缺乏体能和节奏感，还很难胜任首发位置。

与格拉纳达一役结束后，我高兴地为自己加入皇马后的第一场国家队比赛做准备。此前在2012年8月15日，克罗地亚在斯普利特和瑞士踢了一场友谊赛，当时我还没有离开热刺。那也是伊戈尔·斯蒂马奇作为克罗地亚新任主教练的处子秀。1998年，斯蒂马奇随克罗地亚夺得世界杯季军，在斯普利特哈伊杜克和国家队都曾和比利奇并肩作战。

在斯蒂马奇的教练组中，还有三名成员随克罗地亚参加了1998年世界杯：克鲁诺斯拉夫·尤尔契奇执教过萨格勒布迪纳摩，那时候我就和他认识了；伊格尔·图多尔是我在克罗地亚国家队的前队友；阿伦·博克西奇则是克罗地亚历史上最伟大的进攻手之一。

主场迎战瑞士的友谊赛中，我们被对手以4–2的比分横扫。我在比赛最后23分钟替补登场，但明显缺乏准备，状态相当糟糕。

我和斯蒂马奇的关系很好，不过在刚开始的时候，我不太明白克罗地亚足协为什么会任命他担任国家队主帅，因为他一直和足协内部最有影响力的人物，尤其是扎德拉夫科·马米奇有矛盾。克罗地亚球迷也对斯蒂马奇和足协的奇怪结盟感到惊讶、不满，而在斯蒂马奇执教期间，这些负面情绪给球队造成了负担。

许多评论家认为，球员们应该谈谈克罗地亚足协和国家队之间的关系，但这根本不可能，也毫无意义。球员的工作是踢球，而不是参与足协的政治，或者任命和解雇教练。然而，一个无法回避的问题是：出于对克罗地亚足协的敌视，球迷们也对国家队产生了敌意……在这种情况下，我们只能尽最大努力专注于在比赛中的表现，远离球场外的所有问题。

2012年秋季，我们在巴西世界杯预选赛阶段找到了不错的节奏。在9月进行的两场比赛中，我们击败马其顿，并以1–1的比分战平了争夺小组头名的主要对手比利时。进入10月后，我们又赢得了两场重要的胜利，对手分别是马其顿和威尔士。我们的表现很棒，尤其是在奥西耶克与威尔士一役中，主场观众营造了热烈的主场氛围——每当国家队在位于克罗地亚最东部的斯拉沃尼亚踢比赛时，当地球迷都会兴奋地为我们加油助威。

不幸的是，随着时间推移，这样的气氛变得越来越少见，缺乏团结开始困扰国家队。

逆流而上

转会皇家马德里前，我以为与英超联赛相比，西甲联赛会更注重技术，对球员身体的要求较低。但我就很快发现自己错了。在战术和技术方面，西班牙足球的水平确实很高。不过，西甲球队的侵略性令我感到意外——尤其是在客场比赛中。

在西甲，如果你不付出百分之百的努力，任何对手都能制造大麻烦。每支球队都拥有出色的技战术水平，比赛节奏非常快。与英超球迷相比，西甲球迷的脾气更火爆，除了为自己支持的球队加油之外，他们还经常狂嘘对手。在塞维利亚主场或其他一些较小的场馆，主队观众几乎就像站在你的头顶上方，会带来巨大压力……这样的客场比赛往往很棘手。

我需要进一步了解西班牙足球，并调整自己来适应在皇马的生活。这很困难，却也在我的预料之中。但最主要的问题是：由于我没有参加季前训练，随着转会皇马的兴奋感逐渐消退，皇马的高强度训练和激烈竞争令我很难适应。我开始感到担忧。

作为一位经验丰富的教练，穆里尼奥很关照我，限制了我的比赛时间。我不喜欢这种状态，因为与其他球员一样，我想踢比赛。例如，我期待着参加在诺坎普进行的西班牙国家德比，却连 1 分钟都没有上场。在那场比赛前三天，皇马在欧冠赛场客场 4–1 大胜阿贾克斯，我也全场枯坐板凳。连续错过两场重要比赛令我非常难过。

但这恰恰体现了穆里尼奥的伟大之处。他知道怎样帮助一名球员循序渐进地调整自己，直到达到最佳状态。随后的一系列比赛让我喘了口气，体能逐渐恢复，也为迎接比赛做好了准备。在4–0战胜皇家萨拉戈萨的一场比赛中，我用左脚打进了加入皇马后的处子球！

尽管如此，我在那年秋季的发挥仍然很不稳定。我在欧冠赛场多次披挂上阵，但在皇马1–2客场输给多特蒙德的比赛中表现糟糕透顶。那是我职业生涯中表现最差的比赛之一。

媒体对皇马无孔不入的报道，也令我感受到了巨大压力。在我从热刺转会皇马前，西班牙报纸就对两家俱乐部谈判的每个阶段进行了详细报道。当我在效力皇马初期取得良好表现后，皇马球迷对我寄予厚望，甚至欣喜若狂。然而，由于我的表现时好时坏，人们对我的评价变了，压力也随之而来。

专家们开始讨论哪个位置最适合我：我究竟应该担任攻击型中场、防守型中场，还是一名经典的B2B中场球员？当人们进行这样的辩论时，往往说明你的表现并不令人信服。我确信我的位置不是问题，只是我还没有准备好。我已经证明了自己能够胜任中场的所有位置，不过我感觉8号位最适合我，这也是穆里尼奥决定将我带到皇马时的想法。

在8号位上，我可以利用自身能力策动球队由守转攻、控球，掌控比赛节奏。与此同时，我还可以参与进攻，进入对手禁区并创造远射破门的机会。幸运的是，穆里尼奥也是这么想的。穆里尼奥偶尔会让我担任攻击型中场，但他知道，球场中路始终是最适合我的地方。

我从来不逃避批评，批评声不会令我恼怒，因为我明白，这表明皇马球迷对我的期望很高。人们如何评价你，完全取决于你在球场上的表现。我从克罗地亚媒体那里得知，西班牙报纸进行了一次民意调查，读者通过投票将我评选为那个赛季的西甲最差新援……当时我还不会说西班牙语。这类事情可能令某些球员心烦意乱，但我并没有受影响，因为我始终认为，球员的表现完全取决于自己。

通过参加训练和比赛，我觉得我能够达到为皇马效力所需要的水平。我从不怀疑自己，相信自己终将成为皇马的重要一员，只不过不能急于求成，而是要耐心等待机会。

那段时间我坚持努力训练，也在学习西班牙语，甚至观看了不少墨西哥肥皂剧。沟通至关重要。在托特纳姆热刺，我刚加入球队的时候话不多。我在学校学过基础的英语知识，但到了伦敦才意识到我对英语的了解太少了，尤其是当听到各种口音时。但我并没有回避谈话。只要你勇于开口，每天都能有所进步，那么你很快就会觉得自己可以和周围的人交谈了。这将会让你更加容易与教练和队友交流，阅读报纸杂志，融入整个团队。

另外，我认为学习语言也是表达对某个国家的尊重的一种方式。起初我用英语和教练团队，以及许多队友交流，卡卡、C 罗、阿隆索和阿韦罗亚的英语都很不错。到我效力皇马的第二个赛季快要结束时，我已经熟练地掌握了西班牙语。

2013 年初，我们在西班牙国王杯上取得了一系列好成绩，接连淘汰塞尔塔和瓦伦西亚，半决赛又送走了巴萨，将在 5 月份进行的决赛中对阵马德里竞技。然而，我对自己在那些比赛中的上场时间不太满意。我感觉自己的状态越来越好，但穆里尼奥有其他计划。

在皇马客场与拉科鲁尼亚的一场比赛中，我首次失去耐心。此前，在皇马主场对阵曼联的欧冠八分之一决赛首回合比赛中，穆里尼奥让我踢了最后 15 分钟。4 天后，由于累积黄牌停赛，我甚至无法参加对阵巴列卡诺的比赛……穆里尼奥安排我在与拉科鲁尼亚一役中首发，我认为自己表现不错，所以当看到第四裁判在场边举起显示我球衣号码的换人牌时，我简直不敢相信自己的眼睛。那时我刚刚发起一次进攻，甚至本有机会赢得点球。

可这些都无关紧要了。当我被换下时，双方的比分是0–0，而皇马最终2–1击败了拉科鲁尼亚。赛后我很生气，与穆里尼奥的得力助手鲁伊·法利亚聊了聊。这是最接近与穆里尼奥直接交谈的方式，因为我相信法利亚会把我说的所有话都转告他。在巴尔德维巴斯的训练场上，我说出了自己的内心想法。“我感觉很好，但我需要教练的支持。我需要连续踢比赛，因为只有那样，我才能展示自己的价值。”

法利亚仔细倾听我的诉苦，然后让我冷静下来。“穆里尼奥对你的工作和进步感到高兴。在国王杯与巴萨的首回合比赛中，你在下半场替补亮相后表现很不错，为提升球队的整体发挥和拿到一场平局做出了贡献。一切都很好。请耐心等待，你会得到机会的。”

我不清楚那次谈话是否对我在球队的地位产生了影响，但我感觉好多了。虽然在诺坎普对阵巴萨的次回合比赛中，穆里尼奥仍然让我坐板凳，但我们拿下了一场胜利，士气大受鼓舞。更重要的是，在随后几场比赛中，我得到了更多上场机会，就像教练此前所承诺的那样。

时来运转

亚历克斯·弗格森既是有史以来最伟大的足球教练之一，也是足球界最具魅力的人物之一。当我在英格兰踢球时，弗格森爵士备受人们尊敬，我对他曾经将我评选为赛季最佳球员感到无比自豪。弗格森在自传中透露，他希望将我带到曼联，但不愿与丹尼尔·列维进行另一轮令人精疲力尽的谈判——几年前，曼联费了很大功夫才从热刺签下迈克尔·卡里克和迪米塔·贝尔巴托夫。当弗格森将我描述为“现代球员一个永不假摔的榜样”时，我内心充满感激。

效力热刺期间，我也收到过曼联对我评价很高的一些信号。有一天，我和克罗地亚足球经纪人托米斯拉夫·埃尔奇见面，埃尔奇身边还有一名男子，他告诉了我曼联高层对我有哪些想法，很可能是想看看我是否对转会感兴趣。

曼联是我从小就深深着迷的俱乐部之一，因为曼联拥有悠久历史、厚重传统和举足轻重的足坛地位。由于这些原因，再加上曼联的主场气氛无与伦比，我很喜欢在老特拉福德踢球。诚然，我从未随热刺在客场赢过曼联哪怕一次，但我们在那座球场的表现相当不错。

我身穿皇马球衣与曼联进行的第一场比赛以 1–1 结束。我们对平局感到满意，因为曼联创造了更多机会。与曼联的次回合交锋从一开始就很困难，因为我们 3 天前刚刚在伯纳乌与巴萨进行了一场激战。那场比赛中，穆里尼奥让我首发并踢满了 90 分钟，我的个人表现很好，球队也以 2–1 的比分获胜。当比赛进行到第 82 分钟时，我主罚角球助攻拉莫斯头球破门，打进了锁定胜局的一球。

随后我们动身前往曼彻斯特，任务是跻身欧冠四分之一决赛。虽然我在西班牙国家德比中表现出色，但我知道自己不会在与曼联一役中首发。

上半场，我们在老特拉福德球场度过了一段艰难时光：曼联给我们施加了巨大压力，我们能够守住 0–0 的比分已属奇迹。中场休息时，穆里尼奥让几名球员热身，我本以为自己很快就能上场，因为受伤的迪马利亚留在更衣室，但穆里尼奥选择了卡卡替补亮相。

下半场我们开局不利：比赛第 48 分钟，拉莫斯打进了一粒乌龙球。当比赛进行到第 56 分钟时，曼联队内的葡萄牙边锋纳尼因为一次粗暴犯规被裁判红牌罚下，穆里尼奥立即让我从热身区过去。“你替换阿韦罗亚，在阿隆索和赫迪拉身前活动，尽量把球传给厄齐尔、卡卡、C 罗和伊瓜因。”

我非常熟悉曼联主场的氛围，感觉就像回到家里一样。我的状态也不错，前三四脚快速的成功传球清楚表明了这一点。我们加大了逼抢力度，持续向曼联施压，围着曼联的禁区狂攻。我感觉我可以用皮球做自己想做的任何事情。

替补登场大约 7 分钟后，我找到空间，在距离曼联球门 20 码开外的位置大力射门。皮球在空中划过一道美妙弧线，随后击中立柱内侧，弹进了球网！那是一场非常重要的比赛，对我来说，在关键时刻进球的感觉太棒了。我知道那粒进球将会改变我在皇马的地位。事实上，我在替补登场后所做的一切都证明了自己的价值。

短短 3 分钟后，我又策动了球队反超比分的第二粒进球：我将皮球传给伊瓜因，伊瓜因与厄齐尔做了一次撞墙式配合，然后将球传给远门柱的 C 罗，C 罗施射中的。C 罗在一个困难的位置上取得进球，帮助皇马跻身欧冠四分之一决赛，但出于对老东家曼联和红魔球迷的尊重，他没有庆祝。在老特拉福德球场，曼联球迷像欢迎英雄归来那样为 C 罗喝彩——这是英国足球的一项老传统。

赛后我特别开心。在球队大巴上，穆里尼奥也用一句简短但响亮的“好极了！”，表达了对我出色表现的赞赏。

经过在老特拉福德的那个美妙夜晚后，我生活中的一切都变了，我感觉自己真正成了一名皇马球员。虽然之前我也曾拿出亮眼表现，但在与曼联一役登场的 31 分钟里，我不仅打进扳平比分的进球，还帮助球队进入了欧冠四分之一决赛。从那以后，我在皇马的地位将不再是问题。无论对穆里尼奥还是对我个人来说，那场比赛都在真正意义上证明了我的价值。

10天后，我们在伯纳乌球场对阵马洛卡。客队上半场先进两球，但在下半场第52分钟到第57分钟的短短5分钟内，我们连续打进三粒进球，最终以3–2的比分翻盘。

在C罗打进扳平球两分钟后，我又取得了一粒进球，这让看台上的观众们欣喜若狂。我也特别兴奋。那是我最喜欢的进球之一：皮球反弹到距离对手球门大约25码的某个位置，我快速冲向那儿，不等皮球弹起就用右脚大力射门。当皮球钻进网窝时，皇马球迷掀起了一阵震耳欲聋的声浪，那一刻我甚至觉得看台都快被震塌了……激动的队友们跑来向我表示祝贺，而我听到看台上也响起了响亮的欢呼声，整个伯纳乌球场的观众都起立鼓掌。

皇马球迷的反应太棒了，我认为这表明他们确实爱我。这种感觉直到今天都没有改变。

后来我在电视上观看那场比赛，看到了穆里尼奥在我进球后的反应。我看得出来他很高兴，他的手势也很有意思，仿佛在说："你看，我不是告诉过你吗？"

2012—13收官阶段的一场西甲比赛中，我们6–2大胜马拉加，我先是助攻阿尔比奥尔率先破门，然后又打进了自己在那个赛季的第三粒进球，帮助球队5–2领先对手。2分钟后，穆里尼奥将我换下。当我走下球场时，伯纳乌的球迷们起立为我鼓掌，而穆里尼奥把我叫到他身边，贴着我的耳朵轻声说："你看，还记得有人曾经说你是西甲最糟糕的引援吗？但你却可以这样踢球。"我非常开心，我也必须感谢穆里尼奥。

那是一波连胜的开端，但由于我们在联赛前半程丢分太多，最终只能排名西甲第二，与冠军巴萨的积分差距达到了15分。在欧冠赛场，我们淘汰了加拉塔萨雷和曼联，却在半决赛中输给了多特蒙德。

在欧冠半决赛首回合交锋中，主队多特蒙德4–1获胜，莱万多夫斯基独中四元。虽然比赛结果对我们不利，但我们仍然相信能够在伯纳乌翻盘。也是在那个时候，我才明白了“逆转”的含义：皇马球迷坚信我们能绝地翻盘，并且从我们抵达球场的那一刻到比赛结束，他们会一直支持我们……我们非常接近完成惊天逆转，在次回合比赛的第 82 和第 88 分钟打进两球。在剩余的常规比赛时间和伤停补时阶段，只要我们再进一球，就能将多特蒙德淘汰。遗憾的是，我们创造了几次机会却没能把握住，最终只能目送克洛普和他的球队跻身决赛。

自从欧冠赛场被淘汰后，皇马全队士气低落，西班牙国王杯成了我们仍有机会争夺的唯一一座奖杯。在国王杯决赛中，我们主场迎战马德里竞技。我们开局不错，C 罗第 14 分钟接应角球头球破门，但马德里竞技在第 35 分钟将比分追平。两支球队在常规比赛时间再无建树，苦战至加时赛，而当比赛进行到第 99 分钟时，马竞后卫米兰达打进制胜球，帮助球队 2–1 获胜。这意味着在那个赛季，我们赢得冠军奖杯的最后一线希望也破灭了。

为母则刚

我花了很多篇幅描述我在皇马的第一个赛季，因为我认为其轨迹在很大程度上决定了我效力皇马的整个职业生涯。如果让我为 2012—13 赛季打分，满分 10 分，那么我会打 7 分。如果只谈论个人表现，分数也许还可以更高，因为我已经在皇马站稳脚跟，在声望最高的舞台上证明了自己。

与赛季前半程相比，我在赛季后半程的表现有所提升，但这是意料之中的。每名球员都需要一些时间来调整自己，适应新环境，尤其是考虑到我在加入皇马前没有参加任何季前训练。这也是为什么我对自己在那个赛季的整体表现非常满意。

教练和队友们帮了我很多。哈维·阿隆索非常乐于助人，阿韦罗亚、赫迪拉、厄齐尔、拉莫斯、佩佩和C罗也是这样。从我加入皇马的第一天开始，C罗就一直很支持我，我也比过去更了解他。效力热刺期间，我和C罗曾经在英超赛场交手，那时候我就知道他是一名顶级射手，而在皇马，我终于明白了他为何如此优秀：C罗总是勤勉、忘我地投入训练，在这方面绝对是个现象级楷模。

卡卡也给我留下了深刻印象。某些人试图暗示我和卡卡是彼此的竞争对手，但在我俩第一次见面的那天，他就告诉我无论我需要什么，他都愿意帮我。毕竟，我俩经常并肩作战。

对我来说，球迷的尊重和信任最重要。皇马拥趸对球员的要求很高，他们已经习惯了观看顶级球星踢比赛，不会接受平庸的表现。如果某名球员态度懒散，就更不可能得到认可。赢得皇马球迷的支持，或成为他们最喜欢的球员之一，几乎等同于赢得了一座冠军奖杯。

另外，我们在马德里第一年的生活也很棒。瓦尼娅、伊万诺和我先在喜来登酒店住了两个月，接着在拉莫拉雷哈住宅区租了一套房子，前皇马球员儒利奥·巴普蒂斯塔也曾在那儿居住。瓦尼娅和我总是非常注重挑选我们的住所，因为我们很多时间都待在家里，陪伴孩子、家人，或者招待朋友。我记得当我们离开在伦敦的公寓时，我们在门口停下脚步，再次回头看了一眼那个我们曾经共同度过美好时光的地方。

我们亲自收拾行李搬家到马德里，没有让其他人代劳。当时瓦尼娅有孕在身。在她第二次怀孕期间，我们经历了转会谈判、搬家、适应在马德里的新生活等很多事情，我还曾遭受西班牙媒体批评，因为得不到比赛机会而沮丧。但与我相比，瓦尼娅不得不克服更多挑战。

我不确信瓦尼娅是否愿意让我公开讲述那段往事，她不想被人同情。是的，她有健康问题，但每个人都有。更重要的是，瓦尼娅认为我们的生活已经很不错了。这是事实，我们理应对眼下的生活感到满足。

然而，虽然我们很富裕，虽然我为全世界最大的足球俱乐部效力，在全世界很有名气，但一个永远不会改变的重要事实是：与任何其他人一样，瓦尼娅和我都是普通人。我们有时高兴有时悲伤，在生活中有快乐的时刻，也会遇到各种困难和烦恼。我们性格坚强，但也有脆弱的一面……如今我们之所以能够享受与三个可爱的孩子一起生活的幸福时光，很大程度上是瓦尼娅的功劳。我想让人们知道，她是一位多么勇敢的女性。

为了讲述我作为一名职业球员的故事，我花了很多笔墨谈论伤病、无法上场时的悲伤，以及球队被击败后的绝望。不过，每当我想到瓦尼娅经历过的所有苦难，以及她在面对困难时所展现出来的决心，我的所有问题便都烟消云散了。

在伊万诺出生大约一年后，瓦尼娅偶尔会感到头痛，脸部左侧麻木。她以为症状很快就会消失，所以没有太在意。但2011年，当我回到我们在伦敦的公寓时，我发现她很忧虑。瓦尼娅告诉我，她感觉自己的左耳失去了听力。她试过清洗耳朵，但无济于事。

经过核磁共振，医生诊断她患有神经鞘瘤，一种内耳的良性肿瘤。瓦尼娅和我很害怕，不过医生说这类肿瘤很容易切除，让我们不要太担心。后来我们又找了一位名叫约瑟普·帕拉迪诺的克罗地亚医生诊疗，医生们一致认为，最好的治疗方法是让瓦尼娅接受伽玛刀放射外科手术。然而，我们不得不将手术时间推迟。

瓦尼娅又怀孕了。在马德里，由于瓦尼娅在生下伊万诺后患上了肺栓塞，当她怀第二个孩子时，我们都格外小心。我们必须随时留意瓦尼娅的身体状况，并让她接受抗凝治疗。

与伊万诺一样，我们希望瓦尼娅在萨格勒布生下第二个孩子。她的预产期是2013年4月25日。就在前一天，皇马在欧冠比赛中客场对阵多特蒙德，1–4失利。那场比赛结束后，穆里尼奥立即给我放了一天假，而我很快就乘坐航班飞往萨格勒布。对瓦尼娅和我来说，女儿出生是我们生命中第二个最美好、最难忘的时刻。

一切都很顺利，我们没花多长时间就为女儿挑选了一个名字：瓦尼娅和我都喜欢短名字，她决定给女儿取名艾玛！2013年4月25日，那又是幸福感满满的一天。我们已经有了帅气的儿子，现在又多了一个漂亮的女儿。最重要的是，瓦尼娅的身体状态也很好，所以我可以赶回马德里，次日就又和队友们一起训练了。

瓦尼娅和我一直通过视频电话保持联系，在她来到马德里前，我每天都能见到艾玛。从艾玛出生那天起，瓦尼娅就把家里的所有事情打理得井井有条。瓦尼娅的母亲和我父母偶尔会去看她，帮她打扫房间、做家务，或者照看伊万诺。不过，考虑到我们有两个孩子，瓦尼娅遇到了健康问题，而我又经常不在家，我们决定雇用一位管家。

2014年初，瓦尼娅决定去伦敦做手术。她的母亲和表妹与她同行，我不能陪她，因为当时皇马赛程非常密集。我为瓦尼娅感到担心，很难专注于足球。尽管如此，我还是向俱乐部的每个人隐瞒了我的恐惧，就连瓦尼娅也不知道。瓦尼娅经历了许多困难，却总是试图在我面前掩饰她对手术的焦虑和恐惧。为了她和我们的两个孩子，我必须坚强。无论未来会怎样，我们必须勇敢面对。我们保持了积极的心态，而结果也不错。

从伦敦回到马德里后，瓦尼娅不得不改变她的日常生活习惯。我只要有时间就会帮她。六个月后，瓦尼娅接受了手术后的第一次检查。我们内心忐忑，不过幸运的是，她的症状已经消退。这是个好兆头。医生告诉我们，肿瘤正在渐渐变小，大小只有它刚被发现时的四分之一。瓦尼娅会定期接受检查，她的感觉很好。

在接下来的几年里，我们家里每个人都过得很好。我们的生活美满：伊万诺和艾玛健康成长，而我也在职业生涯中收获了巨大成功。自从艾玛出生后，瓦尼娅的身体没有出现任何问题，有一天，她提出了一个我相信她已经考虑过很久的想法：“卢卡，我想再要个孩子！”

我不想听到这句话。没错，瓦尼娅一直说她想要三个孩子，我也希望有三四个孩子，组成一个幸福的大家庭。但现在情况不同了：瓦尼娅已经两次冒着生命危险生孩子，我不能让她再冒险。

瓦尼娅咨询了她在伦敦的医生，询问肿瘤是否会因为怀孕而生长，医生说有 50% 的概率会这样。后来她又向萨格勒布的一位医生征求意见，想了解怀孕有没有引发新血栓的风险。医生让她必须接受治疗，但风险仍然存在……然而，瓦尼娅已经下定决心。她告诉我：“你在球场上全力以赴，我也会为家庭付出全力！”

2017 年 10 月 2 日，索菲亚出生了。那天克罗地亚国家队正在里耶卡为对阵芬兰的一场世界杯预选赛做准备，我不得不开车前往佩特罗瓦医院，因为当索菲亚来到这个世界时，我必须在场。整个分娩过程非常顺利，瓦尼娅和我们第二个公主的状态都很好。这既让我如释重负，又给我带来了新的能量。

然而一年后，我们在马德里又一次受到惊吓。当时瓦尼娅在家里，突然感到手臂麻木，脸色开始发青。这些症状表明，她的体内很可能再次出现了血栓。瓦尼娅努力保持冷静，立即打电话向住在隔壁，偶尔会来我家做客的一位医生求助，那位医生证实了瓦尼娅的猜测是对的，并带她去医院。医院经过扫描发现，血栓已经到达瓦尼娅的脖子……医生们后来告诉瓦尼娅，血栓之所以再次形成，是因为她停止了接受抗凝治疗。

医生们对瓦尼娅的身体进行了全面检查，得出的结论是：她在余生中都必须接受预防性的治疗。如今，每当瓦尼娅乘飞机旅行，或者感觉压力太大可能导致血液凝固时，她都需要给自己打针。瓦尼娅操作娴熟，有时甚至给我打针。当我即将接受关节内窥镜检查，不得不待在家里服用抗凝药物时，瓦尼娅就会像一位经验丰富的专业医护人员那样给我打针。

过了一段时间后，我告诉瓦尼娅："我想自己试试！"当时我有点紧张，但总算完成了考验。也是从那时起，我才意识到瓦尼娅在生活中经历了多少痛苦和磨难，只不过她从来不向任何人诉苦。

即便冒再大的险，瓦尼娅也决不放弃生三个孩子的愿望，这展示了她的勇气。很久以后她告诉我，在索菲亚出生后，她的妇产科医生说："瓦尼娅，你的勇气太罕见了。如果我是你，我永远不可能决定要第三个孩子。你真的很棒！"

瓦尼娅的母性本能超越了一切。在职业生涯中，许多危机和困难局面曾经给我带来了巨大压力，但既然瓦尼娅如此勇敢和坚强，我就更没有理由选择软弱。这也是我们能够组建一个快乐美满的家庭的原因。

永不妥协的穆里尼奥

效力皇马的第一个赛季结束后，我和瓦尼娅已经熟悉了马德里的生活节奏。这是一座奇妙的城市，到处都是公园和绿地，气候宜人。我们在这里生活了7年，也许只有两天降雪，气温低于零度。大多数时候气候都很好，只有当伯纳乌球场或巴尔德维巴斯训练基地的上空被乌云笼罩时，我们才会感觉不适。

当我们在国王杯决赛中失利后，俱乐部内的气氛变得很艰难。2012—13赛季，我们只赢得了1座西班牙超级杯，在所有其他赛事中颗粒无收。对皇马来说，那就是一场灾难。

许多队友私底下都在讨论接下来会发生什么，我尽量避免去猜测，但我预感穆里尼奥会被解雇。穆里尼奥和部分皇马球员的关系不太好。例如，在皇马主场对阵曼城的一场比赛中，他让拉莫斯担任替补，拉莫斯本人对此非常不满。穆里尼奥还曾多次与皇马队长卡西利亚斯发生争执，随后剥夺了他的首发位置……穆里尼奥一旦做出某个决定，就会坚持到底。

穆里尼奥性格直率，总是当面说出自己的想法，某些球员能接受这种沟通方式，但也有人会被激怒。这一代球员普遍对批评很敏感：只要有人说一些他们不想听的话，他们就会生气，就像偶像剧里的女主角那样。

我也不喜欢被教练批评，但如果教练直率地指出我有哪些缺点，我可以接受。这是纠正错误和做出改变的唯一方法。穆里尼奥就曾几次公开批评我。我记得在皇马与拉科鲁尼亚的一场比赛中，半场休息时，穆里尼奥明显很沮丧。他指责我说：“卢卡，你究竟怎么了？你看上去就像齐达内那样踢球，可他已经 50 岁了！”

我明白穆里尼奥的意思：我的技术没问题，但缺乏节奏感，没有加快比赛的速度。穆里尼奥要求我们持续向对手施压，在有球和无球状态下都要坚持高强度的奔跑。在我看来，他将我与齐达内进行比较既有趣又有效，因为我确实应该更积极主动一些。

然而在更衣室里，穆里尼奥与厄齐尔发生了一次激烈“交锋”——他决定换下厄齐尔，让卡卡替补登场。下半场开始前，拉莫斯在自己的球衣内套了一件厄齐尔的球衣，以这种方式来表达对好友的支持。随着这件事被媒体曝光，很多人开始讨论穆里尼奥和部分皇马球员之间的冲突，球队内部气氛也大受影响。

有一回，我被穆里尼奥对 C 罗的激烈反应吓了一跳。当时我们在一场杯赛中 2–0 领先，对手边后卫从我们的左路发起进攻，由于 C 罗没有跟上防守，穆里尼奥冲他大喊大叫，要求他追赶那名后卫。当对手那次进攻结束后，穆里尼奥还在继续批评C罗，俩人爆发了冲突……半场休息时，坐在更衣室里的C罗非常绝望，几乎快要掉眼泪了。他抱怨说："我总是全力以赴，他却一直在批评我。"

穆里尼奥也走进更衣室，然后站在房间中央，愤怒地指责C罗缺乏责任感。双方的争吵迅速升级，变得既紧张又令人尴尬，其他球员不得不想方设法劝和，以避免事态进一步扩大。事实上，这类冲突在足球界很常见，教练和球员的关系很快就能恢复正常。但这件事也反映了穆里尼奥的个性：固执、倔强，永不妥协，无论对方是谁。

当然，一旦球队战绩不佳，教练总是第一个承担责任的人——即便一年前他还曾带领球队，以创纪录的积分赢得联赛冠军。在穆里尼奥执教前，皇马连续多年未能晋级欧冠八强，而他带领球队三次闯入欧冠半决赛，只不过遗憾地输给了巴萨、多特蒙德和拜仁慕尼黑。

皇马球员对穆里尼奥离任的反应各不相同。有人对此感到高兴，但包括我在内，很多球员并不想看到他离开球队。由于两个原因，我尊重穆里尼奥。首先，穆里尼奥是一位优秀的教练、一个特别的人；其次，他也是坚持将我带到皇马的人。

当穆里尼奥执教皇马的最后一场比赛结束后，我们都向他道别。穆里尼奥说，俱乐部已经在双方同意的情况下与他解约。"我祝愿你在余下的职业生涯中一切顺利。保重！"穆里尼奥在和我拍合照前告诉我。我希望将这句祝福作为我和他之间的永恒回忆。

与此同时，克罗地亚国家队经历了一系列起起落落。2013年春季，3月份的两场比赛给我们带来了极大的快乐。首先，我们在萨格勒布的主场球迷面前击败了塞尔维亚。我们和塞尔维亚在绿茵场上的竞争非常激烈，尤其是在当时，塞尔维亚队内拥有几名个人能力出众的球员。

与塞尔维亚一役中，两名主力前锋曼祖基奇和奥利奇取得进球，帮助我们以 2–0 的比分获胜。4 天后，经过一场激烈的战斗，我们又在斯旺西击败了威尔士。加雷斯·贝尔利用点球率先破门，德扬·洛夫伦在第 77 分钟远射扳平比分，而当常规比赛时间只剩下最后 3 分钟时，爱德华多的进球帮助我们拿下了一场宝贵的胜利！

当时，许多媒体都说贝尔可能会在夏天转会皇马。我经常和贝尔通电话，他告诉我他想加盟皇马，但估计很难说服列维放行。皇马主席佩雷斯向我询问贝尔的想法，并让我鼓励他转会。皇马希望签约贝尔，贝尔本人想换个环境，对他赞不绝口的西班牙媒体也支持……贝尔最终如愿加入皇马，我对此感到高兴，因为他不仅是一名顶级球员，性格也和我很像：内敛、保守，更喜欢待在家里陪伴家人。

我在斯旺西拿到了一张黄牌，因累积黄牌无法参加 6 月份克罗地亚在萨格勒布对阵苏格兰的一场比赛。不幸的是，罗伯特·斯诺德格拉斯为苏格兰打进整场比赛唯一一粒进球，阻碍了我们通往 2014 年巴西世界杯之路。2013 年 9 月，在贝尔格莱德，曼祖基奇的进球帮助我们客场逼平了塞尔维亚。然而在克罗地亚 10 月份主场与比利时的一场比赛中，卢卡库的两粒进球帮助客队 2–1 获胜，这意味着我们未能提前晋级。

4 天后，当我们前往格拉斯哥进行预选赛小组赛阶段的最后一场比赛时，形势已经非常清楚：我们将不得不再次参加附加赛。事实证明，我们在贝尔格莱德拼到的 1 分成了球队在预选赛小组积分榜上力压塞尔维亚，排名第二的关键所在。

在格拉斯哥汉普顿公园球场，我们的表现糟糕透顶，看上去就像一只泄气的气球。任何球队都有可能输球，但我们输给苏格兰队的方式太可耻了。那场比赛的比分是 0–2，我们无法向任何人推卸责任，只能指责自己：球员和教练。我们知道会有后果，听说伊戈尔·斯蒂马奇赛后就提出了辞职。克罗地亚足协官员接受了他的辞呈，并于次日任命当时执教克罗地亚U21青年队的尼科·科瓦奇担任临时主帅。

即便如此，我仍然相信克罗地亚将会晋级巴西世界杯决赛圈，却无法解释我们为什么总是在预选赛的后半段状态下滑。除了2008年欧洲杯预选赛是个例外，我们在每届国际大赛的预选赛阶段都会高开低走，前半段战绩出色，到了后半段却经常莫名其妙地输球。这究竟是因为我们自满、态度松懈，受到伤病困扰，还是另有其他原因？我不知道，这仍然是个谜。

我们都很熟悉尼科·科瓦奇。2008年从克罗地亚国家队退役前，尼科曾长期和我们当中的很多人并肩作战，既是球队队长也是领袖，我们预感他仍然会像踢球时那样性格坚定，要求我们努力工作并注重纪律性。在某种程度上，我们猜对了。作为一位教练，尼科坚持自己的原则，但他的要求却比前任高了至少三倍。

在附加赛阶段，我们抽中的对手是冰岛，也为那两场关键的比赛做足了准备。客场对阵冰岛一役中，我们承受着巨大压力，但仍然取得了不错的成绩，0–0逼平对手。回到主场，曼祖基奇在比赛第27分钟首开纪录，帮助球队1–0领先，却在10分钟后就因为对约翰·古德蒙德松犯规被主裁判出示红牌罚下。随后，少赛一人的我们顶住压力，最终以2–0的比分获胜，又一次成功地获得了世界杯参赛资格。

当时我没想到冰岛会如此迅速地取得进步——2016年欧洲杯上，冰岛队的一系列出色表现证明了这一点。凭借永不放弃的心态、技术进步和经验积累，冰岛取得了不错的战绩。我一直非常尊敬他们。

2018年世预赛阶段，我们和冰岛被分到同一个小组。冰岛以小组头名的身份直接晋级决赛圈，而我们则不得不再赴附加赛……那是我进入国家队以来经历的第三次附加赛，也是克罗地亚队历史上第五次参加附加赛。有趣的是，许多国家队之间互有胜负，形成了某种奇妙的命运交织。我们曾经击败英格兰、乌克兰、土耳其和爱尔兰，后来却又输给过这些球队。

你好，卡尔洛！

2013 年夏季，我在度假期间听说卡尔洛·安切洛蒂被皇马任命为新任主帅。我和安切洛蒂互相了解，因为他曾希望将我带到巴黎圣日耳曼——如今在马德里，我俩终于可以并肩同行。安切洛蒂是一位冠军教练，享有欧冠专家的盛誉，而从加入皇马的那一刻起，我就经常想起这家俱乐部赢得欧冠冠军的故事。

2002 年 5 月，在苏格兰格拉斯哥进行的欧冠决赛中，齐达内用一记技惊四座的凌空抽射为球队打进制胜球，帮助皇马 2–1 力克勒沃库森，捧起了队史上第 9 座欧冠奖杯。或许是命运的安排，在安切洛蒂执教皇马的首个赛季，昔日夺冠功臣齐达内成了他的助手，某种意义上也在第 9 座和皇马期盼已久的第 10 座欧冠奖杯之间建立了一种象征性的联系。

安切洛蒂性格谦逊，永远不会因为自己的成就而高高在上，尽管他在执教 AC 米兰、切尔西和巴黎圣日耳曼期间赢得了 12 座冠军奖杯。安切洛蒂曾经在意甲、英超和法甲率队成为联赛冠军，还曾带领 AC 米兰夺得 2 座欧冠和 1 座世俱杯。与脾气暴躁、经常引发动荡的穆里尼奥不同，安切洛蒂随和冷静，看起来很放松，避免争论，并且总是愿意与你交谈。

对许多皇马球员来说，这是可喜的变化，我们从安切洛蒂上任的第一天起就很喜欢他。球队内部气氛不再那么紧张，我们可以专注于工作。在美国，球队在季前备战阶段的状态相当不错，安切洛蒂希望我们能及时发起反击，充分利用球场纵深，并提升比赛中的侵略性。

就个人而言，我与安切洛蒂的合作也经历了堪称完美的“开局”。在皇马为安切洛蒂举办的亮相仪式上，有记者要求他将皮尔洛和我进行比较，当时他说：“他俩不一样，皮尔洛在球场上的位置相对固定，莫德里奇更有机动性和活力。”这番话足以表明，安切洛蒂对我的评价很高，因为皮尔洛曾经是一名中场球员，在安切洛蒂帮助下转型成为球队的组织核心，而他的踢球风格和身材甚至改变了人们对后腰的看法。

我感觉安切洛蒂对我在训练和季前赛中的表现很满意。虽然我在2013年春季发挥出色，但我意识到随着新帅上任，我必须从头开始建立自己的地位。安切洛蒂是个安静的人，不过在极少数情况下，当有人激怒他时，他也会发脾气。

2013—14赛季我们开局不错，前七轮西甲联赛中豪取六连胜和一场平局，在欧冠赛场更以6–1的大比分狂胜加拉塔萨雷。我在皇马战平比利亚雷亚尔一役中表现稍差，而在紧随其后的马德里德比中，安切洛蒂就让我坐上了替补席。我很生气，因为我觉得这不公平，仿佛球队没能拿下比利亚雷亚尔，都是我一个人的错……但我并没有灰心丧气，而是决心以此为动力，努力证明自己配得上一线队的首发位置。

那场马德里德比中，我在下半场替补亮相，我们0–1输给了马德里竞技。从那以后，我就成了皇马一线队不可或缺的一员。我和安切洛蒂有着很好的化学反应。安切洛蒂拥有极高的职业素养，也曾经是一名顶级球员，非常了解更衣室内的氛围。他总是公平地对待所有球员，是一个永远值得信赖的好人。

时至今日，我仍然清楚地记得安切洛蒂刚刚成为皇马主帅时的一个细节。当时我们刚刚从美国回来，马德里的大街上行人稀少，天气酷热难耐。我的家人正在克罗地亚的海边度假，我只有两天假期，时间不够从马德里到扎达尔往返一趟。所以我独自坐在家里看电视。

安切洛蒂打来的电话让我大吃一惊。“你好，卢卡！我是卡尔洛。你在做什么呢？”

我告诉安切洛蒂，我正在看电视打发时间，没什么可做的。由于瓦尼娅和孩子们都在克罗地亚，家里只有我一个人。

“那好啊，过来一起吃晚饭吧。我住处附近开了家新餐厅，听说菜品不错，我和我的同事要去尝尝。”享有美食家声誉的安切洛蒂在电话那头说。

我欣然接受了那次不同寻常的邀请。这是一种很好的姿态，也表明了他对我作为一名球员的尊重。我和安切洛蒂在餐厅见面，愉快地交谈了几个小时。我们和他的几位助手畅谈足球、皇马、克罗地亚国家队、生活、家庭和我们的习惯等话题。

安切洛蒂既有魄力做出他知道会令球员不满的决定，又愿意邀请球员共进晚餐，我认为这就是他如此成功的原因。安切洛蒂从来不以铁腕治军，从不将自己的态度强加给任何人，也不会与球员刻意保持距离。相反，他凭借渊博知识树立了威信，球员们都愿意主动追随他。在我看来，安切洛蒂将齐达内任命为第一助理教练，同样反映了他的个性。

齐达内是皇马俱乐部历史上的一位传奇人物，也是有史以来最伟大的球员之一。某些主教练可能担心齐达内的个人魅力会对自身威望造成威胁，但安切洛蒂没有这种想法。此前我只知道齐达内的名气很大，不过在那个令人难忘的赛季，我对他有了更深的了解。

齐达内看起来很安静，总是小心翼翼躲在幕后，但他的魅力根本藏不住。他有时会和我们一起训练，如果你不知道他是谁，甚至可能误以为他是皇马队内的某名球星……他的控球和传球技术都太棒了。另外，齐达内愿意与球员交谈，总是面带微笑，看上去心情很好。齐达内负责组织训练，球队战术和人员选择则由安切洛蒂决定。

2013—14 赛季前半段，凭借贝尔、卡瓦哈尔、伊斯科等新援的出色表现，我们的战绩非常不错，在前 28 轮西甲联赛中只输了两场比赛，对手分别是巴萨和马德里竞技。然而，正当我们向联赛榜首发起冲击时，却在主场不敌巴萨。我们曾经以 2–1 和 3–2 的比分两次领先，但梅西在拉莫斯被罚下后打进两球，完成帽子戏法并帮助巴萨 4–3 获胜。

那场失利对我们的打击很大，短短 3 天后，我们又输给塞维利亚，丢掉了争抢联赛冠军的关键 3 分……最终，马德里竞技拔得头筹，以领先皇马和巴萨 3 分的优势赢得联赛冠军。

主场输给巴萨后，我们很快就完成了复仇。2014 年 4 月 16 日，在瓦伦西亚梅斯塔利亚球场进行的国王杯决赛中，迪马利亚和巴特拉先后为两支球队进球，而当比赛进行到第 84 分钟时，贝尔上演了一次精彩绝伦的外线超车。贝尔在本方半场接球，随后立即机智地将皮球大力往前踢远。虽然贝尔已经被巴特拉挤出边线，但他仍然在场外全速奔跑，抢在巴特拉身前追上皮球，并在距离巴萨球门大约 6 码的位置将皮球从平托胯下送进网窝，帮助球队以 2–1 的比分获胜。那粒进球太精彩了！

赛后，我们在梅斯塔利亚球场欣喜若狂地庆祝，因为我们刚刚赢得了一场意义重大的胜利，捧起了过去 20 年来的第二座西班牙国王杯。

十全十美

2013—14 赛季欧冠联赛，皇马与加拉塔萨雷、哥本哈根和尤文图斯同组，除了在都灵与尤文图斯 2–2 战平之外，我们在其他几轮小组赛中均全取 3 分。八分之一决赛阶段，我们兵不血刃地淘汰沙尔克 04，两回合狂进 9 球……八场比赛后，我们一共打进 29 粒进球，只丢了 7 球。

西班牙媒体也在不断造势，认为我们很有希望赢得队史第 10 座欧冠奖杯。客场击败沙尔克 04，是我们时隔 14 年后首次在德国俱乐部的主场赢球，所有人都觉得这是个好兆头。

两周后，我们在四分之一决赛中主场迎战多特蒙德。从以往经验和多特蒙德的比赛风格来看，我们恐怕不可能遇到比他们更难缠的对手了。尤尔根·克洛普执教的那支球队充满活力，攻防转换速度很快，球员的身体素质也比我们更出色。多特蒙德采用克洛普标志性的高位压迫战术，每当丢球就会立即试图抢回球权，对球员速度、耐力和纪律性的要求极高。不过在伯纳乌，虽然多特蒙德也创造了一些机会，但我们以 3–0 的比分取得了完胜。

由于主场轻松击败多特蒙德，我们的心态有所松懈，对次回合比赛准备不足。第 17 分钟，我们本有机会进一步扩大优势，但魏登费勒扑出了迪马利亚主罚的点球。那次扑救令多特蒙德士气大振，而在西格纳伊杜纳公园球场观众震耳欲聋的助威声中，凭借罗伊斯的两粒进球，多特蒙德在比赛进行到第 37 分钟时就建立了 2–0 的领先优势。

我想再说说命运之轮——它从未停止转动！ 2012—13 赛季欧冠半决赛，我们在客场对阵多特蒙德的首回合中 1–4 输球，渴望回到主场后实现翻盘。在伯纳乌进行的次回合比赛中，虽然我们 2–0 获胜，却始终无法打进跻身决赛所需要的第三粒进球！如今，多特蒙德也遇到了类似情况：主场作战的他们早早就 2–0 领先，只要再进一球就能晋级半决赛，但在比赛余下的 53 分钟里未能如愿。我们认为，这是命运青睐皇马的另一个标志。

进入半决赛，我们与欧冠卫冕冠军、德甲头号强队拜仁慕尼黑狭路相逢。前巴萨主帅瓜迪奥拉执教拜仁，这是他从巴萨离任后的第一份工作。从某种程度上讲，瓜迪奥拉也是大多数人将拜仁慕尼黑视为欧冠夺冠热门的主要原因。在两回合交锋中，拜仁慕尼黑的主力前锋都是我在克罗地亚国家队的队友曼祖基奇，但瓜迪奥拉所推崇的比赛风格显然并不适合他。

我们与拜仁的首回合比赛在马德里进行，本泽马在第19分钟打进一球，帮助我们以1–0的比分获胜。由于我们在主场的比分优势微弱，很多人猜测拜仁将连续第二年闯入欧冠决赛。但我们认为1–0的结果还不错，因为我们没丢球，这在淘汰赛阶段是一个巨大优势。另外我们还知道，自从2010年以来，皇马在客场作战的所有欧冠比赛中都至少打进了一粒进球。

在安联球场，拜仁球迷见证了一首真正的皇马狂想曲。比赛第16分钟，拉莫斯接应我开出的角球甩头破门；短短4分钟后，拉莫斯再次头球得分，而C罗则在迪马利亚、本泽马和贝尔策动的一次防守反击中打进第三球。拜仁彻底崩盘了……当比赛进行到第90分钟时，C罗主罚任意球低射破门，帮助球队在拜仁主场赢得了一场历史性的胜利！

那场比赛也让我们的夺冠信念变得更加坚定，感觉几乎伸手就能摸到第10座欧冠奖杯。2014年初春，俱乐部决定发行一首新的官方歌曲，著名音乐制作人Red One让球队所有球员聚在他的录音棚里，齐唱皇马队歌《前进，马德里！》。那一刻我们心潮澎湃，觉得全身充满了力量。2013—14赛季欧冠决赛后，那个合唱版本成为我们对队史第10座欧冠奖杯的颂歌。

我们在西甲末轮比赛中3–1战胜西班牙人，但马德里竞技夺得了联赛冠军。马德里竞技也是我们在欧冠的决赛对手，一周后将与我们在里斯本交锋。之前我们已经击败巴萨，拿到国王杯冠军，如今则期待着在欧冠决赛中向马德里竞技复仇。

客场4–0大胜拜仁后，我们都已经迫不及待了。在欧冠决赛前一周，我的兴奋劲儿达到了顶峰，感觉非同寻常。很多人打电话向我索要门票，就算我手里有1000张票恐怕也不够。我希望我的所有家人和好友都能前往里斯本的光明球场，观看我踢欧冠决赛。与往常一样，瓦尼娅负责开展“里斯本行动”。如果她把这件事交给我，谁知道哪些人会前往现场？另外，当时我完全专注于比赛。

当我们抵达球队在里斯本预订的酒店后，我接到瓦尼娅打来的电话。“我已经处理好了所有事情，但有个问题。我发烧了，全身到处都疼，医生建议我不要旅行。”

这简直难以想象。我们距离实现梦想只有一步之遥，但我人生中最重要的人却不在场？

“瓦尼娅，无论如何，你必须在里斯本出现。”我告诉她。

瓦尼娅吃过感冒药，喝了几大杯茶，第二天上午又给我打来电话。“卢卡，我们已经在里斯本了。该到的人都到了！”这让我如释重负。如果我在乎的人不在我身边，那么所有的胜利、奖杯对我来说都毫无意义。

决赛前一晚我睡得很好。我通常不会在重要比赛前失眠，有时甚至会在比赛日的午饭后小睡一会儿。但这一回我不再那么冷静，对决赛已经急不可耐。参加欧冠决赛是所有球员的梦想，我并不担心我们能否夺冠，只不过在一场如此关键的比赛前，我的内心特别兴奋。

比赛开始前，安切洛蒂将我们叫进酒店的会议室。俱乐部为我们准备了一份惊喜：他们在大屏幕上播放一段视频，展示了所有球员的家人表达支持的话语……当时我心情激动，有那么一瞬间甚至想哭，我相信很多队友也有类似感受。我们既感动又兴奋。皇马主席弗洛伦蒂诺·佩雷斯鼓励我们全力以赴，他显然渴望再次捧起欧冠奖杯。我们都很清楚，这是球队时隔11年后首次参加欧冠决赛，皇马等待第10座欧冠奖杯已经太久。我们知道，一场胜利将为我们带来不朽的名声：在皇马俱乐部的辉煌历史中，我们的名字将会被载入史册。

从酒店到球场的巴士之旅令我难忘。成群结队的皇马球迷聚在街上为我们加油，营造了一种节日般的气氛，随着大巴靠近球场，皇马球迷的声音越来越大，气氛也越来越火热。当我们快要抵达光明球场时，一大群皇马球迷对我们表示热烈欢迎。时至今日，每当回想起当时的情形，我仍然会激动得身上起鸡皮疙瘩。

在更衣室里，我立即感受到气氛与往常不同。没有人像往常那样开玩笑，大家都既严肃又专注，互相鼓励、拥抱。我记得塞尔吉奥·拉莫斯走到我身边，用一种与以往不同的神情看着我说："卢卡，你对我们非常重要。我们需要你拿出最佳状态！"作为一名经验丰富的职业球员，拉莫斯曾经参加过许多决赛和重大比赛。

哈维·阿隆索是我的中场搭档，但他因为停赛缺席。卡尔洛·安切洛蒂派出了三名中场球员，包括迪马利亚、我，以及在我俩身后活动的赫迪拉，他希望我们加快比赛节奏，并充分利用球场的纵深。安切洛蒂强调，我们需要打出侵略性，因为对手也有同样的品质。

在西甲，马德里竞技已经证明了自身实力。2013—14赛季，我们在国王杯半决赛中碾过马德里竞技，以两回合5–0的总比分轻松晋级。几周后，我们又在一场西甲联赛中客场与他们2–2战平。但无论如何，马德里竞技始终是个难缠对手，并且还欠着我们上赛季的债：一年前的国王杯决赛中，马德里竞技比我们表现更好，在伯纳乌球场击败我们后夺冠。

"卢卡，在右边路后撤，然后进入中路，注意穿插跑动。"这是安切洛蒂给我的指示之一。他补充说："一旦你得到机会，你就要控制皮球，赢得尽可能多的空间。你还可以突击对方禁区。"

皇马与马德里竞技一役，是安切洛蒂以教练身份参加的第四场欧冠决赛。安切洛蒂曾经带领AC米兰两次夺得欧冠冠军，决赛中的对手分别是尤文图斯和利物浦。

2002—03 赛季，在老特拉福德球场进行的欧冠决赛中，AC 米兰通过点球大战击败尤文图斯并夺冠。两年后，在 AC 米兰对阵利物浦的欧冠决赛中，命运跟安切洛蒂开了个残酷的玩笑。那是有史以来最跌宕起伏的足球比赛之一：AC 米兰上半场 3–0 领先，但利物浦在下半场完成了惊天逆转，随后在点球大战中获胜……又过了两年，在雅典进行的欧冠决赛中，安切洛蒂和 AC 米兰复仇利物浦，以 2–1 的比分获胜，并捧起了大耳朵杯。

这些经历让安切洛蒂学会了保持冷静，并试图将自己的冷静心态传递给我们。然而，安切洛蒂在我们与马德里竞技的比赛中吃了太多糖果，这表明他其实也和我们一样紧张。

在热烈的气氛中，我们在球场上进行了一场真正的战斗。比赛第 8 分钟，带伤作战的迭戈 · 科斯塔指向替补席，不得不被换下。比赛进行到第 36 分钟时，戈丁接角球甩头攻门，帮助马德里竞技 1–0 取得领先！当时我站在距离球门不远的地方，却只能看着皮球飞向球网，内心祈祷卡西利亚斯能及时将它扑出。遗憾的是，卡西利亚斯没能做到。

那粒丢球让我感觉很糟糕，因为在那之前，我们在比赛中牢牢占据着主动。我们练过怎样防守马德里竞技的任意球和角球，知道那是他们的优势，却仍然在决赛中被对手角球破门。不过，我们并没有失去信心，而是坚信球队能够完成逆转。

中场休息时，我们围成一圈互相打气。进入下半场后，我们继续展现出强大的动力，却始终无法进球，于是安切洛蒂决定改变战术，进行人员调整。当下半场进行到第 15 分钟时，安切洛蒂换上马塞洛和伊斯科，20 分钟后又让莫拉塔登场。这些替补球员带来了新鲜能量，我们围着马德里竞技的禁区狂轰滥炸，对方毫无还手之力，可我们就是进不了球。

随着时间推移，紧张局势达到了顶峰。裁判示意伤停补时 5 分钟，我们感觉时光飞逝，不过马竞球员可能会觉得，那几分钟就像几年一样漫长……补时第 3 分钟，我们赢得了一次主罚角球的机会，我将球短传给卡瓦哈尔，他又将球传回给我。紧接着我把球分给伊斯科，伊斯科传中，将皮球传向远端的迪马利亚，不过那次传中被一名球员阻挡，在近门柱附近下坠。我跳起来争球，但被比利亚拦住，皮球在撞到他的身体后滚出了边线。

不到 1 分钟，我再次主罚角球，决定自己将球传进禁区。我很平静，但气氛紧张得让人透不过气来，仿佛这一刻将会改变整场比赛。我很清楚皮球的飞行轨迹是对的，当我看到拉莫斯跳到空中时，我就知道皮球会入网。一切都完美地结合在一起，就这么简单。

我欣喜若狂。我们在皇马球迷面前进球，突然爆发的喜悦感令人难以置信。我疯了似的奔跑，先是跑回本方半场，然后又朝着聚在角旗旁的队友们跑去，几乎直接扑到他们身上。后来我曾无数次观看那粒进球，在许多人看来，与马德里竞技一役的第 92 分 47 秒钟改变了皇马的历史进程。对我来说，成为其中的一员感觉真是太棒了。

每当重新观看那粒进球时，我都会感到后怕：如果我的传中落点欠佳，拉莫斯没有争顶成功或者射门击中门柱，接下来会怎样？如今，当我观看比赛照片，回想起当时的情形时，身上就会起鸡皮疙瘩。

在加时赛前，安切洛蒂让我们围成一圈互相鼓励。我们相信球队将会夺冠。拉莫斯扳平比分的进球击垮了马德里竞技球员的信心，我很清楚他们的感受，因为我在 2008 年对阵土耳其的欧洲杯四分之一决赛中经历过同样的事情。你几乎已经闻到了胜利的滋味，对手却在最后一刻进球！这是毁灭性的打击，令人无法承受。因此，当贝尔用进球将比分改写成 2–1 时，马德里竞技完全崩溃了。随着马塞洛和 C 罗再进两球，我们知道，庆祝派对即将开始。

当主裁凯珀斯吹响全场比赛结束的哨声时，我高举双臂心想：梦想成真了！随后，我伸手安慰站在我身旁的一名马德里竞技球员，我理解他的感受，但我太高兴了，迫切想要释放情绪。从我加入皇马的那天起，夺得第10座欧冠奖杯一直是我们的目标——在马德里进行的首场新闻发布会上，西班牙媒体就问过我的想法。当我第一次乘坐飞机随皇马前往客场踢欧冠比赛时，我听说穆里尼奥总是选择10号座位，这也反映了他对带领皇马第10次赢得欧冠冠军的决心。

比赛结束后，所有人都很兴奋。我把伊万诺带到球场上，当时他才4岁，又困又累，那天对他来说太漫长了。但我仍然让他打起精神来和奖杯合影。我必须和伊万诺共度那一刻，并将照片永远珍藏，让他在长大成人后知道，那个夜晚对我来说有多么重要。

更衣室里非常热闹，弗洛伦蒂诺·佩雷斯也在那儿。我从未见过他如此高兴和感动。VIP包厢的镜头清楚无误地表明，这座奖杯对他来说意义重大。我从来没有见过他如此兴高采烈地跳起来庆祝进球，也就是将我们带进加时赛的那粒进球。

一些曾经随皇马赢得欧冠冠军的传奇球星也来到更衣室，其中包括劳尔。在决赛前一天，劳尔走近我说：“这场决赛有很多事情要靠你了！”我并不将这句话视为负担，相反，我喜欢承担责任，讨厌被轻视的感觉。作为皇马俱乐部历史上的一位传奇人物，劳尔的话激励着我在决赛中拼尽全力，发挥出了完成历史壮举所需要的水平。

由于庆祝派对持续了很久，我们花了些时间才抵达机场。我完全放飞自我，和几名队友最后走进大巴，坐在方向盘后面按喇叭，以示对第10座欧冠奖杯的敬意。当飞机在32000英尺的高空飞行时，我在机舱里边秀球技边唱歌跳舞，还喝了几杯威士忌。在当时的场合下，我心情激动，不得不喝几杯。大家都看着我笑，因为他们从来没有见过我那个样子。

我们在凌晨5点左右抵达马德里的西贝莱斯广场。我原以为不会有太多人聚在那儿，因为距离比赛结束已经过了6个小时，天气很冷，却发现西贝莱斯广场上挤满了人。这让我充满了活力，继续大声唱歌，虽然当时嗓子都哑了——我几乎五音不全，幸亏嗓子哑了才没出丑。但皇马球迷一直在唱歌，有几次高呼我的名字……我肯定看上去比其他皇马球员更疯狂，因为我还是第一次参加欧冠决赛，就和队友们一起拿到了最独特的俱乐部赛事奖杯。

那也是我第一次看到广场上站满了欢呼雀跃的皇马球迷。随着时间推移，这种场面还会再次发生，并且不止一次，但第10座欧冠奖杯有着独一无二的意义。

巴西世界杯

欧冠决赛结束后，西贝莱斯广场并不是皇马庆祝活动的最后一站。我睡了大概两小时，随后就和队友们一起开始了持续整整一天的庆祝。我们收到了各种机构的祝贺，还在城市各大景点和无数欢快庆祝的皇马球迷见面，发表演讲，向他们致谢。

当天夜里，“派对”在伯纳乌球场继续进行，看台上挤满了愉快的皇马球迷，场面蔚为壮观。甚至在那之前，当我听说有超过8万名球迷聚在伯纳乌，通过巨大屏幕观看欧冠决赛时，我就激动得说不出话来。我还看过许多视频，它们展示了世界各地球迷在拉莫斯头球扳平比分，以及我们获胜后的反应。那些视频让我心潮澎湃，我为能够给世界各地的所有皇马球迷带来快乐而感到荣幸。

许多人认为我们踢球是为了赚钱。没错，作为职业球员，我们确实以踢球谋生，这份工作给我们带来了优渥的生活。但对一名球员来说，没有什么比体验如此美妙的情感，并与球迷们分享更让人开心的事情了。如果没有这一切，足球界将会失去许多有趣的故事。这也是为什么我决定遵守在欧冠决赛前做出的一个承诺。

某次训练结束后，很多球员都在洗澡，我和队友们随便聊了聊俱乐部内的新鲜事。当时我们聊的话题是：如果皇马赢得队史第10座欧冠奖杯，大家打算做什么？

“我爱我的头发，但如果我们夺冠，我就剃光头。”我的队友们都笑了。阿韦洛亚告诉我，他已经迫不及待想要拿下马德里竞技，因为他想亲自给我理发。

因此，在从西贝莱斯广场回来后的第二天上午，我就打电话叫理发师上门给我剪头发。我必须信守诺言，但我想避开阿韦洛亚的“圣手”。当我以几乎秃顶的形象在队友们面前出现时，他们都笑得前仰后合。没有头发的感觉很奇怪，我觉得头顶发冷，但这是值得的！

经过所有非正式和正式的庆祝活动后，我已经筋疲力尽，需要休息和充足的睡眠。然而，克罗地亚不得不备战巴西世界杯。我在克罗地亚集训后期加入球队，刚刚赶上了在奥西耶克对阵马里的一场友谊赛。奥西耶克体育场座无虚席，气氛热烈，我踢了比赛的最后15分钟，现场大约1.5万名球迷热情地欢迎我。通过这种方式，他们既表达了对我随皇马赢得欧冠冠军的认可，也表达了对克罗地亚队征战巴西世界杯的支持。

克罗地亚球迷热爱国家队，尤其是在世界杯或欧洲杯期间。他们对球队的期望很高，然而，多年以来，我们始终没能让他们开心，这令我深感苦恼。

击败马里两天后，我们飞往巴西。我在皇马度过了一个漫长而充满挑战的赛季，在克罗地亚国家队的世界杯预选赛阶段也曾承受巨大压力，但我仍然对巴西世界杯满怀期待。巴西为世界足坛培养了许多富有创造力、擅长控球的出色球员，这也是巴西能够5次赢得世界杯冠军，成为世界杯夺冠次数最多的国家的部分原因。巴西人天生热爱足球运动，我们对这个国家举办的世界杯充满了好奇心。

抵达巴西后，我们与澳大利亚队进行了世界杯前的最后一场比赛。虽然耶拉维奇的进球帮助我们获胜，但我们的表现远不能令人信服。我们并不担心，因为在首场世界杯小组赛中的表现才重要。2014年世界杯上，我们首场比赛的对手就是东道主巴西，对于有机会在揭幕战中展示球队最好的一面感到无比荣幸！据说全世界有超过15亿人观看了那场比赛，数字太惊人了。

在当时，克罗地亚的队内制度非常严格。尼科·科瓦奇推行斯巴达式的训练，要求我们每天上午接受测试，以测量血液中的乳酸水平。这令我们很不习惯。在我看来，过于严苛的制度会对球队士气造成打击，而当来自不同俱乐部的球员随国家队征战世界大赛时，士气至关重要。然而，科瓦奇坚持这么做。

那支克罗地亚国家队还存在其他问题：某些球员对自己的队内地位感到不满，对科瓦奇的人员选择颇有怨言……在我为国家队效力的这些年里，我认为我们在巴西世界杯期间的士气最低落。

尽管如此，我们在圣保罗对阵东道主的揭幕战中表现还不错。第11分钟，我在皇马的队友马塞洛打进一粒乌龙球，我们借此取得了领先优势。虽然内马尔在15分钟后进球将比分扳平，但我们始终坚守阵地。然而，当比赛进行到第71分钟时，裁判判给巴西队一粒点球，使得胜利的天平向巴西倾斜。我们觉得那次判罚不公平，失去了继续紧追巴西的力量。伤停补时阶段，内尔马再进一球，将比分锁定在了3–1。

在第二场比赛中，我们没费太大力气就击败了喀麦隆。那场比赛在亚马逊州首府玛瑙斯进行，当天空气潮热，光是站在球场上就令人汗流浃背，连呼吸都困难。我们在上半场1–0领先，喀麦隆中场亚历山大·宋因为侵犯曼祖基奇被红牌罚下，随后我们在下半场连进3球，以4–0的比分获胜。

不过，我仍然觉得接下来与墨西哥的关键比赛会很有挑战性。通过前两轮小组赛，我们发现墨西哥队拥有良好的组织性、作风顽强并且实力不俗。另一方面，我们似乎失去了动力，看上去就像一支缺乏活力和紧凑感的球队。

尼科·科瓦奇选择我和拉基蒂奇担任组织核心，但这一战术安排招致许多人批评，被专家们认为行不通。在克罗地亚，人人都是专家——1998年世界杯上夺得季军的那支国家队中，博班、普罗辛内茨基和阿萨诺维奇组成的中场也曾备受质疑。如今，时间已经证明我和拉基蒂奇在中场不仅效率奇高，还成了一对黄金搭档。

我们与墨西哥的第三场小组赛在累西腓进行，天气仍然酷热难耐。我们的正常水平发挥只持续了大约15分钟，在那之后，墨西哥队的势头就完全压过了我们。墨西哥球员的侵略性和速度令我们无法应对，最终1–3完败……末轮小组赛前，墨西哥只需要1分就能获得晋级资格，而从球队整体表现来看，我们理应被淘汰。

随着克罗地亚国家队兵败巴西世界杯，批评家们可以发泄他们的不满了。报纸上充斥着各种各样的故事和照片，例如，在我们输给巴西队的比赛结束后，狗仔队就将球员裸着上半身在泳池边玩耍的照片泄露给了媒体。媒体编造的故事纯属胡说八道，那张照片背后的真相是：我们在蒸桑拿后跳进游泳池降温。没什么大不了的。

与墨西哥一役结束后，我们回到了位于巴伊亚州普拉亚多海滩的球队基地。我们入住的酒店条件很好，工作人员服务周到。在全队返回克罗地亚前，尼科·科瓦奇组织了最后一次会议，某些球员非常生气，提出了很多批评。在返程路上，大家的心情都很糟。

2012 年欧洲杯上我们也没能从小组出线，但球队表现不错，所以我们可以昂首回家。然而在巴西，我们在各个方面都糟糕透顶。就个人表现而言，我应当被批评——在我身穿克罗地亚国家队球衣的 13 年里，巴西世界杯是我表现最差的一届赛事。我在对阵东道主巴西队的揭幕战中表现还算中规中矩，但在与喀麦隆和墨西哥的两场比赛中，我都拿了零分！

当我们回到克罗地亚后，我并没有回避承认这一点。作为队内经验最丰富的球员之一，我必须承担责任。我不能将自己在赛季结束后太疲惫当成借口，事实就是我的表现太差了。

饱受伤病困扰的赛季

2014 年世界杯结束后，我与家人和朋友一起前往海边度假。当我回到俱乐部参加季前训练时，身体已经恢复了活力，并期待着迎接新的挑战。皇马签约了在世界杯上表现出色的哥伦比亚边锋哈梅斯·罗德里格斯、刚刚随德国队赢得世界杯冠军的中场球员托尼·克罗斯，以及哥斯达黎加门将凯洛尔·纳瓦斯。另一方面，迪马利亚与曼联签约，莫拉塔被租给尤文图斯，而哈维·阿隆索则选择了拜仁慕尼黑。

哈维·阿隆索和我关系很好，无论从踢球还是为人的角度来说，我都非常钦佩他。他性格冷静、自信并且意志坚定，是一位真正的绅士。即便在阿隆索离开皇马后，我俩也一直保持联系，如今他仍然是我的好友之一。

我确信皇马将会在新赛季创造奇迹。我们拥有一支强大球队，士气高昂，教练席上还坐着一位真正的大师。第 10 座欧冠奖杯带给我们信心，也让我们卸下了肩头的重担。它甚至可能让我们太飘飘然了，因为在 2014 年 9 月的国际比赛日前，我们遭遇了两场不愉快的失利。

2014—2015 赛季揭幕战，我们在击败塞维利亚后赢得欧洲超级杯冠军。一周后，我们在西班牙超级杯中迎战马德里竞技。首回合双方在伯纳乌 1–1 战平，而在卡尔德隆球场进行的次回合比赛中，我们 0–1 输球，刚刚加盟马德里竞技的马里奥 · 曼祖基奇打进了制胜球。当时，我和曼祖基奇的关系相当冷淡，但我想后面再谈这个话题。

在西甲，我们在第二轮联赛中就初尝失利的滋味，2–4 不敌皇家社会。国际比赛日后，我们又在主场被马德里竞技 2–1 击败……不过自从那场失利后，我们重整旗鼓，收获一系列胜果，打破了各种各样的纪录。我们在各项赛事中取得 22 连胜，其中包括豪取欧冠 10 连胜。更重要的是，我们的比赛极具观赏性——那是皇马历史上战绩最好的时期之一。我的个人表现也非常棒，无论在皇马还是克罗地亚国家队，我的状态都正值巅峰。

贝尔受伤后，安切洛蒂将球队阵型从常用的 4–2–3–1 或 4–3–3 换成了 4–4–2，让克罗斯、伊斯科、罗德里格斯和我在中场搭档，C 罗和本泽马担任首发前锋，后防线上拉莫斯和佩佩镇守中路，卡瓦哈尔和马塞洛则在两个边路活动。那段时间皇马的比赛非常精彩：我们既在技术上占据优势，同时也能满足高要求的皇马球迷的口味。

2014 年 10 月，我们自信地拿下了新赛季首场西班牙国家德比的胜利。虽然内马尔的进球曾帮助巴萨 1–0 领先，但我们最终在伯纳乌球场以 3–1 的比分赢球。到第十轮联赛时，我们领跑西甲联赛积分榜，某些西班牙媒体甚至开始将我们称为俱乐部历史上的最佳球队，声称我们比阿尔弗雷多 · 迪 · 斯蒂法诺当年领衔的那支皇马队更出色。这种比较让我们非常高兴，然而不幸的是，麻烦即将到来。

2014 年 9 月到 10 月，克罗地亚国家队的表现也很不错。尼科·科瓦奇征召了他喜欢的几名球员，曾在 15 年间代表克罗地亚参加过许多比赛的老将斯蒂佩·普莱蒂科萨则从国家队退役。克罗地亚在 2014—2015 赛季的前四场比赛中取得全胜，其中包括在 2016 年欧洲杯预选赛中轻松击败马耳他、保加利亚和阿塞拜疆。

11 月 16 日，我们在米兰城挑战安东尼奥·孔蒂执教的意大利队。蓝衣军团是与我们竞争小组头名的主要对手，他们在比赛第 11 分钟时取得领先，但短短 4 分钟后，佩里西奇的一粒精彩进球就帮助我们将比分追平。考虑到比赛的进程，我相信我们能赢，然而对我来说，那场比赛在上半场就结束了……从那以后，我不得不连续 4 个月远离球场。

当时我在球场中央，打算用左脚将皮球传给边路的队友。我的站位略显尴尬，触球时感觉股四头肌上方有些疼痛。我没有遇到过任何严重的肌肉问题，但那次情况似乎很严重。在克罗地亚队医和理疗师对我的腿部稍作处理后，我慢慢站起身来，以为没什么大碍。我想坚持踢比赛，从来没有考虑过离开球场。

过了一会儿，意大利队在左路发起反击，当我冲上去追赶对方球员时，一阵钻心的疼痛从左腿传来。我感觉肌肉里有什么东西在跳动，只能痛苦地躺下，脑海里出现了最坏的情况：我是否应该在刚刚感到肌肉不适时就离场？那次冲刺是否已经导致我的左腿肌肉撕裂？

那场比赛中，七八千名克罗地亚球迷涌入球场，营造了一种梦幻般的氛围。当我在队医和理疗师搀扶下，一瘸一拐地走向替补席时，克罗地亚球迷起立为我鼓掌。那会儿我疼得想哭，但球迷们的反应令我精神振奋，至少让我的心情好了一点……每当受伤或健康问题迫使我远离球场，我都非常痛苦。

我坐在替补席上观看了余下的比赛。拉基蒂奇掌控了比赛，他与布罗佐维奇，以及换下我的科瓦契奇一起统治了中场。队友们表现得很好，距离胜利似乎越来越近，但突然之间，我们的节奏被打乱了：看台上的一小群克罗地亚球迷朝球场投掷烟火，裁判被迫吹停比赛，10分钟后才重新开始。我们担心比赛被取消，球迷制造的麻烦可能危及我们的2016年欧洲杯之旅。那场比赛最终以1–1的比分结束，但由于担心会遭到欧足联的严厉惩罚，我们背上了沉重的心理负担。

次日上午，我搭乘最早的航班从米兰飞往马德里。安切洛蒂在飞机起飞前给我打来电话，问我感觉如何，以及医生怎么说。当我仍然在机场等候时，弗洛伦蒂诺·佩雷斯也打电话鼓励我，告诉我皇马会打理好一切。在我接受CAT扫描前，医生很难做出可靠的诊断，不过克罗地亚队医鲍里斯·内梅克告诉我，他觉得我左大腿的股直肌近端肌腱似乎撕裂了……

不幸中的万幸是，这类伤病不需要动手术。然而，当医生们说我至少需要4个月才能从伤病中完全恢复时，我崩溃了。这个消息令我震惊，不过我很快又冷静下来。我想起了迈克尔·乔丹说过的一句话：“我在人生中经历了一次又一次失败，但那正是我能成功的原因。”

整个康复过程既漫长又难熬。每天上午9点，我会在巴尔德维巴斯中心开始康复训练，直到下午4点才结束。许多媒体猜测伤病可能对我的职业生涯造成威胁——当时我已经30岁了，如果再遭遇一次类似的伤病，恐怕不得不提前挂靴。但我甚至没有考虑过这种情况。我只希望尽快恢复，目标是度过整整4个月的康复期后，在2015年3月初复出。

当然，我不想给队医施加任何压力，而是全身心地投入艰苦的训练，争取在疼痛和风险消失后获得队医的批准，立即重返球场。

瓦尼娅、伊万诺和艾玛都在我身边，帮助我度过了那段艰难时期。2014年9月9日，克罗地亚在萨格勒布主场对阵马耳他，我和国家队队友们一起度过生日。2015年，瓦尼娅决定给我一个惊喜，让我暂时忘掉伤病和漫长康复期的苦恼，在马德里的一家酒店为我30岁生日组织了一场小型派对，邀请我的几位朋友，以及塞尔吉奥·拉莫斯、佩佩、马塞洛、卡瓦哈尔、卡塞米罗、贝尔和科瓦契奇等皇马队友共同为我庆生。那场派对持续到深夜才结束。

在那段艰难时期，皇马也通过行动表达了对我的支持。甚至在我们赢得欧冠冠军前，皇马就已经开始讨论延长与我的合同——当时我加盟皇马才一年半，但俱乐部高层已经希望与我续约。我欣然接受了，因为我享受效力皇马的时光。

续约给我带来了积极的心理影响：在我最需要的时候，皇马用一份新合同传达了对我的信任。让我感到高兴的是，皇马曾数次改善我的合同，并且每次都是俱乐部主动提出的。这清楚地表明皇马对我很满意。

2014年12月，我和皇马一起前往马拉喀什，在看台上为队友加油助威，看着他们捧起世俱杯的冠军奖杯。自从我受伤后，皇马继续表现出色，在西甲和欧冠赛场连续获胜。无法与队友们并肩作战令我感到难过，但我相信只要我及时伤愈复出，就能和他们一起追逐那个赛季的所有冠军奖杯。然而，接下来发生的事情击碎了我的希望。

新年假期后的第一场比赛中，我们在客场意外地不敌瓦伦西亚。3天后，马德里竞技在国王杯16强淘汰赛首回合以2–0的比分击败了我们，后来又在伯纳乌进行的次回合交锋中与我们2–2战平。这意味着国王杯成了我们在2014—2015赛季被淘汰出局的第一项赛事。

经历西甲四连胜后，我们在客场对阵马德里竞技的一场联赛中0–4惨败，再次跌入谷底。那场失利表明球队状态正在下滑。某些西班牙媒体开始呼吁我复出，甚至质疑我为何还没有做好准备……事实上，我的康复一直按计划进行——在我开始康复的第一天，皇马就宣布了我大概会在什么时候复出。俱乐部内部也有人开始问我何时伤愈复出，因为他们看到我的训练强度变得越来越大。但那些都是个人训练课，我需要更多时间才能归队。

2015 年 2 月底，医生们终于给我开了绿灯，允许我重返球场。我总算松了一口气！3 月 10 日，在皇马主场迎战沙尔克 04 的一场欧冠比赛中，我在第 58 分钟换下了赫迪拉。皇马球迷站起来为我鼓掌，我感觉自己仿佛获得了重生。然而，皇马当时的状态与 2014 年 11 月完全不同。与沙尔克 04 一役前一周，我们在主场被比利亚雷亚尔逼平，紧接着又客场输给了毕尔巴鄂竞技。虽然我们仍然领跑西甲联赛积分榜，但信心已经被动摇。

在对阵沙尔克 04 的欧冠淘汰赛中，首回合我们客场 2–0 获胜，但双方次回合交锋中，沙尔克 04 在伯纳乌给我们制造了很多麻烦，我们的晋级过程并不令人信服。比赛进行到第 84 分钟时，沙尔克 4–3 领先，只需要再进一球就能送我们出局……幸好我们顶住压力，最终以两回合 5–4 的总比分进入下一轮。但那场比赛确实很艰难，我们几乎费尽力气才过关。

随后一段时间里，我的个人状态相当不错。我的身体已经完全康复、精神焕发，渴望登场比赛，而这似乎也让队友们有了更多信心。在诺坎普球场，我们与巴萨进行了一场非常重要的西班牙国家德比。赛前，巴萨已经登上西甲积分榜榜首位置，而我们则在领跑了 16 轮联赛后首次跌至第二名。

与巴萨一役中，我们的表现很好。虽然巴萨主罚任意球率先破门，但我们利用一次精彩的团队配合将比分扳平：我为本泽马送出直传，本泽马用脚后跟将球传给 C 罗，后者用脚尖捅射破门。那粒进球太漂亮了！之后我们还创造了几次机会，贝尔打进一球，却因为越位被判无效。当比赛进行到第56分钟时，苏亚雷斯突然接到队友长传，紧接着巧妙地将皮球射入球门上角……比赛第60分钟前后，我开始感觉体能不足，这是长期缺席比赛的后果。

巴萨能够迅速地通过防守反击制造机会，我们也有机会，但在那场比赛中最终1–2失利。赛季收官阶段，皇马取得了九胜一平的战绩，但巴萨仍然赢得了联赛冠军。这意味着在一场比国王杯重要得多的战斗中，我们也输了。

与此同时，我又一次输给了伤病。在皇马主场与马拉加的一场比赛中，我在60分钟的一次拼抢时被对方球员绊倒，他在用力踢球时踹到了我的右腿。在巨大的疼痛感下，我不得不离开球场。伯纳乌的观众们一直在为我加油，但情况很不理想：由于右膝内侧副韧带拉伤，我将缺阵至少六周！

我的运气太糟了。伤愈复出后，我在38天内踢了9场比赛，如今却不得不再次养伤。两次重伤导致我远离球场6个月，皇马则在各条战线上接连输球……欧冠联赛是我们夺冠的最后机会，但我们却在半决赛中被尤文图斯淘汰。更尴尬的是，在伯纳乌进行的次回合比赛中，被皇马租给尤文图斯的莫拉塔打进扳平比分的进球，帮助尤文图斯1–1将我们逼平，以两回合3–2的总比分晋级决赛。我渴望提前复出参加那场关键比赛，但那并不现实。

2014—15赛季，我们取得了梦幻般的开局，结局却恍若一场噩梦。

大人物

2015年夏季休赛期，我不允许自己太放松，而是会经常锻炼和游泳，促进韧带愈合。我希望在季前赛中保持健康，这样一来，我的竞技状态就能够在赛季开始时达到理想水平。

2014—15赛季结束两天后，皇马宣布卡尔洛·安切洛蒂将不再担任球队主帅。这个消息让我感觉很糟糕，因为安切洛蒂既是一位伟大教练，也是个好人，只不过稍欠运气。在球队伤兵满营的情况下，我们连续两个赛季接近赢得西甲联赛冠军，最终也只比冠军少两三个积分。

安切洛蒂带领皇马在欧冠、世俱杯、西班牙国王杯和欧洲超级杯赛事中夺冠，打破了一连串纪录，但这些都不足以让他继续执教球队。这是皇马的现实，一旦球队没有赢得冠军奖杯，就必须有人负责。这就是游戏规则：皇马不接受平庸，总是为球队设立很高的目标。

我与安切洛蒂保持着联系，如今我俩的关系仍然很好。我对安切洛蒂心存感激，因为他信任我，并将掌控球队中场的重任交给了我。在安切洛蒂执教皇马期间，我取得了明显进步，作为球员也变得成熟了。2013—14赛季，效力西甲和西乙俱乐部的职业球员投票将我评选为西甲最佳中场。考虑到许多顶尖中场球员征战西甲，竞争十分激烈，这是一项巨大的成就。2016年，我再次当选西甲赛季最佳中场。另外在2015年，在国际足联和国际职业足球运动员联合会组织的奖项投票中，世界各地的职业球员还将我选入了“世界最佳11人”阵容。

6月初，皇马宣布任命拉法·贝尼特斯为球队新任主教练。我只在报纸上读过关于贝尼特斯的文章，对他了解不多。哈维·阿隆索曾经在利物浦与贝尼特斯共事，他告诉我贝尼特斯是一位非常勤勉的教练，并且相信贝尼特斯会很适合皇马。

在新赛季前的备战阶段，我们前往澳大利亚和中国踢了几场比赛。起初我觉得这不是个好主意，因为我们不得不在旅途中浪费大量时间，精力会被损耗。我们在训练中也确实有这种感受。在中国，我们与拥有布罗佐维奇和马特奥·科瓦契奇的国际米兰交锋，我坐在替补席上看比赛，所以可以近距离欣赏科瓦契奇的出色表现。虽然皇马3–0获胜，但当比赛结束后，大家都在谈论科瓦契奇。随后我们飞往上海，将在那座城市对阵 AC 米兰。

在飞机上，我告诉俱乐部主席佩雷斯："我们应该把他带到皇马。"我发现佩雷斯被科瓦契奇的表现激起了兴趣，但他说："也许明年吧。"

"其他球队会抢走他的。" 我回应道。

晚饭过后，当我走过佩雷斯的餐桌时，我再次提到了科瓦契奇。这一回，佩雷斯明显对科瓦契奇动了心。C 罗也赞扬了科瓦契奇的表现，还建议佩雷斯签下葡萄牙球员威廉·卡瓦略。贝尼特斯执教过意大利俱乐部那不勒斯，有机会近距离感受科瓦契奇的潜力，也对科瓦契奇给予了高度评价。

当我们回到马德里几天后，皇马首席执行官桑切斯走进俱乐部训练基地，询问我对科瓦契奇的球技和为人的看法。我告诉他，科瓦契奇在这两方面都很棒，他既是一个优秀的年轻人，又拥有非凡的足球天赋。我认为皇马应该尽快与科瓦契奇签约。很显然，皇马立即为此展开了行动。与国际米兰在中国一役结束后不到三周，皇马就签下了科瓦契奇！无论在俱乐部还是在国家队，我和科瓦契奇都能并肩作战，这让我非常高兴。

我们对贝尼特斯的第一印象还不错。贝尼特斯曾经是皇马的一名青训球员，效力过皇马预备队卡斯蒂利亚，后来又在卡斯蒂利亚开始执教生涯。因此，他对在家乡城市、在皇马俱乐部证明自己充满了动力。

贝尼特斯非常敬业，极其注重细节，并坚持要求球员执行自己的所有战术安排。但我们很快就意识到这是个问题。贝尼特斯想要改变我们的比赛风格，固执地推行他的想法，还会强行对球员进行技术"改造"，即便对方拥有非常丰富的经验。从某种意义上讲，贝尼特斯领导团队的风格更像一位学校老师，在皇马却行不通。

2015—2016 赛季，前几轮联赛我们的成绩不错，但比赛缺乏观赏性。随着时间推移，球队战绩出现巨大波动，许多球员都对自己的队内地位感到不满，整支团队缺少必要的能量。11 月初，我们连续遭遇两场失利，表现越来越差……我们先是客场 2–3 不敌塞维利亚，紧接着又在主场被巴萨以 4–0 的大比分羞辱！

随后两个月里，球队一直没有找到解决问题的办法，主教练所承受的压力变得越来越大。所以说实话，当俱乐部决定换帅时，我一点都不感到意外。

2016 年 1 月初，我们在客场对阵瓦伦西亚的一场比赛中表现出色却未能获胜。短短几天后，皇马宣布解雇贝尼特斯，并任命齐达内为球队新任主帅。在我效力皇马的第四年，齐达内成了球队的第四任主教练。我小时候就欣赏齐达内的球技，后来在齐达内担任安切洛蒂助理教练期间对他有了更多了解，如今又将在他的指导下踢比赛。

齐达内上任后，皇马更衣室的气氛变得比以前更活跃，也更严肃了。我们都知道，齐达内曾经是安切洛蒂身边安静而谨慎的助手，同时也是一个心态乐观向上，擅长鼓励他人的人。所有球员都对齐达内怀有一种特殊的敬意，他拥有作为一位传奇球星的独特魅力。

自从齐达内执教球队后，我们迅速开始赢球，在比赛中的表现变得更有说服力了。齐达内希望我们更简单直接地攻击对手，快速转移球、换边跑位，充分利用球场的纵深，注重整体攻防。我们立即接受了他的想法。然而，很多队友对他坚持要求我们改善身体状况的决定感到惊讶。齐达内认为我们体能不足，还制订了一份让我们恢复体能的计划。

说实话，在澳大利亚和中国的季前备战阶段，我们在飞机上度过了大部分时间。我们踢了一系列比赛，却没有太多时间进行基础训练。考虑到皇马每三天就有一场比赛，并且大部分球员还入选了国家队，在漫长的赛季中，缺乏体能显然会令我们付出代价。我们很难在赛季中期执行体能恢复计划，但当赛季结束时，我们都意识到教练做出了一个明智的决定。

球队对齐达内的反应非常好，大家都很满意，因为齐达内擅长激励球员，让每个人都感觉自己是球队的一员。团队凝聚力是一支球队发挥最大潜力的必要前提。齐达内给了每名球员证明自己的机会，让我们都觉得受到重视。另外，他还会通过战术分析，让我们知道需要做些什么。

皇马在赛季后半段的战绩亮眼，然而在赛季前半段，我们落后了太多。这令人遗憾，因为在齐达内接手球队后的 20 轮西甲联赛中，我们取得了 17 胜 2 平 1 负的成绩，只在主场对阵马德里竞技的一场比赛中输球，被马拉加和皇家贝蒂斯逼平。主场不敌马德里竞技一役后，我们在赛季最后 12 轮西甲联赛中全胜，表现非常出色。其中，我们在诺坎普球场 2–1 击败巴萨的那场比赛尤其令人印象深刻，因为我们充分展示了球队的优势。

2015—16 赛季欧冠联赛，我们在八分之一决赛中轻松淘汰罗马，在对阵沃尔夫斯堡的四分之一决赛阶段遇到了更大挑战。首回合比赛中，坐镇主场的沃尔夫斯堡 2–0 获胜，不过齐达内很快就导演了他执教皇马期间的第一次大逆转：凭借次回合 3–0 的胜利，我们成功跻身半决赛。

从某种意义上讲，通过那场胜利，我们展示了再次赢得欧冠冠军的雄心。我们在半决赛阶段的对手曼城实力强大，与我们战斗到了最后一刻。在皇马客场挑战曼城的首回合比赛中，双方互交白卷，而回到主场伯纳乌后，我们凭借曼城的一粒乌龙球 1–0 获胜，晋级决赛。

在皇马赢得第 10 座欧冠奖杯的那个历史性的夜晚两年后，我们再次进入欧冠决赛，面对同一个对手：马德里竞技。

经历了令人压抑的赛季前半段后，我们在赛季后半段更开心。但与两年前一样，人们对皇马的期望很高。无论对球员还是球迷来说，欧冠决赛都会让人肾上腺素飙升。皇马是这项赛事历史上最成功的俱乐部，在很多人看来，欧冠联赛是皇马 DNA 中的一部分。

另一方面，马德里竞技三年两次闯进欧冠决赛，竞争力显然已经更上一层楼。自从西蒙尼 2011 年底执教球队以来，马德里竞技赢得了 7 座冠军奖杯，还曾在国王杯和西班牙超级杯决赛中击败皇马。2014 年，马竞以领先我们 3 分的优势赢得西甲联赛冠军，一度接近在俱乐部历史上首次成为国内联赛和欧冠双冠王，遗憾的是在最后几分钟与欧冠奖杯失之交臂……这一切都表明了我们同城对手的伟大，以及马德里足球的出色水平。

飞往欧冠决赛举办城市米兰前，我们都很清楚，与马德里竞技一役将是我们在那个赛季赢得冠军奖杯的最后一次机会。在当时，大部分媒体和公众都认为，这一次幸运女神将会垂青马德里竞技。我们非常尊重对手，但我们坚信皇马是一支更好的球队。当然，我们必须在球场上用实力说话。

欧冠决赛在著名的圣西罗球场进行，体育场周围人山人海，许多球迷隔着俱乐部大巴的车窗跟我们打招呼，场面蔚为壮观。2014 年我已经参加过欧冠决赛，所以能够在赛前保持冷静，直到主裁吹响比赛开始的哨声。

与两年前的情况一样，那场决赛对球员身体和球队战术的要求很高。由于米兰城酷热难耐、空气潮湿，我们的体能迅速下降，并且很难集中注意力。不过，当经历了几次险情后，我们在比赛第 15 分钟取得领先。克罗斯主罚任意球，贝尔将皮球顶向拉莫斯，拉莫斯赶在对方守门员前左脚射门得手！在北看台上，皇马球迷都站起来庆祝这粒首开纪录的精彩进球。

然而下半场风云突变，马德里竞技开局更顺。比赛第48分钟，佩佩绊倒费尔南多·托雷斯，马德里竞技得到了一次点球机会，安托万·格列兹曼的罚球却击中了横梁。我以为格列兹曼罚丢点球会对马竞球员的心态造成负面影响，但没过多久，我们也遇到了麻烦：第52分钟，卡瓦哈尔受伤，不得不提前离场。

卡瓦哈尔在皇马队内发挥着重要作用，他在右路的不懈跑动和速度都有利于我们直接攻击对方球门……卡瓦哈尔泪流满面地离开球场，因为他知道，那次受伤意味着他将无缘2016年欧洲杯。

到下半场中段，我们错过了几次好机会，没能将领先优势扩大到2–0。本泽马、C罗和贝尔本有机会进球，但都不太走运。正如足球比赛中经常发生的事情那样，我们很快受到惩罚：第79分钟，马竞前场右路发起进攻，胡安弗兰迅速前插传中，助攻卡拉斯科打进了扳平比分的进球，南看台上的马竞球迷纷纷高声庆祝。

由于两支球队在余下的常规时间里均再无建树，那场欧冠决赛进入了加时赛。这对我们来说非常困难，因为我们更加疲惫，贝尔数次抽筋倒地，我的大腿肌肉紧张。马竞球员拥有更旺盛的精力，但如今回想起来，他们似乎缺乏在常规时间内拿下比赛的勇气。在比赛最后时刻，马竞球员不再主动进攻，让人觉得就像在等待点球决战的到来——对他们来说，那又将是一次痛苦的体验。

齐达内与每个球员都进行了沟通，问我们是否为主罚点球做好了准备，我给出了肯定的答复。不过，齐达内并没有挑选我进入前5名点球手行列。我认为他的计划是让我作为第6名主罚点球的球员，在突然死亡轮登场。

点球大战往往充满悬念，令人精神高度紧张。在训练中练习点球是一回事，但如果让你在一场关键比赛中，在8万多名现场观众面前主罚点球，那种感受完全不同。你必须尽量保持冷静并集中注意力，这至关重要。某些球员在将皮球放到罚球点前就会决定射门的方向和方式；某些球员喜欢等待对方门将移动；还有的球员事先不做准备，而是会即兴发挥，就个人经验而言，这是最冒险的做法。

与马德里竞技的点球大战中，皇马的每名点球手都稳稳地将球罚进，甚至包括决定胜负的一球。如果胡安弗兰主罚的点球稍稍往右偏1至2英寸，就不会击中门柱，而当他踢飞点球后，我们就知道球队已经胜券在握……作为第5名点球手，每逢关键时刻，C罗总是能表现出令人难以置信的专注度和信心。在巨大的压力下，C罗如此沉着和自信，真是令人钦佩！当我们看到C罗罚进点球后，立即开始疯狂庆祝，就像两年前在里斯本那样。

有人欢喜，就有人忧愁。马竞球员赛后泪流满面，我立即上前安慰他们。马德里竞技曾距离夺冠如此之近，德劳内杯是那家俱乐部荣誉室所缺少的唯一一座奖杯，但马竞球员却不得不又一次与它擦肩而过。当看到他们哭泣时，我不由得想起了自己曾经历过的类似时刻。

这就是为什么当好运朝你微笑时，你应当充分享受。皇马球员的家人都走进富有传奇色彩的圣西罗球场庆祝夺冠，我们将齐达内高高抛向空中。我之所以加入皇马，就是为了赢得冠军奖杯。效力皇马的首个赛季结束后，我曾对自己职业生涯的未来感到悲观，但如今我已经随队拿到了两座欧冠奖杯，非常自豪！当然，这不会是我在皇马最后一次夺冠。

次日上午，当我们抵达西贝莱斯广场时，再次遇到了一大群皇马球迷。每当我们夺得欧冠冠军后，与皇马球迷共同庆祝的场面总是非常壮观。与球迷们分开后，我们前往一家夜总会，举办了一场私人派对来纪念俱乐部历史上的第11座欧冠奖杯。

执教皇马的第一个赛季，齐达内就成功地带领球队赢得了欧冠冠军。我看到齐达内像往常那样谨慎、低调地庆祝夺冠，但他身上散发出一种非常独特的魅力。当一名伟大球员成为冠军教练时，他的气场总是与其他人完全不同。

在皇马，齐达内担任过多个不同职务，包括球员、技术总监、助理教练、预备队卡斯蒂亚主教练，以及一线队主教练。但无论他的身份怎么变，俱乐部内的所有人始终将他视为大人物。当齐达内接手皇马一线队时，他很清楚人们对这家伟大俱乐部的殷切期待，所以敦促我们提升体能。对我来说，自从成为一名职业球员以来，在齐达内执教皇马期间的训练课最辛苦——除了踢球之外，他还要求我们进行大量跑动。

我也见识过齐达内愤怒的一面。他曾经不止一次提高嗓门冲我喊叫，尤其是当我出现失误的时候。齐达内会做手势，利用肢体语言直截了当地表达想法，意思大概是："加把劲，卢卡，你究竟在做什么？"

我们从一开始就建立了良好的关系。齐达内经常邀请我去他的办公室，问我感觉如何，有没有遇到烦心事。他让我发表对球队比赛风格的看法，如果我不理解他的某些想法，他还会耐心地向我解释。作为一名球员，当教练尊重你并征询你的意见时，你的感觉会很特别。不过，虽然齐达内将我视为球队的关键球员之一，但我不会自满。恰恰相反，齐达内的信任鼓励了我更努力地工作，证明自己配得上这样的地位。

齐达内让我开始表现得像一名领袖，因为他觉得我拥有领导能力。他希望我将这种能力带到比赛中，与队友多交流，组织整支球队。齐达内告诉我们，我理解比赛，让队友们听我的指令。他还坚持认为，我应该多尝试远射，更积极地参与球队的进攻。

"当我还是一名球员时，踢球的方法跟你相似。有段时间我太保守了，不敢主动。所以我能理解你的立场，但我相信你可以并且必须成为球队领袖。”

齐达内鼓励我承担更多责任。当齐达内成为皇马一线队主教练后，他在和我第一次交流时说的一番话令我终生难忘：“卢卡，你必须知道你的价值。你属于那类能够赢得金球奖的球员。”齐达内是 1998 年金球奖得主，在那次对话前，我甚至不敢想象自己进入金球奖候选名单前三，更不用说当选了……然而齐达内让我觉得，这件事也许会发生。齐达内永远不会礼节性地恭维任何人，他的话让我感觉自己已经获得了金球奖提名。尽管如此，我从来没有想过他会预言成真。

当然，有时我并不完全认同齐达内的安排。齐达内限制了我的比赛时间，如果让我做决定，我会参加所有比赛，甚至包括友谊赛。我总是希望上场。但齐达内有他自己的想法，并且考虑得非常周到，他的轮换制度让我能够保持充沛的体能，从而在比赛中发挥出最佳水平。

自从 2012 年加入皇马以来，我已经随队拿到 6 座冠军奖杯，其中包括 2 座欧冠奖杯。我感觉自己就像马德里的国王。这不仅是因为我实现了出色的职业成就，还因为我拥有幸福美满的家庭。效力热刺期间，我和瓦尼娅在伦敦也很快乐，头两年我们像一对夫妻那样生活，后来伊万诺成为家庭生活的中心。当我们离开伦敦后，瓦尼娅一度很难适应在马德里的生活。她当时怀上了艾玛，需要定期接受产检，所以每隔一段时间就不得不前往萨格勒布，那也是艾玛出生的地方。

适应马德里的生活并不容易，但正如我此前所说，马德里是一座美妙的城市，你很快就会爱上她。马德里不算特大都市，道路交通不会过于拥堵，整座城市四通八达。当地人开放、友善、互相尊重，拥有与我们类似的人生态度。我们过着轻松的生活，享受在克罗地亚熟悉的地中海美食……这座城市拥有你所想要的一切。

在伦敦，我和瓦尼娅很少出门社交，但我们在马德里认识了许多朋友。马塞洛、瓦拉内、拉莫斯、纳瓦斯、纳乔、巴斯克斯和贝尔不仅是我的队友，我们的家人也成了朋友，经常在孩子过生日或其他场合聚会庆祝。当伊万诺开始上学后，我们还认识了他同班同学的家长。瓦尼娅和邻居萨拉成了朋友，萨拉是我家孩子的儿科医生。瓦尼娅需要有人能随时帮她一把，无论对她还是对我来说，这都让生活变得更轻松，尤其是当我不在家的时候。

西班牙的食物很棒，我喜欢的美食包括熏火腿和海鲜饭。在家里，我们大多数时候都吃克罗地亚菜肴，我爱包菜卷，这道菜的食材包括卷心菜、豆类和辣椒。每逢克罗地亚的亲戚或朋友来我家做客，问我们是否需要什么东西时，瓦尼娅都会说："带些卷心菜过来吧！我要做包菜卷，但在这儿找不到合适的品种。"瓦尼娅喜欢烹饪，不过由于家里有三个孩子，这可能很麻烦。我们每天在家吃两顿饭，做饭是一项艰巨任务，尤其是考虑到我们必须特别注意我作为一名运动员的饮食。

马德里拥有完备的学校系统，为孩子提供的教育水平很高。伊万诺和艾玛就读于一所美国国际学校，从幼儿园就开始说英语。我们在家使用克罗地亚语交流，所以他们精通三种语言：母语、英语和西班牙语。当我发现艾玛3岁时就能说三种语言时，我非常激动。有趣的是虽然伊万诺和艾玛年龄不大，但在不同场合，他俩已经能无缝切换语言……索菲亚还太小，但我和瓦尼娅希望我们的三个孩子都熟练掌握克罗地亚语，并将英语、西班牙语作为他们的第二和第三语言。

由于这些原因，当我的职业生涯结束后，我和瓦尼娅可能会定居马德里——就像路易斯·菲戈和他的妻子海伦那样。菲戈夫妇曾经在夏天到克罗地亚度假，跟我们聊过他们在马德里的生活。菲戈告诉我，他的孩子非常喜欢马德里，在那座城市念书期间结交了很多朋友。虽然菲戈和海伦经常出差前往葡萄牙、瑞典等国家，但马德里是他们的大本营。

我无法预测退役后会发生些什么，但瓦尼娅和我已经在马德里买了房子。2014 年底，当我与皇马第一次续约后，我们就萌生了买房的念头。那是个明确的信号，意味着我们能够在马德里多待几年。经过两年的搜寻，我们终于在当时居住的拉莫拉雷哈区找到了一间非常适合我们的房子。

那间房子的周边配套设施一应俱全，包括学校、托儿所、商店、餐馆、咖啡馆等，我的几名队友也住在附近。这些都是我们挑选房子时考虑的重要因素。另外，那儿距离皇马的训练基地也很近——自从效力热刺以来，我就习惯了在训练基地附近居住。我们不经常逛市中心，但就算我们要去，马德里的交通也不会像伦敦那么拥堵。当然最重要的是，巴尔德维巴斯训练基地距离我家只有几分钟的车程。

每当我们回克罗地亚，几个孩子总是非常高兴，因为他们期待着去萨格勒布看望外祖母，或者在扎达尔和我的父母见面。当然，在克罗地亚待了一段时间后，孩子们就又想回马德里了。对孩子们来说，马德里就是他们的家，他们熟悉那里的生活规律，在学校认识了很多朋友，伊万诺还要参加足球训练。刚开始的时候，当我们待在萨格勒布或扎达尔，而伊万诺问我们打算什么时候回家时，我们觉得很奇怪。但事实就是这样，孩子们的童年与我们不同。我知道他们将会热爱克罗地亚和西班牙，并且有更多机会按照自己的意愿生活。

与我在马德里生活的头几个月相比，皇马球迷更喜欢我了。不仅在西班牙，在其他地方也是如此。这就是皇马效应。效力热刺期间，当我在街上散步时，很少有人会认出我，要求跟我合影或者索要签名。但自从皇马赢得欧冠冠军后，我感受到了翻天覆地的变化。对我来说，在马德里逛街或陪孩子们在公园玩耍都变得更加困难，因为很快就会有一大群人围上来。

让我再举个例子。瓦尼娅和我曾数次到巴黎旅行，当我们第一次去巴黎时，只有两三个顾客在餐厅认出了我，请求和我合影。然而，当我拿下欧冠奖杯后再次前往巴黎，逛街时总是会被人围堵……在餐厅，大多数顾客都想和我合影，或者希望我给他们签名。我从来没有拒绝过任何人。

如果一名职业球员在比赛中表现出色，自然会受到球迷们的欢迎。通过合影或签名，你有机会让球迷和对足球感兴趣的所有其他人都知道，你尊重他们的爱好。足球是一项特殊的运动，如果没有球迷们的热爱，这项运动不可能发展到如今的高度。

兵败法兰西

拿到俱乐部第2座欧冠奖杯后，我回到克罗地亚国家队和队友们会合。我们又一次有机会实现远大目标。法国是2016年欧洲杯的东道主，而18年前，克罗地亚曾经在1998年法国世界杯上赢得铜牌。所以很多人都说，如果我们在欧洲杯赛场发挥出色，就有机会走出上一代克罗地亚球员的阴影。

我并不觉得那枚铜牌给我们制造了阴影，不会将国家队的荣誉视为负担。恰恰相反，历史荣誉鼓舞着我们，令我们的内心充满了动力。我希望帮助球队重塑辉煌，并让克罗地亚的每个人都能够为此庆祝。这一回，我感觉我们有机会往前更进一步，因为我们拥有一支出色的球队，球员们的竞技状态和信心都处于高水平。

随队前往法国前，我在萨格勒布参加了一年一度克罗地亚最佳球员和教练颁奖典礼。这是克罗地亚足协和克罗地亚最古老的体育杂志*Sportske Novosti*共同举办的一项传统活动，我已经连续七次被评选为克罗地亚最佳球员。这份荣誉对我来说非常重要，因为投票者都是克罗地亚足球联赛的球员、教练和专家。另外，年度最佳球员奖项由克罗地亚足球界的传奇人物颁发，我很荣幸有机会从他们手中接过奖杯，例如罗伯特·普罗辛内茨基、斯拉文·比利奇、兹沃尼米尔·博班和达里奥·西米奇等。

2016年，当我第四次当选克罗地亚年度最佳球员时，我暗自希望能以它为起点，跟随克罗地亚国家队在欧洲杯上赢得成功，为2015—16赛季画上一个更圆满的句号。

抵达克罗地亚的训练营时，我已经获得充分休息，为征战欧洲杯做足了准备。与两年前征战巴西世界杯时的情况相比，这是个巨大变化。我对比赛充满热情，并渴望获得成功。如果你不断获得奖杯，胃口只会变得越来越大。与队友们一样，我期待着球队取得出色成绩。

在法国，我的赛前“仪式”清单变得更长了。我想，每个球员或多或少都有类似的习惯。整个职业生涯中，我在走进球场时总是先迈左脚。当我年满18岁时，父母送给我一条带十字架的金链子作为生日礼物，我总是会在热身前将它取下来，并亲吻十字架。自从2016年法国欧洲杯以来，我一直穿着特殊的护腿板踢比赛：一张护腿板上有我妻子、几个孩子和耶稣的照片，另一张护腿板上则写着他们的名字。每当走进球场前，我都会亲吻护腿板。

首场小组赛中，我们1–0击败土耳其。我打进制胜球，整支球队牢牢占据着主导地位，满怀信心地开启了那届欧洲杯的征程。但我们没有忘情庆祝，因为队长达里奥·斯尔纳的父亲去世了。那个消息令我们震惊。达里奥和我是相识多年的好友，我们两家人经常在夏天度假时聚会，所以我知道他的父亲病情严重。我也知道达里奥和他父亲非常亲近，父亲的逝世对他来说是一次沉重打击。

达里奥立即前往梅特科维奇镇参加父亲的葬礼，那座小镇也是我的家乡。许多人在那场葬礼上悼念他的父亲，其中包括我的父母。在球场上，我们都希望用一场胜利来安慰达里奥，表达球队对他的支持。如果达里奥选择留在家人身边，我们可以理解，但他并没有离开球队，而是及时赶回法国，带领我们参加了对阵捷克的第二场比赛。

赛前，当克罗地亚国歌响起，达里奥的泪水顺着脸颊流下时，所有人都被感动了……他需要宣泄内心的悲伤。无论如何，达里奥的父亲始终希望他上场踢比赛，而他也信守诺言，成为克罗地亚在2016年欧洲杯期间表现最好的球员之一。

与捷克一役中，佩里西奇和拉基蒂奇的进球让我们取得了2–0的领先，不过在第二粒进球后不久，当比赛进行到第62分钟时，我不得不提前离开球场。自从在米兰城进行的欧冠决赛以来，内收肌的伤势就一直令我深受困扰。此前我坚持带伤作战，但连续两场比赛使我的内收肌变得过度疲劳，令我再也无法忍受。

第76分钟，捷克扳回一球，将比分追至1–2。终场哨声响起前4分钟，看台上的一群克罗地亚球迷开始朝球场扔掷烟火，裁判不得不吹停比赛。某些球迷经常制造麻烦，令我们担心看台上发生骚乱，并且可能会对国家队造成严重后果。他们破坏了我们的平静和专注度。

这些球迷对克罗地亚足协的掌权者及其做派感到不满，认为克罗地亚足协并没有一视同仁地对待所有人，而是把少数特权人士的利益放在首位。我能理解他们为了自己的理想而大声疾呼，却对他们表达诉求的方式感到不解。这类做法只会伤害克罗地亚国家队，不可能给任何人带来好处。

遗憾的是，在第89分钟，捷克队获得一次点球，将比分扳平。尽管如此，我们仍然提前获得了晋级淘汰赛的资格，这意味着在对阵西班牙的末轮小组赛中，我们不用背负任何压力。因此，在与球队主教练安特·察契奇和队医商量后，我决定不参加那场比赛。

只要有必要，我会上场，当时我的身体感觉好些了，但还需要多花点时间让大腿休息放松。毕竟，我们似乎已经找到了一条通往半决赛的清晰道路：如果不出意外，我们将在16强淘汰赛中对阵波兰或威尔士。这两支球队实力不俗，但并不比我们强。

令人意想不到的是，虽然我们以2–1的比分击败西班牙，但其他场次的结果并不像我们所预想的那样，导致我们的淘汰赛对手变成了更难缠的葡萄牙。对克罗地亚来说，与葡萄牙交手总是异常困难，我们还从来没有击败过他们。如今，这项传统似乎还将延续下去。

与葡萄牙一役中，我们的表现看上去更好，却错过了几次进球良机。比赛第116分钟，佩里西奇的射门击中了球门立柱，短短1分钟后，葡萄牙就通过一次反击破门！我们又哭了……那场失利对我的打击很大，因为我确信我们能够闯入决赛，很难解释为什么在八分之一决赛中就被淘汰。与小组赛阶段相比，我们的状态略有下滑，而葡萄牙似乎害怕我们，选择了一种立足防守的战术，只会在反击时向前推进。

对葡萄牙来说，他们只需要把握住一次机会，而他们也做到了。那场比赛里的很多细节表明，一支球队要想获得成功，天时、地利、人和缺一不可。例如，佩里西奇的射门击中门柱，夸雷斯马却幸运地补射空门，完成了绝杀。如今回想起来，葡萄牙在2016年确实有冠军相，他们在比赛中的表现并不能给人留下深刻印象，但只要能够赢得奖杯，谁会在乎印象呢？我对皇马队友C罗带领葡萄牙队夺冠感到高兴，我知道对他来说，那座奖杯意义重大。

比赛结束后，当我们泪流满面时，C罗走上前来试图安慰我。C罗告诉我，葡萄牙队对我们心存畏惧，并且对自己说：“如果我们淘汰克罗地亚，就能最终拿到冠军。”事实也证明了这一点。葡萄牙球员欢庆胜利，我们却又一次失望而归。与 2008 年欧洲杯与土耳其一役时的情况类似，我们刚刚冲出小组赛就被淘汰了。

10 年来，克罗地亚国家队渴望获得成功，却始终在原地踏步。与以往一样，当国家队在大赛中的成绩不如预期时，主教练就会被所有人指责。在察契奇的带领下，克罗地亚在小组赛阶段表现还不错，但在对阵葡萄牙的比赛中，我们的表现不那么令人信服。因此，作为教练和一支球队，察契奇和我们都遭遇了失败。

31 岁的我开始思考：如果我继续为国家队效力，究竟是否还有意义？

但我仍然坚信，我们努力争取的结果迟早会到来。我对克罗地亚国家队的实力很有信心，并且相信命运总会眷顾我们一次。如果缺少运气，任何球队都不可能成为冠军。我们在法国学会了这一点。

2016 年欧洲杯结束后，达里奥 · 斯尔纳告别了国家队，他在那届赛事上发挥出色，然后离开了。作为副队长，我从斯尔纳手中接过了队长袖标。当我还是个孩子的时候，就曾梦想着有朝一日能成为克罗地亚国家队的队长，如今梦想成真了。

我既对担任队长感到荣幸，也知道自己得肩负更多责任：我需要领导团队，并确保充分考虑可能影响球队表现的所有因素。在那一刻，我一心只希望带领球队赢得冠军，并在历史中留下印记。我已经为国家队效力那么多年，如果最终只能带着平庸的成绩结束职业生涯，那是我不愿接受的。我希望我们的姓名能够被一代又一代克罗地亚人记住，就像在 1998 年帮助国家队赢得世界杯铜牌，实现克罗地亚体育史上最伟大成就之一的前辈们那样。

CHAPTER 第八章 8

我在扎达尔的家里度过夏天，我喜欢那种和家人们分开一段时间后重聚的感觉。2016年夏天，我的父母、妹妹、瓦尼娅的母亲和祖父母，还有我们的亲朋好友都聚在一起。另外，我们还开车去过其他地方，拜访了那些无法前往扎达尔的人。

当我第二次随皇马登顶欧冠后，我认为球队的价值得到了证明。我时常提醒自己，在如此短的时间内两次捧起欧冠奖杯简直是个奇迹。许多曾经收获1座欧冠奖杯的球员和教练都告诉我，那是他们职业生涯的巅峰时刻。我已经拥有2座欧冠奖杯，可是我想，为什么要止步不前呢？我们可以第三次赢得欧冠冠军。

作为皇马黄金时代的一员，我感到无比自豪，接下来的每座奖杯都像是额外奖励。因此，在夏天度假期间，我的心情特别平静。我已经奔四了，度过了14年的职业生涯，其中有8个赛季都效力于欧洲最具竞争力的顶级联赛俱乐部。换句话说，我曾经历过许多战斗，积累了丰富经验，而一连串的球队和个人成就给我带来了巨大的成就感。

唯一的缺憾是，我还从未在克罗地亚国家队品尝过成功的滋味。我决心永不放弃。

每当一名球员年满30岁后，他会非常自然地回顾自己的职业生涯，思考还有哪些目标未能实现，以及如何改变现状。职业球员的运动生涯非常短暂，谁都无法阻挡时间的流逝，而这会加深你的紧迫感。一旦你度过30岁生日，就会有人开始谈论你的年龄，认为你的巅峰期已过，过不了多久就会挂靴。

或许是因为我从来不在乎外界对我的评价，我不会纠结于这些想法，背上心理负担。我一直很现实。我想，这与我从小到大的经历有很大关系——童年时我曾遭遇太多坎坷，不得不迅速成熟。在成长过程中，我既学会了如何面对问题和障碍、变得坚强，也学会了欣赏生活中的所有美好事物，并知足常乐，珍惜眼前的一切。

当我取得职业生涯的第一次重大突破，在萨格勒布迪纳摩和国家队完全证明自己时，我突然意识到世事无常，对某些人来说，生活可能特别残酷。2008 年，一场悲惨事故夺走了我们的朋友赫尔沃耶·库斯蒂奇的生命。库斯蒂奇热爱足球，梦想着成为一名职业球员，当时为家乡球队扎达尔效力。他比我年长两岁，球技和为人都很出众，2004—05 赛季曾与我在克罗地亚 U21 青年队并肩作战。作为一名年长且经验丰富的球员，库斯蒂奇总是乐于帮助那些年轻、缺少经验的球员。

然而有一天，在扎达尔对阵施巴利亚的一场比赛中，库斯蒂奇倒地铲球时不慎滑出边界，头部撞上了球场边线附近的水泥墙……你能想象吗？都 21 世纪了，一名克罗地亚国内顶级联赛的球员却因为一个如此荒谬的原因而失去生命。事发 5 天后，库斯蒂奇在扎达尔医院不治身亡，去世时年仅 24 岁。他的葬礼太令人悲伤了，简直无法用言语来形容。

当时，扎达尔的门将是丹尼耶尔·苏巴西奇，他也是扎达尔向克罗地亚国家队输送的伟大球员之一。我们曾经一起在扎达尔各年龄段的青年队踢比赛，库斯蒂奇是苏巴西奇最好的朋友，所以我知道苏巴西奇有多么想念这名英年早逝的队友。

每场比赛中，苏巴西奇都会在球衣内穿一件印有库斯蒂奇照片的 T 恤，通过这种方式来表达真正的友谊，以及对挚友的思念。我的父母与库斯蒂奇的家人是朋友，所以我经常和他们联系。我们在扎达尔经常见面，我还会去看望库斯蒂奇的父亲斯威特科，后者一直在努力推动扎达尔足球的发展。

2014 年 2 月，皇马正在努力赢得俱乐部历史上第 10 座欧冠奖杯而奋斗，我的父母突然打电话告诉我，托莫·巴西奇去世了。我的整个职业生涯都应当归功于他。有段时间除了我的家人，尤其是我的父亲之外，只有托莫相信我能够成为一名职业球员。凭借这种态度和为之辩护的坚定信念，托莫先生帮助我找到了自信。我永远不会忘记他。

托莫享年77岁，他的葬礼被安排在一场非常重要的比赛三天前进行：在欧冠16强淘汰赛中，皇马将客场挑战沙尔克04。我决定回扎达尔参加托莫的葬礼，甚至在向卡尔洛·安切洛蒂请假前，就已经预约了一架私人飞机。当我向安切洛蒂解释情况时，我知道他会允许我离开，但也知道他会要求我马上回来。因此，当天下午我乘坐飞机在马德里和扎达尔往返了一个来回。我必须送托莫先生最后一程。

三个月后，当我在里斯本的草坪上举起欧冠奖杯时，脑海里想到的第一个人就是托莫。我想，如果托莫看到我赢得冠军，肯定非常开心。对我而言，他就像一位明智的先知。

托莫的信任很重要，因为他让我对自己充满了信心。一旦你拥有自信心，就可以从容应对职业生涯和生活中的所有困难。尽管如此，我明白就算自己的职业发展顺风顺水，也需要坚持脚踏实地。当你因为成功而欣喜若狂时，往往最容易飘飘然。这就是为什么我喜欢和那些阅历丰富的朋友畅谈生活。另外，我还喜欢阅读关于人生的文章，并仔细思考它们讲述的道理。

我在生活中经历过一些痛苦时期，但我学会了应当如何面对困境，并尝试着改变现状。经过岁月的洗礼，我终于理解了一句至理名言的真谛：生活中最美好的事物，总是来之不易。

在我效力皇马第五个赛季前的假期里，我给自己定下了新目标。我之所以这样做，不仅是为了敦促自己在30岁后拿出更好的表现，还因为当时是我职业生涯和生活中最幸福的时期之一。在那种情况下，我可能会变得松懈，满足于已经获得的成功。但我发自内心地渴望延续成功，赢得更多荣誉。如果说在皇马的经历教会了我什么，那就是冠军奖杯只会让你变得更饥渴，你总是希望拿下更多的奖杯和随之而来的荣誉，永远不会满足。

无论是20岁出头还是年过三旬，我从来不缺少动力——唯一的区别是，赢得成功的条件会发生变化。随着岁月流逝，你需要进行更多训练，注意照顾好自己的身体、管理饮食，避免受伤和休息。当然，将所有奖杯和奖项收起来也很重要，因为你应当放眼未来，而不是躺在过去的功劳簿上。

经常有人对高龄球员提出质疑，声称年龄增长会导致他们的力量和身体敏捷度下滑，但我从不质疑自己的动力。2015—16赛季，我们在赛季开局不佳的逆境下再次赢得欧冠奖杯，这让我更享受夺冠的美妙感。2016年欧洲杯上，虽然克罗地亚国家队被淘汰，但这反而使我更渴望随国家队品尝胜利的滋味，就像在皇马所做的那样。

随着赛季前的备战期日益临近，我知道皇马一线队阵容没有发生太大变化，大部分球员都是我的老队友。经验丰富的老将阿韦洛亚离开了球队，我将永远记住这位挚友，因为他在我刚加盟皇马时曾经向我伸出援助之手。马尔科·阿森西奥、莫拉塔等年轻球员则在结束租借期后回到了皇马。

我相信我们拥有一支充满竞争力的球队，每个位置上都有至少两名优秀球员。另外，我们已经完全习惯齐达内的执教风格——在齐达内掌舵的前六个月里，我们几乎将巴萨从联赛积分榜榜首拉下马来。

在季前备战阶段，我们的训练很艰苦，因为训练内容包括体能专家安东尼奥·平图斯设计的一项计划，对体能的要求非常高。齐达内坚持让我们加练体能，他认为只有在体能充沛的情况下，我们才能够充分发挥水平，在比赛中战胜对手。齐达内很清楚，由于皇马需要参加五项赛事，赛程密集，再加上大部分球员还需要代表国家队踢比赛，一旦我们没能在赛季前储备足够的体能，到了赛季中期将无法补救。

这一次，我们在训练中表现得很好，大家都感觉球队将会在新赛季实现更伟大的成就。我渴望赢得加盟皇马以来的首座西甲冠军奖杯，队友们也对此充满了动力。与此同时，我们还希望成为欧冠历史上第一支成功卫冕的球队，那是我们的另一个动力源泉。

2016—17 赛季，皇马的开局堪称完美。2016 年 8 月，我们就在欧洲超级杯上通过加时赛 3–2 击败塞维利亚，捧起了新赛季的第一座奖杯！到 2017 年 1 月 15 日，我们已经连续 15 轮西甲联赛保持不败，战绩为 11 胜 4 平。在西甲联赛中，我们在对阵塞维利亚的一场比赛中首次输球，同一周还在西班牙国王杯四分之一决赛中被塞尔塔淘汰……当时我们确实状态不佳，但我们并没有纠结于那两场失利。毕竟，在西甲和欧冠赛场，我们仍然保持着高歌猛进的势头。

我认为皇马之所以能够在那个赛季赢得成功，齐达内的轮换制度是关键因素之一。如果一支球队拥有太多顶级球员，教练往往很难让每个人都开心。某种程度而言，更衣室的气氛取决于替补球员们的满意度。在各项赛事中，齐达内为所有球员都提供了上场机会，从而让大家都感到自己很重要，能够为球队的成功做出贡献。

2016—17 赛季，皇马在各条战线上踢了 60 场比赛，齐达内安排了共 27 名球员登场。我们就像一群兄弟。轮换制度有助于我们在赛季后半程保持充沛的体能，而事实也证明了齐达内富有远见，在不同赛事中使用轮换阵容的决定非常明智。

齐达内的战术很明确。他要求我们在比赛中远离炫技式的花哨动作，以同等强度进行进攻和防守。你的比赛风格越简单，对手反而越难应付。齐达内坚持要求我们向对手施加压力，但这并不总是容易做到，一旦我们逼抢对方球员的速度稍慢，就有可能遇到麻烦……尽管如此，凭借球队更强的整体实力和顶级球星的个人发挥，我们往往能够克服困境。

然而，当一切看似顺风顺水时，问题也许就要来了。

9月中旬，在皇马客场与西班牙人的一场比赛中，我的膝盖被踢，顿时感到一阵剧痛。我对疼痛的忍耐力比较高，所以没有离场，还参加了接下来客场对阵多特蒙德和拉斯帕尔马斯的两场比赛。巧合的是，那两场比赛都以2–2的比分结束：虽然我们先后取得1–0和2–1的领先，却都在最后几分钟丢球。我们的注意力不够集中。

在多特蒙德，我的膝盖再次感到疼痛。这是个明显信号，表明我的膝盖部位需要接受一次全面检查。当我们回到马德里后，我就去做核磁共振，而扫描结果显示，由于我在与西班牙人的比赛中膝盖受伤，一块软骨已经脱落，它在我的膝盖周围活动，引起了疼痛感……医生们建议我通过关节镜手术来解决这个问题，这意味着我将缺席比赛大约一个月。

那时候赛季才刚刚开始，但我并不沮丧。一名球员受伤后，通常需要经历一段艰苦的恢复期才能重返球场，但那次我的康复过程非常顺利，很快就又可以踢比赛了。11月6日，我在皇马与莱加内斯的一场比赛中复出。齐达内不希望我急于复出，而是坚持控制我的比赛时间，让我循序渐进地找回状态。没过多久，我的表现就达到了预期水平。

当我们飞往日本参加2016年世俱杯时，整支球队状态正佳。在半决赛中2–0击败墨西哥美洲后，我们在决赛中对阵鹿岛鹿角队。那支日本球队特别顽强，将比赛拖入加时，甚至一度2–1领先，但C罗先是打进扳平比分的进球，随后又在加时赛阶段再进两球，帮助我们以4–2的比分获胜。

赛前我们就知道，由于时差原因，那注定会是一场艰苦的比赛。我们的睡眠严重不足。无论如何，C 罗拿到了象征着最佳球员的世俱杯金球奖，他在那届赛事中收获了 4 粒进球。另外，我也带着一座银球奖的奖杯回到了欧洲。

在西甲，我们正努力争夺联赛积分榜的榜首位置。在西班牙国王杯中，我们被塞尔塔淘汰，我因伤缺席了次回合比赛。另一方面，我们在欧冠赛场的表现相当不错。16 强赛中，我们毫无压力地淘汰了那不勒斯，但 2017 年 4 月，对阵拜仁慕尼黑的四分之一决赛给我们带来了巨大压力。那支拜仁队内有我们的老熟人，包括卡尔洛·安切洛蒂和哈维·阿隆索。

双方首回合交锋在拜仁主场安联球场进行，拜仁慕尼黑率先破门，但 C 罗下半场梅开二度，帮助球队拿下了比赛。然而，拜仁是一家大俱乐部，拥有出色的球员和教练，无论你拥有多大优势，比赛在哪里进行，永远都不能放松警惕。所以我们很清楚，在伯纳乌的次回合比赛不会那么简单，却没有想到会经历如此多的麻烦，甚至险些被淘汰。

此役拜仁在下半场开始后不久取得领先，C 罗在比赛结束前 15 分钟将比分扳平。但短短两分钟后，拉莫斯打进了一粒乌龙球，令我们的处境变得特别艰难……常规比赛时间还剩下最后 6 分钟时，拜仁中场比达尔领到第二张黄牌被罚下，因此，我们带着多打 1 人的优势进入加时赛。在加时赛中，凭借 C 罗的梅开二度和阿森西奥的一粒进球，我们如愿赢球，强势晋级半决赛。

那场比赛引发了一些争议，拜仁抱怨裁判判罚不公正，不过我相信，我们是表现更好的球队。面对顶级门将诺伊尔，C 罗两场比赛收获了 5 粒进球。

在半决赛阶段，我们与马德里竞技再次狭路相逢。齐达内决定继续使用4-3-1-2菱形阵型，让伊斯科在两名前锋本泽马和C罗身后活动。自从四分之一决赛以来，C罗火力全开，而在皇马主场对阵马德里竞技的首回合交锋中，他又一次上演帽子戏法，帮助球队3-0完胜对手。

3-0的比分让我们有些飘飘然，觉得已经稳操胜券，在次回合比赛中不会遇到任何问题。或许正是这种心态导致我们过于放松，险些被翻盘。在卡尔德隆球场，马德里竞技在主场球迷的助威下发挥出色，比赛开始后不久就取得了2-0的领先优势。马竞用他们最危险的武器任意球惩罚我们，在第12和第16分钟先后利用角球和点球机会破门……情况一度非常糟糕，但那个赛季我们士气如虹，几乎不可能被击败。

半场休息前3分钟，克罗斯的一脚射门被马竞门将扑出，伊斯科补射建功！那粒进球前，作为与我合作过的最具天赋的球员之一，卡里姆·本泽马奉献了一次技惊四座的精彩表演：在靠近对手球门右侧的地方，他在极其狭小的空间内控球盘带，突破了3名马竞球员的防守，然后将皮球传给插上的克罗斯。

马德里竞技无法再伤害我们了，他们需要再进3球才能将我们淘汰。这是一项几乎不可能完成的任务。在4年的时间里，我们已经为第三次参加欧冠决赛做好了准备。齐达内连续两年带领皇马闯入了欧冠决赛！

2016—17赛季欧冠决赛在卡迪夫进行，我们的对手是尤文图斯。不过在欧冠决赛到来前，我们还得面对一些其他重要挑战。西甲还剩下最后三轮，我们希望赢得联赛冠军。2016年10月，我们在第9轮西甲联赛后登顶球队积分榜，随后就一直保持着领头羊的位置。主场2-3输给巴萨的一场西班牙国家德比后，我们豪取六连胜，打进22粒进球只丢5球，场均3.7粒进球清楚地反映了我们的火热状态。凭借出色的体能，我们能够充分发挥自身优势。

赛季收官战中，我们客场对阵马拉加，并凭借C罗和本泽马的2粒进球，以2–0的比分获胜。自从加盟皇马以来，我终于第一次捧起了西甲联赛的冠军奖杯！联赛夺冠带来的感觉既新鲜又美妙，我们回到马德里后受到了皇马球迷的热烈欢迎，在西贝莱斯广场与兴奋的球迷们一起庆祝。当时，我们可以尽情享受庆祝活动，因为距离欧冠决赛还有两周时间。

在我效力皇马的前8年里，皇马赢得了15座冠军奖杯，但其中只有一座西甲奖杯。考虑到这家俱乐部的规模和球员水平，这种反差令人费解。我经常听到有人问同一个问题：为什么皇马在欧洲如此有统治力，却无法在国内联赛中做到这一点？我想，这主要是因为我们很难在周期长达10个月的西甲联赛中始终保持专注度，以及稳定的状态。

我们的状态经常出现波动，有时我们觉得整个赛季很长，就算我们输球丢分，也有足够的时间来追分……但这种想法是错误的。相比之下，巴萨在西甲从来不放过任何机会，无论对手是谁都会力争全取3分。另外，巴萨知道怎样在我们遭遇挫折时扩大优势，所以他们在8年内多达5次赢得西甲冠军。

在我看来，为了让球队保持专注度和稳定的状态，主教练扮演着非常关键的角色——无论球队获胜或失利，教练都很重要。

欧冠决赛定于6月3日进行，这意味着当西甲赛季结束后，我们连续两周没有比赛可踢，状态可能出现下滑。不过，教练组为那场比赛准备了一份专门的备战计划。齐达内曾经为尤文图斯效力5年，赢得5座冠军奖杯，还曾两次当选世界足球先生。因此，齐达内非常了解这家都灵俱乐部的心态，也很清楚他们决心打破连续21年无缘欧冠冠军的魔咒。

在球队会议中，齐达内不喜欢长篇大论，而是更倾向于进行简短的分析。他向我们解释了尤文图斯战术中的几个要点，并指出了对手的弱点。那个赛季，尤文图斯在欧冠赛场表现非常出色，决赛前打进 21 球只丢 3 球，场均进球接近 2 粒，被广泛视为夺冠的热门球队。

在意大利，尤文图斯牢牢占据着统治地位，当时已经连续六次赢得意甲冠军。两年前，尤文图斯在欧冠决赛中输给了巴萨。对尤文图斯来说，再次征服欧洲就是他们的最大愿望。

不过，我们同样拥有雄心壮志。1958 年，皇马曾经单个赛季包揽西甲联赛和欧冠冠军，如今时隔 59 年，我们有机会重现迪·斯蒂法诺等前辈所取得的成功，再次成为双冠王。这在我们看来非常重要。另外，如果我们击败尤文图斯，将能够在欧冠联赛中树立新的成功标准：皇马将成为欧冠改制以来，第一家成功卫冕的俱乐部。这些美好前景令我们感到兴奋，体内肾上腺素飙升。根据经验，我很清楚在这种情况下，没有任何对手能胜过我们。

决赛前，我的许多家人、亲戚和朋友们都希望拿到门票，前往卡迪夫观看比赛，但我完全不必操心，因为瓦尼娅擅长组织。她的安排和准备非常周到，使得我的亲朋好友都能顺利抵达目的地。我没什么好担心的。当我为一场重要比赛做准备时，这是一项巨大优势。

2016—17 赛季欧冠决赛在卡迪夫千年球场进行，与往届决赛一样，现场气氛非常热烈。比赛开始后不久，尤文图斯制造了几次险情，但都被纳瓦斯化解。第 20 分钟，C 罗在禁区边缘接到卡瓦哈尔的一次精彩倒三角传球，随后射门得手，帮助球队 1–0 领先。

需要强调的是，与尤文图斯一役中，有个因素对比赛胜负产生了决定性的影响，同时也清楚地反映了齐达内的智慧。齐达内在赛前备战阶段指出，尤文图斯的防守非常出色，很难被打穿，但他们也有缺点：不擅长应对对手在禁区前沿的传球。皇马的第一粒进球表明，这确实是尤文图斯的一块短板。

短短 7 分钟后，尤文图斯就将比分追平，马里奥·曼祖基奇打进了一粒漂亮的凌空侧钩进球。但我们并没有惊慌失措，相反，我始终觉得我们是实力更强的一方，肯定能拿下比赛。进入下半场后，我的预感变成了现实，我们完全压制了尤文图斯。

就个人而言，我在上半场发挥稳定，在下半场的表现更加出色，不但助攻 C 罗进球，将比分改写为 3–1，更觉得球队已经全面占据优势，自己几乎可以做想做的任何事情。最终，我们以 4–1 的比分击败尤文图斯，创造了历史。皇马不仅重现了迪·斯蒂法诺、亨托和科帕等前辈曾经创造的辉煌，时隔 59 年再次成为国内联赛和欧冠双冠王，还成了欧冠改制以来，第一家成功卫冕的俱乐部。我们在四年内三次捧起欧冠奖杯，太棒了！

我无法用言语形容自己的心情。效力皇马的这些年里，我跟随球队赢得了许多奖杯，每座奖杯都会带来新的动力，这恰恰是皇马最令人动心的特质之一。我们总是努力追求新的境界、超越自我，做任何其他俱乐部都没有做过，也做不到的事情。

与尤文图斯的欧冠决赛结束后，我们在马德里享受了国王般的礼遇：皇马球迷聚在西贝莱斯广场，像迎接英雄那样欢迎我们归来，还和我们在伯纳乌球场一起庆祝……不到两周前，我们刚和皇马球迷在伯纳乌为了赢得西甲冠军而庆祝，但他们仍然非常兴奋，仿佛那已经是很久很久以前的事情。我细细品味着每一刻，因为我知道幸福不会持续太久。即便如此，我从未想过接下来的时光会如此艰难。

离开马德里时，我一直在想，在卡迪夫捧起欧冠奖杯并非球队的巅峰时刻，我相信我们还能赢得奖杯。我知道佩佩、哈梅斯·罗德里格斯、莫拉塔和达尼洛将会离队，但我也知道，皇马肯定会找到出色的球员来替代他们。作为一家拥有雄心壮志的俱乐部，皇马总是对那些顶尖球员保持着关注。

2017 年 6 月，我还要参加一场关键比赛：克罗地亚客场对阵冰岛。整个 2018 年世界杯预选赛的前半程，我只在首场比赛中登场。那场比赛在萨格勒布进行，对手是土耳其，虽然我们在场上占据着明显优势，曾数次射门击中横梁和门柱，但仍然被土耳其 1–1 逼平。从那以后，由于膝盖受伤，我错过了克罗地亚国家队与科索沃、芬兰的两场比赛，不过队友们帮助球队赢得了胜利。

伤愈复出后，我在克罗地亚主场与冰岛一役中踢了 45 分钟，我们也以 3–2 的比分获胜，以三连胜战绩结束了 2016 年。次年春季的唯一一场比赛中，我们主场对阵安德烈 · 舍甫琴科执教的乌克兰队，虽然过程相当艰难，但仍然凭借尼古拉 · 卡利尼奇的进球 1–0 获胜。

当时，我们处于预选赛所在小组的积分榜榜首，似乎形势一片大好，不必参加附加赛就能直接晋级世界杯决赛圈。在这种情况下，客场对阵冰岛的比赛显得至关重要：如果我们拿到 1 分，就能朝着以小组头名出线迈出一大步……遗憾的是我们的表现糟糕透顶，看上去无精打采、动作迟缓、效率低下。主队的表现也好不到哪儿去，比赛似乎会以平局结束——考虑到双方的表现，这是个公平的结果——然而与往常一样，我们变得不再专注。

比赛第 90 分钟，冰岛队主罚角球，一名冰岛球员高高跃起，用肩膀将皮球撞进了球门！我们输了。这意味着为了获得参加 2018 年世界杯的资格，克罗地亚将不得不走一条艰难的道路。就在不久前，克罗地亚直通世界杯之旅似乎还很简单，但这突然开始备受质疑。

阴云密布的日子

接下来，我度过了一段艰难时期，但这与足球或克罗地亚队都没有任何关系。在客场对阵冰岛队的比赛两天后，我被奥西耶克地方法院传唤，在一次针对前东家萨格勒布迪纳摩的几名官员的刑事审判中作证。兹德拉夫科·马米奇是主要被告人。

在法庭上，我讲述了当我于2008年从萨格勒布迪纳摩转会热刺时，关于转会费，以及各方如何分配那笔钱我所知道的一切，还谈到兹德拉夫科·马米奇与我之间的商业往来。如今，人们都知道庭审现场发生的所有事情，包括我的证词。

在克罗地亚，我的证词引发了轩然大波，人们觉得那些证词有利于对兹德拉夫科·马米奇的辩护。但我只说实话——关于转会费如何分配，我在陈述真相时完全依照了各方签署的协议。另外，我重申如果法院判定我拿到的一部分转会费非法，我愿意退还。

我的证词引起了公众的强烈抗议，这在克罗地亚是前所未有的。许多人对我进行残酷的侮辱，令人厌恶的涂鸦在全国各地出现，甚至包括我的家乡扎达尔。在社交媒体上，人们威胁我的言论、粗俗信息到处都是，甚至还有媒体公开发布……对我来说，当时的经历简直就像一场噩梦，我仿佛一下子变成了国内最大的恶棍，犯了谋杀罪。

这对我造成了毁灭性的打击——我找不到任何其他词语来形容。短短一天的时间里，我沦为了克罗地亚最可恶的人。在我的人生中，那是一次全新的经历，令我深受打击。幸运的是，我的家人和朋友一直支持我。我很清楚家人和朋友同样备受煎熬，尤其为瓦尼娅感到担忧，因为当时她怀了第三个孩子，在孕期不得不承受巨大风险。我担心压力会影响她的健康。我的父母也很痛苦，我试图让父母平静下来，告诉他们一切都会好起来。

在我看来，克罗地亚球迷冲我发怒有失公允，尤其是当事态升级的时候。人们对兹德拉夫科·马米奇的仇恨由来已久，而仅仅由于我的证词未能满足马米奇的批评者，他们就将矛头指向了我。我不明白这背后的逻辑。11 年来，我一直在国外生活和踢球，当我于 2008 年离开克罗地亚时，那个年代与如今完全不同。

在我转会托特纳姆热刺前，兹德拉夫科·马米奇是我职业生涯中的一个重要人物，我从未否认这一点，也不打算那样做。当我还是个年轻球员时，马米奇曾经帮助我证明自己，就像他帮助其他年轻人那样。在马米奇帮助过的人当中，有人赢得了成功，有人职业生涯表现平平，还有人甚至未能成为一名职业球员……归根结底，一名球员能否收获成功，往往取决于他能否把握机会，在球场上证明自己的价值和能力。教练和队友们的支持固然重要，但我可以毫不谦虚地说，我之所以能有如今的成就，大部分应归功于我自己。

随着时间推移，还有其他人帮助我完成了从热刺到皇马的转会，但这仍然取决于我的竞技表现和行为。当然，我始终对曾经帮助过我的所有人心存感激。

2017—18 赛季开始前，我决定远离克罗地亚发生的一切。两个原因使我需要保持平静。首先，经过一个令人精疲力竭的赛季后，我需要休息：场外争议对我造成了巨大精神压力，耗尽了我的精力。我带着家人在国外度假一周，回到扎达尔后又和几个好友结伴前往亚得里亚海短途旅行。

其次，我想评估自己未来在国家队的位置。某些人的意见对我来说很重要，他们质疑我不应该继续身穿克罗地亚球衣。我的实力不是问题，但有人担心场外消极因素会影响我的表现，对整支球队造成负担……这种可能性迫使我重新考虑未来，并做出决定。我究竟应该离开球队，还是面对球迷和愤怒公众的不满，继续为了帮助克罗地亚国家队获得成功而全力以赴，贡献自己的一份力量？

我知道自己没有做错任何事情，所以很快决定留队，并像以前那样继续战斗，努力让我们期待已久的梦想变成现实。我感觉松了一口气。我非常清楚，很多事情都对我不利，但我已经下定决心，竭尽所能迈出这关键的一步。

我确信克罗地亚拥有一批非常出色的球员，只需要一点点运气就能在大赛上取得好成绩。我之所以有这种信念，既缘于对过往几届欧洲杯和世界杯冠军夺冠过程的研究，也因为在克罗地亚队内，大部分球员的职业生涯都将在俄罗斯世界杯期间迎来巅峰。对我们大多数人来说，这是最后一次为克罗地亚争夺荣耀的机会。

另一个细节也很重要：我们都效力于欧洲豪门俱乐部，在队内担当主力，征战极具挑战性的联赛和欧洲俱乐部赛事。我认为这是个非常明显的标志，足以反映球队的整体水平。

然而，在 2018 年世界杯预选赛的后半程，我们却屡屡不顺。2017 年 9 月 2 日，由于突降大雨，雨水漫进球场，我们与科索沃的一场比赛在第 22 分钟被终止。双方不得不择日重赛，但令我们意想不到的是，国际足联决定安排比赛在次日进行。这主要是因为三天后，我们就得客场挑战土耳其。换句话说，我们必须在 48 小时内踢完与科索沃一役的余下 70 分钟，然后飞往埃斯基谢希尔，与斗志昂扬的土耳其队一较高下。

在对阵科索沃的比赛中，我们的表现并不令人信服。科索沃球员作风顽强，我们很难突破他们的防线。直到第 74 分钟，我们得到了一次主罚任意球的机会，我将皮球传进对方禁区，多马戈伊·维达高高跃起，头槌破门！对我们来说，全取 3 分最重要，其他一切都可以被忘记。另一方面，那也是经历两个半月的动荡后，我第一次在克罗地亚球迷面前踢比赛。马克西米尔球场吸引了大约7000名观众，他们友好地向我致意，这对我来说意义重大。

两天后，我们在客场与土耳其一役中0–1失利。土耳其队得到了主场球迷的热烈支持，不过客观来讲，与几年前相比，他们似乎变弱了。我们创造了一些机会，却未能把握住。我认为裁判甚至漏判了一次本该判给我们的点球……第74分钟，土耳其抓住机会，打进全场比赛唯一一粒进球。

接下来的几场比赛表明，土耳其的实力不足以晋级世界杯决赛圈，但这并没有给我们带来任何安慰。与以往一样，我们再次在预选赛最后阶段陷入危机——我们似乎总是会让情况变得极其复杂。

2017年10月初，两场比赛将会决定我们的命运，对手分别是芬兰和乌克兰。人们普遍认为我们能够客场战胜芬兰，不过对我们来说，土耳其在与冰岛的比赛中拿到至少1分也很重要。我们觉得土耳其不会放过成为小组第二名的机会，而冰岛则已经击败乌克兰，是我们争夺小组头名的最大竞争对手。当时，克罗地亚所在小组的出线形势错综复杂，可能发生的情况太多了，但在预选赛阶段的最后一场比赛前，我们陷入了严重的困境。

10月2日，克罗地亚球员在萨格勒布集结，准备对阵芬兰和乌克兰的两场比赛。当队友们抵达萨格勒布时，我陪在瓦尼娅身边，因为她即将生下我们的第三个孩子。在佩德罗瓦妇产医院工作人员的精心照护下，一切都顺利进行，索菲亚来到了人世。次日上午，我和队友们一起前往里耶卡。

当你有了孩子后，你经常会谈论孩子们的性格，以及他们更像父亲还是母亲。从我的角度来看，艾玛似乎和我更像。她是个活泼的孩子，就像我小时候那样。伊万诺性格安静，更像他妈妈。至于索菲亚更像谁，我们还得再看看……当三个孩子长大后，我希望他们拥有瓦尼娅的善良和正义感、我的斗志以及为了梦想而奋斗的欲望。另外，我还希望他们能继承母亲的高颜值。

在日常生活中，我只要一有空就会陪孩子，照顾他们。当然，由于我经常不在家，从陪伴孩子的角度来讲，我所扮演的角色远远不如瓦尼娅重要。就算我在家时，她也必须把所有精力都放在照顾孩子上，因为我总是会被其他事情分心，例如与足球相关的问题、疲劳、伤病，或者关键比赛前的压力。

瓦尼娅善解人意，每当我心情不好时，她都能敏锐地察觉到。她的理解有助于我卸下肩头的重担。只要在俱乐部或国家队没有比赛任务，我就会花很多时间陪伴孩子，送他们去学校，再开车接他们放学。

自从伊万诺开始踢球以来，我会带他去参加训练，然后在场外一直等到训练结束。伊万诺刚出生那会儿，我还会在夜里醒来给他换尿布、倒奶，或者准备他需要的任何其他东西。当时我和瓦尼娅住在伦敦，瓦尼娅经常需要休息。当瓦尼娅生下艾玛和索菲亚时，我就没有必要做这些事情了，因为我们决定雇用一位保姆来帮助瓦尼娅恢复身体，并照顾孩子。

在里耶卡的鲁耶维察体育场，在我们对阵芬兰的比赛前，克罗地亚足协主席达沃·苏克送给我一件特别的球衣，以纪念我第 100 次代表克罗地亚国家队出场。那件球衣是耐克专门制作的，使用了我穿过的历届克罗地亚国家队球衣的设计元素。当时我特别激动。时间过得太快了，仿佛我昨天还梦想着身穿克罗地亚球衣踢一场比赛，如今却即将迎来在国家队的第 100 场比赛……在克罗地亚队史上，只有达里奥·斯尔纳比我的出场次数更多。

然而，与芬兰一役却如同一场噩梦。虽然我们掌握了主动权，控球率大幅占优，但我们并未创造多少机会，也没能把握住为数不多的几次机会。比赛第57分钟，当曼祖基奇进球时，我以为我们终于可以放松下来，表现也会变得更好。但事实恰恰相反：由于害怕丢球，我们将防线后撤，使芬兰队变得更危险了。我不清楚为什么会这样。第90分钟，我们受到了惩罚。就像我们对阵冰岛时的情况一样，芬兰队在最后时刻打进了扳平比分的进球。

那场比赛的结果令我们备受打击，不过它同时也表明，整个2017年秋季，我们的状态一直在下滑。考虑到克罗地亚国家队的水平，这令人难以接受。如果我们保持状态和专注度，克罗地亚不怵任何对手，但一旦我们的发挥不够稳定，任何球队都能给我们带来麻烦。

当主裁吹响比赛结束的哨声时，我们都知道，某些事情必须改变。更衣室的气氛很压抑。那天夜里，达沃·苏克和球队里的几名老将聊了聊，告诉我们他已经决定换帅。第二天上午，我们听说安特·察契奇不再担任克罗地亚主教练，他的继任者是兹拉特科·达利奇。

我之前没有见过达利奇，但我喜欢他的做法。由于我们在与芬兰比赛后的第二天就要飞往基辅，教练不可能对战术做出大幅度改变，球队只需要增强信心、提升士气，并树立获胜的信念。也许这听起来很简单，但考虑到新任主教练没有足够的时间为比赛做准备，我们的信心已经被动摇，并且球队需要一场胜利，这实际上是一项相当艰巨的任务。

不管在训练中还是在酒店里，达利奇和我们聊了很多，表达了对我们的信任。达利奇说，我们拥有出色的水平，只需要在球场上充分展示，而现在正是最需要我们发挥水平的时候。他帮助我们恢复了自信，球队内部气氛发生了翻天覆地的变化。我能清楚地感受到，每名球员都有决心击败乌克兰。对芬兰的平局和换帅都影响了我们的心态，不过我认为，我们最大的动力源自对无缘2018年世界杯的恐惧。在克罗地亚队内，包括我在内的几名老将都知道，这很可能是我们追逐大赛荣誉的最后一次机会。

在一次交谈中，达利奇向我解释了他的战术。“我认为你是一名在前锋身后活动的攻击型中场，我想让你不再担负防守任务。”我回应道：“只要球队需要，我愿意踢任何位置。”

我认为达利奇对国家队的最大贡献，是他擅长激励球员，让我们在心理上为比赛做足准备，从而在短时间内充分激发球员能力，最大化地利用球队现有的战术配置。在达利奇安排的首发阵容中，弗拉萨利科和维达踢左后边后卫，洛夫伦和米特洛维奇镇守中路，拉基蒂奇和巴德尔伊担任后腰，克拉马里奇、佩里西奇和我在他俩身前活动，曼祖基奇则出任单前锋。

达利奇要求我们限制乌克兰队边后卫的发挥，因为那是他们的强项。他的想法是让我们在上半场掌控比赛节奏，尽量避免冒险，等待乌克兰球员体能下降，在主场看台7万多名球迷的压力下陷入困境时再发动进攻。

上半场比赛中，主队乌克兰制造了更多险情，但我们没有丢球。进入下半场后，我们开始振作精神，展现自身实力。乌克兰队逐渐失去动力，而我们越战越勇。比赛第62分钟，克拉马里奇接到我的传中后头球破门。乌克兰的防线松松垮垮，当拉基蒂奇助攻克拉马里奇打进第二粒进球时，他们败局已定。在那之后，我们沉稳并自信地耗尽了比赛时间。

随着全场比赛结束，我们终于可以暂时松口气了。我们争取到了第二次机会。自从由基辅回到萨格勒布后，有个念头一直在我的脑海里挥之不去。

20年前，克罗地亚国家队曾险些在世界杯预选赛附加赛阶段被乌克兰淘汰。那是1997年，克罗地亚首回合主场作战，在萨格勒布2–0赢球。但在基辅进行的次回合比赛中，舍甫琴科开场短短4分钟后就取得进球，几乎令克罗地亚的优势荡然无存……幸运的是在第27分钟，博克西奇用进球将比分扳平，也浇灭了乌克兰队翻盘的幻想。从某种意义上讲，那粒进球使整支球队燃起了斗志，继而在1998年世界杯上赢得季军，创造了历史。当时，安德烈·舍甫琴科是一名正在走向世界足坛巅峰的天才前锋，如今他执教的乌克兰队再次输给克罗地亚，这是个好兆头吗？

当我听说我们在附加赛阶段抽中的对手是希腊时，我实在兴奋不起来。我并非害怕克罗地亚的实力不足以击败希腊，但确实无法忘记希腊队的保守阵型，以及极具破坏性的比赛风格。另外，由于首回合比赛在我们的主场进行，我还担心一旦球队开局不顺，看台上的观众们就会变得焦躁不安，影响我们的发挥。

在马克西米尔的那个夜晚，一切都跟我所担忧的事情完全相反。我感觉球队正在发生一些可喜的变化，又或者它是我们曾经拥有的东西，只不过在前几年被弄丢了，那就是昂扬的士气！赛前热身中，当我们看到看台上挤满了观众时，顿时感到心潮澎湃。克罗地亚球迷的助威声令我们备受鼓舞，仿佛给了我们一双翅膀，帮助我们挣脱束缚，找回了久违的激情。随着比赛开始的哨声响起，我们快步跑进球场，内心期盼着为球迷和我们自己带来快乐。

很长一段时间后，我们终于再次获得一致支持——在这种情况下，谁都无法阻挡我们。

克罗地亚队表现出色，希腊人毫无机会。比赛进行到第13分钟时，卡利尼奇被对手犯规，为我们赢得了一次点球，我的罚球帮助球队1–0

领先。6分钟后，斯坦尼奇妙传卡利尼奇，卡利尼奇用脚后跟将皮球送进对手球门。这两粒进球令现场的克罗地亚球迷欣喜若狂。

比赛第30分钟，客队利用角球机会破门，那次丢球也暴露了我们在防守角球方面的弱点。但短短3分钟后，弗尔萨利科送出一记精彩的传中，佩里西奇头球破门，将比分改写成了3–1。下半场开始后不久，弗尔萨利科再次抓住希腊后卫犯错的机会成功抢断，助攻克拉马里奇打进了本队第4粒进球。最终，我们4–1获胜，以近乎碾压的姿态击溃了希腊队。

在当时的氛围下，在克罗地亚球迷的助威声中，我们摆脱了所有挫折、沮丧感，以及前进道路上的阻碍，变得似乎无所不能。那天晚上，我觉得球队的竞争力得到了证明，并相信我们能够走得更远。与对阵乌克兰一役前相比，达利奇有更充裕的时间部署战术。另外，达利奇又一次展示了他对球员精神状态的关心。

比赛最后时刻，达利奇用马里奥·帕沙利奇将我换下，我听到看台上响起了热烈的掌声，许多球迷高喊我的名字。在那一刻，我的心情十分激动。当我走向边线时，我没有考虑在希腊主场进行的第二回合比赛，脑海里只有一个念头：我们的时代终于来了——2018年世界杯上，一些特别的事情将会发生。达利奇就像从天而降的救世主，他帮助球队找回了状态，克罗地亚球迷也再次给予我们信任。

2017—18赛季前半段，皇马的战绩相当不错。2017年8月，我们迎来了辉煌而又艰巨的赛季开局：短短8天的时间里，我们需要先在欧洲超级杯中对阵曼联，然后与巴萨进行两回合的西班牙超级杯决赛！

欧洲超级杯决赛在马其顿首都斯科普里进行，当时曼联的主教练是曾经将我带到皇马的若泽·穆里尼奥。2017年夏初，在皇马的美国季前赛之行中，我和穆里尼奥在洛杉矶见过面：科瓦契奇和我正在比弗利山庄散步，看到他朝我们走来。穆里尼奥走近后和我拥抱，我们愉快地聊了几句。

5 年前，我曾经随克罗地亚国家队在斯科普里击败马其顿，而在与曼联的欧洲超级杯决赛中，皇马发挥出色，以 2–1 的比分获胜，捧起了那个赛季的第一座冠军奖杯。事实上，比分并不能完全反映我们在比赛中的优势，不过无论如何，旗开得胜总是件好事。

在主客场两回合的西班牙国家德比中，我们再次赢得了胜利。我缺席了首回合比赛，原因是三年前，我在皇马对阵马德里竞技的西班牙超级杯比赛中累计领到两张黄牌被罚下，自动禁赛一场。皇马 3–1 拿下了那场比赛。双方的次回合交锋在伯纳乌球场进行，我们再次占据优势，2–0 赢球，以两回合 5–1 的总比分击败巴萨，夺得西班牙超级杯冠军：说实话，我们已经很久没有像那样压着巴萨打了。

连续赢得两座奖杯，提高了我们对新赛季的期望。然而，在西甲联赛中，我们的表现却出现了难以解释的波动。我们曾经在与实力较弱，在积分榜上排名靠后的俱乐部的比赛中丢分。进入 10 月份后，球队明显陷入了危机。在伯纳乌，我们在对阵热刺的欧冠小组赛中似乎缺乏能量，双方 1–1 战平。12 天后，我们被位列积分榜第 15 名的赫罗纳 2–0 爆冷击败……短短 3 天后，在温布利球场，我们再次输球，以 1–3 的比分不敌波切洛蒂执教的热刺。

那是我第一次在伦敦对阵前东家。当然，比赛并没有在白鹿巷进行，因为热刺正在建造一座新主场，白鹿巷已经成为历史。在我的所有前热刺队友中，只有丹尼·罗斯还在那支球队。5 年多过去了，我与热刺的情感联系也许不像过去那么强烈，但我仍然对热刺和热刺球迷怀有极大的敬意，我们之间有着一种特殊的关系。

我与热刺道别的方式或许并不完美，但谁都不能抹去我在热刺效力4年的记忆——那段时间里，我和俱乐部一起成长。如今，热刺从各方面来看都已经成为一家豪门俱乐部。热刺拥有一座全新的顶级球场，打造了一流的训练中心，拥有一支优秀的球队和教练，比赛成绩也在不断攀升。

2010年，我随热刺首次拿到欧冠“签证”，而他们在9年后首次打进欧冠决赛。这证明热刺已经成为精英俱乐部当中的一员，不仅在英超与豪强争雄，还经常征战欧冠联赛。热刺的投入收获了回报，只是还缺少一座有分量的奖杯。无论对热刺俱乐部还是热刺球迷，我都希望他们能尽快实现这个梦想。

2017年12月中旬，我们再次前往阿联酋参加世俱杯，在半决赛阶段迎战阿布扎比半岛。那场比赛中，阿布扎比半岛第41分钟率先破门，我在第53分钟助攻C罗将比分扳平。第81分钟，贝尔打进了锁定胜局的一球。赛后，我被评选为全场比赛最佳球员。而在对阵巴西球队格雷米奥的世俱杯决赛中，C罗在第53分钟任意球直接破门，帮助球队1–0获胜。一支特别的评委团将我评选为决赛和整届赛事的最佳球员。继一年前拿到世俱杯银球奖后，我又赢得了世俱杯金球奖！这也是我职业生涯中首次获得该奖项。

当时，我甚至不敢想象这会是我连续揽获一系列奖杯的开端，最终还将捧起《法国足球》颁发的金球奖。但我确实认为我在世俱杯上发挥了最高水平，也很高兴自己的表现得到了认可。考虑到该奖项通常只会被授予前锋和攻击手，作为一名中场球员获奖让我感觉更加特别。

2017年，皇马时隔近60年后再次成为欧冠和西班牙国内联赛双冠王，我也首次入选欧冠最佳11人阵容。与此同时，克罗地亚国家队虽然在预选赛阶段遭遇了许多崎岖和挫折，但仍然获得了世界杯决赛圈的参赛资格，苦尽甘来的感觉更加甜蜜。

对我个人来说，那是相当艰难的一年，因为人们对我在马米奇庭审中证词的负面反应令我非常沮丧。我一度考虑离开国家队，但后来豁然开朗，决心作为球队的队长和领袖，承担起更多责任。另外，我还有了自己的第三个孩子……从阿联酋回到马德里后，我变得比过去更快乐了。不过在圣诞假期前，我们还得在伯纳乌球场与巴萨踢一场西班牙国家德比。

你得先跌倒，然后才能飞起来

伯纳乌的看台上挤满了人。在每个赛季的西甲联赛中，西班牙国家德比都具有决定性的重大意义。当时我们少赛一场，巴萨拥有 8 分的积分优势：由于我们参加了世俱杯，对阵莱内加斯的一场比赛不得不被推迟到 2018 年 2 月 21 日。赛前我们计算得很清楚，如果击败巴萨，我们能将积分差距缩小到 5 分，如果我们再拿下来内加斯，那么与巴萨的积分差距就只剩下 2 分了。换句话说，那意味着我们将仍有机会争夺联赛冠军。

但你不可能凡事都如心愿。与巴萨一役在下午进行，开赛时间与往常不太一样，当比赛进行到第 54 分钟时，客队取得领先。第 63 分钟，卡瓦哈尔在禁区内手球，一切都结束了——我们不但输掉了那场西班牙国家德比，也失去了赢得冠军的决心。卡瓦哈尔被罚下，梅西主罚点球命中，将比分改写为 2–0。我们试图扳回比分，但巴萨却在伤停补时阶段打进了第三粒进球。在圣诞节前两天，这样的结果毁了我们的心情。老实说，甚至在比赛开始前，我就感觉那个赛季的西甲联赛不会给我们带来太多快乐。

我在萨格勒布度过假期。过去两个新年前夜，由于在俱乐部还有任务，我和瓦尼娅都没有回克罗地亚。科瓦契奇和他的妻子与我们一起过年，但没有忘情庆祝，因为我们必须早点睡觉，为比赛做准备。现在，我们终于可以在家里庆祝 2018 年的到来了。

我们和家人、亲密朋友们共同度过了一个美好的夜晚。作为一名球员，我希望能够在 2018 年收获更多成功。也许听上去有点夸张，但我的目标一直是做到最好。年轻的时候，我想在克罗地亚国内联赛站稳脚跟，证明自身能力，不过我也希望有朝一日效力欧洲豪门俱乐部，为赢得最负盛名的冠军荣誉而战。当我随皇马捧起俱乐部历史上第 10 座欧冠奖杯时，我的第一个念头就是立即再次夺冠——我不想等待。两年后，随着皇马再次赢得欧冠冠军，我又希望我们能成为第一支成功卫冕的球队。

我确信我们能够实现这些目标。如今，每当回想起从萨格勒布迪纳摩、托特纳姆热刺到皇马和克罗地亚国家队的职业生涯轨迹，我就觉得那句著名的谚语太到位了：敢于相信的人，才会梦想成真。我带着这样的态度和梦想进入 2018 年，下定决心实现自己的所有愿望。

然而，皇马在 2018 年的开局相当糟糕。我们在客场与维戈塞尔塔的一场比赛中与对手 2–2 战平，短短一周后又在主场输给了比利亚雷亚尔。在西甲联赛积分榜上，皇马的排名令人沮丧：我们排名第 4，落后领头羊巴萨 16 分之多，与马德里竞技、瓦伦西亚的积分差距也分别达到了 7 分和 5 分。

屋漏偏逢连夜雨，在西班牙国王杯四分之一决赛中，我们被莱加内斯爆冷淘汰。这一切令人失望至极，因为我们在西甲的冠军争夺战中已经掉队，原本希望通过一座国王杯冠军奖杯来提振士气。更糟的是，我们在客场对阵莱加内斯的首回合比赛中 1–0 获胜，回到伯纳乌后的表现简直令人尴尬……我无意贬低莱加内斯的伟大成就——莱加内斯的拼搏精神，以及具有历史意义的成绩都值得称赞！不过，我们在赛前拥有进球数优势、主场作战，并且实力明显高于对手，没有任何理由遭受这样一场失利。

事实再次证明，自满情绪会导致失败。由于小腿肌肉的问题，我在与莱加内斯的两场比赛中都只踢了20多分钟。齐达内原本没有打算让我在那两场比赛中登场，因为他希望给我时间休息，为接下来的重要比赛做准备，尤其是对阵巴黎圣日耳曼的欧冠16强淘汰赛。

2月14日，我们将在伯纳乌球场迎战巴黎圣日耳曼，那是皇马在2018年春季的关键比赛之一。当时，我们已经在国王杯和西甲联赛的冠军争夺中被淘汰出局，欧冠是我们仍有机会夺冠的唯一一项赛事，但若我们能够捧起欧冠奖杯，将为2017—18赛季画上圆满句号。

在欧冠淘汰赛抽签仪式上，当我们抽中巴黎圣日耳曼后，外界普遍认为巴黎圣日耳曼晋级的希望更大。这有点奇怪。确实，皇马已经在两项赛事的冠军争夺中被淘汰，状态也不太好，但球队阵容与一年前相比并没有发生太大变化：我们拥有丰富的经验，尤其是在欧冠赛场。虽然球队整个赛季的状态起伏较大，但我们仍然有能力在欧冠淘汰赛阶段击败任何对手。

另一方面，巴黎圣日耳曼拥有不少顶级球员，尤其是前锋：姆巴佩、内马尔、卡瓦尼……然而，虽然巴黎圣日耳曼获得了巨额投资，却始终没能在欧洲赛事中取得真正的成果。

首回合比赛在伯纳乌进行，我们的开局不错，制造了几次好机会，但都被发挥神勇的对方门将阿雷奥拉化解。巴黎圣日耳曼开始反击，并于第33分钟打破僵局。在一次防守反击中，拉比奥利用纳乔解围不远的机会推射破门，帮助客队取得了1–0的领先。我想在那一刻，很多人都觉得皇马已经完蛋了。

那是个巨大的错误！但无论球场上发生些什么，我们从不放弃。比赛第45分钟，克罗斯在巴黎圣日耳曼禁区内被犯规，C罗主罚点球命中，追平了比分。

进入下半场后，两支球队的拼抢变得更加激烈，就好像两名在擂台上搏斗的重量级拳手，都渴望将对手击倒。我们保持着激烈的节奏，第83分钟，阿森西奥左路横传门前，阿雷奥拉扑球不远，C罗用左膝膝盖将球顶进大门，将比分改写成了2–1。短短3分钟后，马塞洛再进一球，帮助我们最终以3–1的比分击败巴黎圣日耳曼，拿下了一场至关重要的胜利。

战斗尚未结束，巴黎圣日耳曼仍有机会在次回合交锋中翻盘，但我们感觉我们的表现更好，球队阵型也更紧凑。内马尔曾效力巴萨，我们非常了解他的技术；姆巴佩虽然还很年轻，但他的水平令人惊讶：身体强壮、速度快，踢球风格也很勇猛。次回合比赛中，我没有登场——我很少遇到肌肉问题，但这次不得不休息一下。队医明确告诉我，如果我想完全恢复，并为赛季末期的密集比赛做好准备，就必须休息一个月。

这一回我没有对被迫休息感到懊恼，因为我知道皇马将在欧冠联赛中迎来几场硬仗，另外，我还必须为2018年世界杯做好准备。我将强制休息视为一次机会，利用那段时间休养身体，为接下来的关键比赛储备能量。我希望再次赢得欧冠冠军，然后随克罗地亚国家队在俄罗斯世界杯上干出一番成绩。我总是会为自己树立远大目标，但2018年我的决心格外强烈，仿佛知道这将是国家队收获荣誉的一年。

在欧冠16强淘汰赛次回合比赛中，巴黎圣日耳曼的表现并不令人信服。由于内马尔受伤，巴黎圣日耳曼无法派出最强阵容，这对他们来说是个巨大缺憾。第51分钟，卢卡斯·巴斯克斯送出一记精彩的传中，C罗射门得手，帮助我们建立了领先优势。巴黎圣日耳曼需要连进三球才能将比赛拖入加时赛，但考虑到巴黎球员的整体状态，他们根本没有机会……第71分钟，卡瓦尼用进球将比分扳平，但卡塞米罗在第80分钟再进一球，让我们以2–1的比分锁定胜局，昂首晋级四分之一决赛。这场胜利点燃了我们内心深处的希望，使得我们相信皇马可以创造奇迹，连续第二次卫冕，缔造欧冠三连冠的新纪录。

与巴黎圣日耳曼的欧冠淘汰赛结束后，我们前往客场对阵埃瓦尔，我也比原计划提前一周复出。我在皇马2–1获胜的那场比赛中踢满90分钟，并助攻C罗首开纪录。赛后，齐达内给我们放了几天假。

科瓦契奇和我带着妻子去马拉喀什放松，享受远离日常训练的日子。我们在摩洛哥度过了一段美好时光，还在那里偶遇纳瓦斯和他的家人，随后充满活力地回到了马德里。

当时，许多媒体声称当赛季结束后，我可能是离开皇马俱乐部的球员之一。我并不为此烦恼，因为我知道这些都是无伤大雅的猜测。但在我效力皇马的6年里，那还是我第一次被媒体谈论离队的可能性……西班牙媒体之所以觉得我会离开皇马，主要是因为我的年龄越来越大，但我感觉身体状态相当不错。媒体需要讲故事，每当皇马遇到困难，他们就会猜测俱乐部管理层的下一步动作。

无论如何，我始终非常冷静，并且内心充满了动力。我在经过大约一个月的休息后回到球场，身体和精神面貌都焕然一新，拿出了出色的状态。

在皇马6–3击败赫罗纳一役中，我收获了一次助攻，接下来国际足球比赛日又到了。克罗地亚国家队前往美国，与秘鲁和墨西哥踢比赛。由于我在前段时间受过伤，刚刚康复，皇马俱乐部希望我安心为赛季末做准备，不要远赴美国。然而，那是克罗地亚备战世界杯前的唯一一次全队会合，对磨炼技战术、培养默契和提升士气来说都很重要。我渴望随队前往美国，因为我相信，我们有能力在俄罗斯世界杯上赢得荣誉。

我向达利奇解释说，我想和队友们一起去美国，但我刚刚伤愈复出，训练量不足，不太可能经过长途旅行后，在短短 4 天内参加两场对体能要求很高的比赛。达利奇和我一致认为，最好的安排是让我在对阵秘鲁的首场比赛中登场，然后就回到马德里。他还告诉我，其他球员有类似的情况，他们也同意这样做。

那次美国行很棒，许多移居美国的克罗地亚人热烈欢迎我们的到来。我们观看了迈阿密热火与纽约尼克斯的一场比赛——在克罗地亚国家队，很多球员都是铁杆 NBA 球迷。最重要的是，我们还见到了诺瓦克・德约科维奇，他既是一名出色的运动员，也是一个伟大的人。那几天我们一起闲逛，增进了彼此间的友谊，团队精神也得到了提升。

在迈阿密，我们与秘鲁的比赛吸引了大约 4.6 万名观众到场，秘鲁球员表现更好、更灵活，速度也更快，以 2–0 的比分获胜。当时，秘鲁在国际足联的国家队排名中位列第 11，整体实力比我们更强。与以往一样，虽然与秘鲁一役只是友谊赛，胜负并不重要，但在克罗地亚国内，那次失利仍然引起了恐慌。媒体大肆炒作一些有争议性的话题，尤其是在达利奇允许苏巴西奇、曼祖基奇、佩里西奇、布罗佐维奇、卡利尼奇和我离开后。按照原定计划，拉基蒂奇也会在与秘鲁的比赛结束后回巴塞罗那，但他后来改变主意，留在了球队。

我甚至觉得，有人一直在等待机会攻击我们。例如，似乎谁都不关心我曾因伤缺席了一个月，刚刚恢复状态。克罗地亚媒体发表了各种各样的评论，但无论记者们怎么想，当他们批评我时，我都不介意。我唯一不能接受的就是侮辱和谎言。

如果记者和评论人士表达观点，指责我表现糟糕，或者不是一名好球员，我不会耿耿于怀，不合我意的评论不会令我难受。媒体只是在完成他们的工作，这些分析是其中的一部分。因此，当有媒体对我离开在美国踢友谊赛的克罗地亚队提出批评，坚称我不再适合担任队长时，我不想做出任何回应，因为我知道那只会导致事情变得更复杂，引发新的争议。

然而，当某些球员公开批评提前回归俱乐部的队友时，我确实感到恼怒。我不明白他们的意思，因为他们知道，我们事先都得到了主教练达利奇的同意。我可以向任何人脱帽致敬，但谁都没有权利批评我。在身穿克罗地亚球衣的13年里，我从未缺席球队的集体活动，即便有时仅仅是为了宣传，或者教练恳求我与球迷们见面，提升球队的士气。我从来没有拒绝接受国家队的征召，或要求被区别对待。只有当我遭遇严重伤病，不得不接受手术，或者刚刚伤愈复出时，才会无法归队。

韦德兰·乔尔卢卡的评论尤其令我失望。当我俩都在美国的时候，他本可以当面告诉我他的想法，可他却在一场新闻发布会上批评我，直接引发了媒体的议论……乔尔卢卡和我是朋友，我俩在职业生涯中携手前行，曾经在萨格拉布迪纳摩、国际扎普雷希奇、托特纳姆热刺和克罗地亚国家队并肩作战，有段时间几乎形影不离。我无法想象他会公开攻击我。乔尔卢卡比其他任何人都更了解我，知道我有多么重视自己在俱乐部和国家队所承担的责任。

换作在任何其他时候，我很可能会顺其自然，让时间洗去苦涩。但我们没有时间了，因为如果我和队友的关系出现裂缝，那么在俄罗斯世界杯上，球队士气肯定会受影响。如果我们希望赢得荣誉，士气至关重要。因此，我决定在世界杯前和乔尔卢卡坐下来好好聊一聊，解开各自的心结。乔尔卢卡是否被误解不再重要，我俩一致认为，媒体对这件事的炒作既没有必要，也有失公正。事实证明，我与乔尔卢卡的交谈很有用：我相信当双方需要时，开诚布公的谈话是巩固友谊的关键。

我也和达利奇聊了聊克罗地亚队的美国行。每当遇到重要事情时，达利奇喜欢向队内经验更丰富的球员寻求建议，而我是队长。克罗地亚之所以前往美国踢友谊赛，目的是让所有球员团结一致，在世界杯前提升球队士气，然而事与愿违，那次美国行反而导致我们被媒体炮轰，损害了球队内部的和谐……从这方面来讲，我认为在克罗地亚击败墨西哥的比赛结束后，达利奇的表态很不合适：他点名批评了几名经验丰富的老将。

达利奇说，老将们应该为自己在球队中的位置感到担忧，因为年轻球员表现得越来越好了。达利奇还强调，他在排兵布阵时不会按资排辈，任何球员都不能依靠过往履历进入首发阵容，比如在队内竞争中，安特·雷比奇就比伊万·佩里西奇更有优势。为什么？因为克罗地亚刚刚在对阵墨西哥的友谊赛中赢球，4 天前球队首发阵容中拥有更多经验丰富的老将，却输给了秘鲁。

说实话，达利奇的这个观点令我大吃一惊。作为一名顶尖边锋，佩里西奇在俱乐部和国家队身经百战，早就已经证明了自身实力。任何球员的状态都有起伏，但佩里西奇为克罗地亚国家队带来了巨大价值。

达利奇的言论令我震惊，不过在与我的交谈中，他坚称自己被误解了：他的初衷是激励所有球员，让他们为征战俄罗斯世界杯做好准备。我告诉达利奇，克罗地亚队的美国行之所以引发了巨大争议，并非因为媒体记者写了很多负面文章——记者也要完成自己的工作，有权提出问题——而是因为球队内部有人鼓励公众批评球员，破坏士气。我还补充说，根据我的个人经验，如果这种情况继续下去，结果肯定不太妙。后来，当全队备战俄罗斯世界杯时，达利奇召集所有球员，举行了一场非常重要的会议。

在个人层面，有件事一直令我深感困扰。我决心要在备战世界杯前，消除与马里奥·曼祖基奇之间的所有误会……自从他在 2007 年签约萨格勒布迪纳摩以来，我俩就经常在比赛中搭档，包括在萨格勒布迪纳摩共同度过一个赛季，以及身穿克罗地亚球衣并肩作战 11 年。

马里奥是个很特别的人，有时似乎脾气暴躁，但更多时候心情很好。如果你不太了解马里奥，也许会觉得他总是情绪糟糕，但我一直觉得马里奥胸襟宽广，值得深交。我从认识马里奥的第一天起就很喜欢他，尽管许多人花了很长时间才真正了解他，像我那样喜欢他。在克罗地亚国家队，我俩经历了很多起起落落。

在客场对阵冰岛的一场 2014 年巴西世界杯附加赛前，我在酒店电梯外遇到了曼祖基奇。“走吧，马里奥，今天要全力以赴。”我告诉他。在球队训练中或某场比赛前，你可能经常听到这类队友之间互相打气的话，但他的反应令我大吃一惊。“走开！管好你自己的事吧。”

当时我觉得，他可能心情不好，似乎对我非常不满，但我想不出任何符合逻辑的解释。我和曼祖基奇的关系一直不错，经常联系，但在那件事情发生后，我俩的关系降到冰点。如今回想起来，也许在当时，或者至少在接下来的国际比赛日里，我就应该和曼祖基奇把事情说清楚，然后冰释前嫌。然而，我俩的性格都很要强，谁都不愿主动提出和解。

这令我感到难过，但我不想迈出第一步，他也不愿意。作为队友，我们在球场上的合作没有发生任何变化，场外沟通也很正常，尤其是在球队开会或类似的场合。当我赢得个人职业生涯的第一座欧冠奖杯时，曼祖基奇向我表示祝贺，因为他在前一年曾随拜仁慕尼黑赢得欧冠冠军，知道那座奖杯会带给我快乐。

当然，国家队的情况与球员每天都能见面的俱乐部完全不同。在国家队，球员们来自不同的俱乐部和环境，拥有不同的人生态度，甚至属于不同的世代，随着时间推移，你肯定会与自己更熟悉，或者年龄更接近的队友走得更近。不过最重要的是，你和队友们会分享身穿国家队的荣誉，并共同承担随之而来的责任感。从这个角度来说，我和曼祖基奇都做得很好。然而，我俩的关系曾经非常亲密、融洽，如今却陷入僵局，我俩还不得不装作无事发生。这种情况令我深感困扰。

或许是命运的安排，2014 年夏天，曼祖基奇从拜仁慕尼黑转会马德里竞技。这意味着我俩将再次在同一座城市生活，并且效力于同城对手，就像许多年前，我俩分别代表萨格勒布迪纳摩和萨格勒布俱乐部踢球时那样。

当我听说那次转会时，我想给他发一条短信，却没有他的手机号码。我想，恐怕没有任何其他球员会像马里奥那样频繁换号……后来我终于拿到他的手机号码，发短信祝贺他加盟马竞，还告诉他如果他想在马德里找一间公寓，或者需要任何其他帮助，都可以联系我。他在回复中向我表示感谢，就这样结束了和我的对话。

曼祖基奇只在马德里竞技待了一年。2014—15 赛季，皇马和马竞踢了八场比赛，包括两场西甲联赛、两场西班牙超级杯、两场西班牙国王杯和两回合的欧冠淘汰赛。由于在克罗地亚客场对阵意大利队的一场比赛中遭遇重伤，我缺席了其中四场比赛，只在另外四场比赛中和马里奥交手，在球场上互相问候。我俩都很保守，在国家队也是这样。

在俄罗斯世界杯前，我决定和马里奥好好聊一聊。我知道，这将是我们参加的最后一届世界杯，也很可能是我俩并肩作战，为克罗地亚争夺荣誉的最后一届国际大赛。无论在球场上还是球场外，马里奥·曼祖基奇都是克罗地亚队内最重要的球员之一。与所有其他球员一样，马里奥有自己的怪癖，但他是个性格直率的人。

我和马里奥在某些方面很相似——我俩都有点内向，极少情绪外露，有时可能很固执。但我愿意跟随马里奥参加任何战斗。无论发生什么，我知道他永远会拼尽全力，并且我俩永远互相支持，不会将对方抛弃。只有当马里奥状态欠佳时，他的表现才有可能达不到要求。

我一直在等待合适的时机和马里奥对话。我希望告诉他我有多么喜欢他，对我俩关系疏远感到多么遗憾。我想知道究竟发生了什么，以及为什么在过去三年里，我们不能像朋友那样交流……我和马里奥都知道，俄罗斯世界杯将会是我俩为国立功的最后一次机会，团结至关重要。我告诉他，我相信克罗地亚队实力足够强大，在俄罗斯世界杯上有机会赢得荣誉。经过开诚布公的交谈，我俩之间的坚冰融化了，关系和好如初。

“我没有生你的气，我以为你还在对我生气。”马里奥说。我也说了同样的话。

我的这段往事说明了一个道理，那就是如果你和朋友长期不交谈，再好的关系也可能变得糟糕。如果某件事情令你感到困扰，那么你应当立即去处理，尤其是当涉及人际关系时。那次谈话让我和马里奥之间瞬间产生了一股正能量，也许有人会觉得我太夸张，但我感觉我俩的关系变得比以前更牢固了。当我们老去时，可以向子孙后辈讲述俄罗斯世界杯，以及我俩一起亲历过的所有故事。

欧冠三连冠之路

2018 年春季，皇马的表现起伏不定。在最后 11 轮西甲联赛中，我们试图给球迷留下更好的印象，取得了 6 胜 4 平 1 负的战绩。赛季结束时，我们在积分榜上反超瓦伦西亚，位居第三，比排名第二的马德里竞技少了 3 分。但对皇马来说，获得第三名意义不大。

欧冠决赛前三周，在 2017—18 赛季最后一场西班牙国家德比中，我们的状态相当不错。那场比赛在诺坎普球场进行，虽然不会对联赛排名产生任何影响，但一如既往地激烈，巴萨曾两次领先，不过我们都顽强地将比分扳平。随着赛季临近结束，我们的信心得到了增强。

在欧冠八分之一决赛中淘汰巴黎圣日耳曼后，我们都相信皇马将会再次跻身决赛。经过欧冠抽签，我们在四分之一决赛阶段对阵尤文图斯，并且在都灵进行的首回合比赛中就展现了统治力，3–0 完胜对手：C 罗梅开二度，马塞洛也有一球入账。比赛第 64 分钟，我们见证了 C 罗打进他职业生涯数百粒进球中最精彩的进球之一，当接到卡瓦哈尔的传中后，他的倒钩射门简直堪称完美。

有段时间 C 罗一直希望以倒钩的方式破门，如今面对史上最伟大的门将之一布冯，他终于如愿以偿。那粒进球太棒了，或许只有都灵观众的反应比它更美妙：当 C 罗进球后，看台上的所有观众都站了起来，长时间为他鼓掌。如今回想起来，我认为这也是 C 罗在三个月后选择转会尤文图斯的一个主要原因。

然而，皇马在客场与尤文图斯一役中的表现和比赛结果令我们过于自信，回到主场后险些被翻盘。2017—18 赛季，虽然我们在某些场次的主场比赛中表现不佳，却从来没有像对阵尤文图斯时那样受尽折磨……那场比赛前一天，在罗马奥林匹克体育场，巴萨带着首回合 4–1 的巨大优势对阵罗马，但罗马发挥出色，最终以 3–0 的比分完成了一次史诗般的逆转。可我们没有从中学到任何东西。

在伯纳乌，尤文图斯非常勇敢，比赛开始短短 2 分钟后就取得领先。考虑到球队的表现，当时我就预感我们会遇到麻烦。第 37 分钟，尤文图斯的第二粒进球证明了我的担忧是有道理的。那两粒进球都由马里奥·曼祖基奇以头槌的方式打进，他将我们送进地狱，也让尤文图斯距离翻盘更近了两步。马里奥似乎特别擅长攻破皇马的球门，在 12 场比赛中收获了 5 粒进球和 1 次助攻。

比赛第 61 分钟，当马图伊迪为尤文图斯打进第三球时，我们真的陷入了危机。我们必须进球，否则一旦尤文图斯再进一球，我们就不得不与欧冠说再见……我们拼尽全力，终于在最后时刻得到了一次主罚点球的机会：卢卡斯·巴斯克斯在禁区内被贝纳蒂亚从身后推倒，裁判判罚了点球。

尤文图斯球员怒不可遏，尤其是队内经验最丰富的布冯，他也因为抗议裁判被直接红牌罚下。我能理解尤文图斯球员为何情绪激动，毕竟，他们曾十分接近翻盘，但我认为裁判做出了正确的判罚——那次犯规非常明显。C 罗没有犯错，稳稳地将点球罚进，我们也顺利地进入了半决赛。

皇马在半决赛中的对手是拜仁慕尼黑，双方首回合比赛在慕尼黑进行。在当时，我们熟悉的安切洛蒂已经于赛季初被解雇，不过接替他的拜仁新任主帅约瑟夫·海因克斯同样是我们的老熟人——1998 年，皇马曾经在海因克斯的执教下赢得欧冠冠军。此前，海因克斯曾数次执教拜仁，带领球队赢得了一系列奖杯，包括 2013 年的欧冠奖杯。

在安联球场，主队拜仁占据优势，基米希于第 28 分钟率先破门。尽管如此，我们的表现也很不错，马塞洛在第 44 分钟进球，帮助球队追平了比分。进入下半场后，替换受伤的伊斯科登场的阿森西奥在第 57 分钟再进一球，将比分改写为 2–1。我们将这个比分保持到全场比赛结束，在双方次回合交锋前建立了较大优势。

从历史角度来看，皇马在与拜仁的比赛中经常遭遇挫折，再加上那个赛季我们在主场比赛中屡陷困境，我们以非常认真的心态对待与拜仁的次回合比赛。不幸的是，基米希再次早早进球，在比赛进行到第 2 分钟时就帮助拜仁取得了领先……我们似乎面临着另一场严酷考验，但本泽马在第 11 分钟就用进球将比分追平。

下半场开始后不久，拜仁门将出现重大失误，本泽马抓住机会梅开二度，将比分改写为2–1。但拜仁一直在进攻，没有让我们有片刻放松。恰恰相反，对我们来说，比赛甚至变得更加艰难了。考虑到皇马的整体实力和经验，我不知道为什么会出现这种情况。

在伯纳乌，皇马球迷总是不断要求我们进攻，这可以理解。但我们应该明白，在这样一场高水平比赛中，一旦球队取得领先优势，就需要稳住节奏，而不是急于再进一球。第63分钟，从皇马租借效力拜仁的哈梅斯·罗德里格斯打进一球，将比分扳平。在那之后，拜仁尤其是哈梅斯得到了更多机会，我们也有机会进球，不过双方最终以2–2的比分战平。

我们一度濒临被淘汰，但无论如何，我们总算以微弱优势涉险过关，可以期待五个赛季里的第四次欧冠决赛了。这是史无前例的壮举，我们当之无愧。主场对阵拜仁一役后，有人抱怨裁判不够公正，尤其是当裁判的判罚对皇马有利时，外界的批评声会变得更响亮。事实上，裁判也做出了对我们不利的几次错误判罚，但人们似乎只愿意谈论裁判偏向我们的判罚。

又一个盛大的结局！我将再次前往基辅，在7个月前曾经与国家队队友共同庆祝胜利的同一座球场上踢比赛。这一次，皇马将在欧冠决赛中对阵富有传奇色彩的利物浦。这家俱乐部拥有出色的传统、迷人的历史，曾经培养了无数伟大球员，五次赢得欧冠冠军。在克洛普的执教下，利物浦刚刚度过一个美妙的赛季，我的好友洛夫伦也是利物浦首发阵容中的一员。

这注定是一场特别的比赛。

我已经参加过三届欧冠决赛，在随队前往基辅前不再像过去那样紧张。当然，我仍然会感到兴奋，但经验已经让我学会了控制这种情绪。对某些皇马球员来说，这还是他们第一次参加欧冠决赛。当齐达内播放一段家人给我们加油的视频时，每名球员都变得心情激动，不过那些首次征战欧冠决赛的队友显然更感动。齐达内对此早有预料，所以他还准备了另一段励志视频，向我们展示洛杉矶湖人、芝加哥公牛和波士顿凯尔特人所获得的成功。这些篮球队都曾缔造王朝，在各个时代展现出了惊人的统治力。

我既是一名铁杆 NBA 球迷，也很喜欢 NFL 职业橄榄球联盟，尤其欣赏新英格兰爱国者和那支球队内的现象级四分卫汤姆·布拉迪。就篮球而言，芝加哥公牛是我的最爱，因为迈克尔·乔丹独一无二。乔丹是一位伟大的冠军，就像阿里、费德勒和伍兹那样——这些传奇人物在各自的运动项目中树立了完全不同的标准，并激励了年青一代。2018 年初，在克罗地亚国家队美国行期间，我很荣幸见到了我的一位偶像，也就是职业生涯曾三次赢得 NBA 冠军的迈阿密热火队球员德怀恩·韦德。我和韦德交换了球衣，还一起闲逛了一会儿。

NBA 球员对欧洲足球的兴趣令我惊讶，毕竟，在人们的普遍印象中，美国人对足球运动毫无兴趣。当电影明星茱莉娅·罗伯茨带着丈夫丹尼和几个孩子来伯纳乌球场与我们见面时，我就知道这并非事实。罗伯茨是一位传奇人物，我们都想和她合影，她也很高兴能见到我们。她的孩子们很享受那段经历，愉快地和皇马球员合影，那一幕尤其令她开心。

欧冠决赛终于来了，齐达内向我们传递的信息非常明确。伟大球员总是能找到新的动力，来赢得新的冠军——这也是他们能够成为伟大球员的原因。无论他们已经取得多少场连胜，都能够继续拿出绝佳表现，因为他们享受赢球和夺冠的过程。“走进球场，享受足球带来的乐趣。”这就是齐达内在赛前会议上发表的主要言论。

在战术方面，齐达内一如既往地直接。齐达内希望我们尽快转移皮球，因为利物浦总是会对对手进行高强度的逼抢，比赛节奏非常快。皇马需要快速转移皮球，通过这种方式来突破他们的第一道防线，这一点至关重要。我们相信，皇马与利物浦的欧冠决赛将会被载入史册，同时也为创造新纪录，书写属于皇马新“黄金一代”的故事做好了准备。

当我们走进球场时，来自克罗地亚的著名二人音乐组合 2Cellos 演奏了欧冠主题曲。现场气氛庄严，看台上座无虚席。

利物浦的比赛风格并不让我们感到意外：球员速度很快，并且拥有娴熟的技术。他们很难对付，不过我们也坚守阵地，C 罗和本泽马频频在进攻线上制造威胁。第 30 分钟，球场上发生了戏剧性的一幕，利物浦遭遇挫折。萨拉赫在与塞尔吉奥·拉莫斯的一次纠缠中伤到左肩，不得不提前离场……人们对拉莫斯与萨拉赫的那次身体对抗议论纷纷，甚至有人指责他故意伤害萨拉赫。真是胡说八道！所有足球运动员都知道，那完全是一次意外。

随着萨拉赫被替换，我原以为比赛会变得更轻松，但我错了。短短 6 分钟后，我们失去了在球队战术中扮演着重要角色的卡瓦哈尔，这已经是他第二次在欧冠决赛中伤退了。

这是一场极其艰难的比赛，两支球队针锋相对，都希望打败对手。上半场双方都有机会，而进入下半场后，我们取得了理想开局：本泽马上前逼抢利物浦门将卡里乌斯，后者试图将皮球抛给后卫洛夫伦，却犯了个巨大错误，被本泽马直接伸脚将球挡进了球门左下角。

本泽马就像一只真正的狐狸，他的机智总是令我惊讶。然而 4 分钟后，双方又回到了同一条起跑线上。米尔纳开出角球，洛夫伦高高跃起将球顶向门前，马内抓住机会，用右脚垫射破门！第 61 分钟，齐达内用贝尔换下伊斯科。短短 2 分钟后，贝尔打进了他职业生涯中最漂亮，同时也是最重要的进球之一：马塞洛左路传球，贝尔在距离球门十三四码的位置左脚倒钩射门，皮球飞入了球门右上角。

第 83 分钟，这两名球员又参与了球队的第三粒进球。马塞洛左路长传转移，贝尔在右侧距球门 30 码左右的位置左脚打出一记势大力沉的落叶球，卡里乌斯近门柱扑球脱手，将皮球漏进了门内……当贝尔庆祝他在单场欧冠决赛中的第二粒进球时，利物浦门将卡里乌斯却黯然神伤。这就是足球：有人欢喜，就会有人忧愁。

我为卡里乌斯感到难过，但也很高兴我们完成了另一项历史性的壮举，那就是连续三个赛季赢得欧冠冠军。除了皇马之外，还没有任何其他俱乐部在改制后的欧冠联赛中成功卫冕，而我们已经实现欧冠三连庄！放眼欧洲，其他球队得花些时间，才有可能超越我们的历史地位了。皇马刚刚捧起俱乐部历史上的第 13 座欧冠奖杯，我们的名字将会载入史册，在历史上占据独特的位置，谁都无法改变。随后几天里，我一直沉浸于这种美妙的感觉中。

我试图安慰洛夫伦，他非常伤心。不过，接下来是庆祝的时候了。我已经经历过各种庆祝活动，但那种感觉仍然不可思议。我的几个孩子和我一起走进球场，而在欧冠决赛后的第二天，球迷们在马德里热烈欢迎我们回家，举办招待会，并且又在伯纳乌球场举行了一场派对……与前几次夺冠后的体验相比，这次唯一的区别是我无法入睡，因为实在太兴奋了。

如果说实现欧冠三连庄是个美妙的故事，那么在整个故事中，唯一的瑕疵就是 C 罗要走了。当我们还在球场上时，C 罗就暗示他将会离开皇马！我做梦也想不到他会离队。在球队庆祝夺冠的时候，我什么都没问他，以为他当时只是心情不好。然而，当一名球员在庆祝活动中表达离队的想法时，往往不会是随口说说，而是已经下定决心。

C 罗确实要离开皇马了。不过接下来，还有更多事情会让我感到惊讶。

CHAPTER 第九章 9

每天早上，我在马德里的家中醒来时，都会精神焕发。马德里的天气几乎总是阳光明媚、温暖，整个拉莫拉雷哈区非常安静。我经常走到门廊边坐下，观赏公园里的植物，聆听鸟儿的鸣叫声，那种感觉特别棒。当然，如果伊万诺和艾玛都在家并且天气不错，那么他们一大早就会跳进游泳池玩耍，用喊叫、笑声和嬉闹声打破周围的宁静。在这个世界上，没有任何事情比看着自己的孩子无忧无虑地玩耍更美妙了。我真的很喜欢我们的家。

瓦尼娅和我喜欢在清晨聊天，回顾我们的生活，并展望未来。我俩时常谈论人生中的往事，我想，这种交流也让我俩的关系变得更美好了。瓦尼娅和我并非总是意见一致，有时会发生分歧，甚至激烈争吵。这是婚姻生活中的一部分。如果我俩对所有事情的看法完全一样，那就太单调了！

与瓦尼娅谈话对我来说意义重大。在瓦尼娅面前，我既可以倾诉心中的苦恼，也可以与她分享各种趣事。有时候，听瓦尼娅说话、用心思考她说的话就够了，尤其是在她更有发言权的某些事情上。而在另外一些时候，我只需要她倾听我发泄自己关于足球或其他事情的挫败感。不过，在绝大多数情况下，我和她会愉快地交谈。

经过两天的庆祝，我终于可以抽出时间来放松一下，回顾过去发生的一切。随着肾上腺素消退，我还补充了睡眠。欧冠决赛那天，克罗地亚国家队球员齐聚萨格勒布，开始备战世界杯。洛夫伦、科瓦契奇和我跟达利奇谈过，他同意我们 5 月 31 日前往罗维尼和球队会合。

俱乐部赛季结束后，我们需要休息几天。老实说，我并不累。那年春季，伤病迫使我远离球场一个月，所以我才能在赛季最艰难的时期仍然充满活力，维持出色的竞技状态。第 4 座欧冠奖杯给我带来了巨大能量，我知道子孙后代会将我和队友们称为皇马的“黄金一代”，就像在过去 60 多年里，皇马球迷对迪·斯蒂法诺等足坛前辈的描述那样。

事实上在欧冠决赛前，西班牙媒体和几代皇马球迷就一直在谈论这些话题，他们相信我们有能力创造新纪录。这让我们感觉很好。不过，连续三个赛季赢得欧冠冠军，再加上我自从 2012 年加盟皇马后随队捧起的 12 座其他奖杯，才真正证明了这一代皇马球员和教练足以永载历史的水平。这也是为什么当我离开基辅时，会感觉如此特别。无论接下来发生什么，我已经在皇马实现了我渴望实现并为之奋斗的目标，谁都无法改变这个事实。

2012 年夏天，当我与皇马签约时，我相信自己将会赢得冠军奖杯。皇马是一家顶级俱乐部，肯定会在各种赛事中夺冠。然而，谁能想到我在皇马收获的奖杯数量如此之多？效力皇马初期，无论谁说我将随白衣军团 15 次夺冠，我都不会相信。但现在我信了，因为我已经拿到了这么多座奖杯。

一天上午，瓦尼娅和我坐在马德里家里的露台上，怀着无比自豪和喜悦的心情，一起回忆这个不可思议的故事。经过片刻思考，我突然脱口而出："瓦尼娅，你知道吗，我感觉太棒了，全身充满了动力。我想，我们会在世界杯上有所作为！"

瓦尼娅表情困惑地看着我，似乎想问我为什么会有这种预感。但我不需要她提任何问题，就向她倾诉了心里话。"这就是我的感受，并且已经持续一段时间了。我认为克罗地亚肯定能赢得一些荣誉，这种想法非常强烈。与其他人一样，以前只要球队从小组出线，我就觉得很不错了，但我坚信这将是一届属于我们的世界杯。别问我为什么，我就是知道。"

如果瓦尼娅不认识我，那她很可能会觉得我在参加了夺冠庆祝活动后，还宿醉未醒。但如果说有人能理解我对于某些暂时看来似乎无法实现的事情的想法，那么这个人就是她。因此，她没有对我的话不屑一顾，让我停止幻想。瓦尼娅从未见过我在克罗地亚出征某项国际大赛前如此信念坚定，但她希望我的期待能够变成现实，就像在我职业生涯中的其他时刻那样。

在马德里，与家人共同度过的那三天让我充满了活力。我知道我会离开几周，甚至感觉与妻子和孩子们分开的时间将会持续一个月，或者更久。分离从来不是一件容易的事情，但我仍然精力充沛、兴高采烈地前往罗维尼，与正在备战世界杯的克罗地亚队友们会合。我迫不及待想要加入球队。此前，通过与队友交谈，我就感觉这支球队拥有一种与参加往届大赛时的不同的能量。

当我怀着对俄罗斯世界杯的憧憬飞往克罗地亚时，齐达内却突然宣布他将离开皇马！这令我震惊。那时我们都知道C罗即将离队，这是第二个令俱乐部所有人感到惊讶的重大消息。没过多久，我的手机就快被打爆了，很多人和我通了电话，包括塞尔吉奥·拉莫斯、科瓦契奇、齐达内的助手哈维尔·科尔，以及负责一线队后勤的俱乐部官员。我们都深感震惊。

这个消息破坏了我的心情，我对齐达内离任感到难过。我和齐达内一见如故，我认为他的建议，以及对我的信任帮助我成了一名更好的球员。齐达内拥有伟大的人格，我不仅将他当成教练，还将他视为榜样，觉得可以从他身上学到很多东西。对于一位像齐达内这样富有魅力的教练，你会很难接受与他的关系成为过去时，不过幸运的是，后来他又再次执教皇马，与我们共事。

备战俄罗斯世界杯

5月31日，我在罗维尼和克罗地亚队友会合，当时他们在瓦布鲁纳体育场训练。我们在球场上互相打了招呼，然后就开始投入工作。我不想花太多笔墨来描述球队训练的具体内容，但无论在战术、体能或技术方面，我们在俄罗斯世界杯前的训练都处于最高水平。

那是我第六次为征战国际大赛做准备。自从2006年以来，我已经参加了三届欧洲杯和两届世界杯。在那几届赛事中，克罗地亚在2008年和2016年欧洲杯上取得了最佳成绩，两次都从小组出线，遗憾的是在首轮淘汰赛中就先后被土耳其和葡萄牙淘汰出局。2006年和2014年世界杯期间，我们都没能通过小组赛阶段，不过我们在2010年世界杯时的战绩最差，甚至未能晋级决赛圈。

从任何角度来讲，俄罗斯世界杯都是兹拉特科·达利奇在世界舞台上的处子秀。达利奇球员生涯从未入选克罗地亚国家队，作为教练也没有执教过克罗地亚国内最大的两家俱乐部——哈伊杜克和萨格勒布迪纳摩。不过在备战世界杯期间，他似乎充满了信心。达利奇拥有朝气蓬勃的激情，明显对执教克罗地亚队感到高兴，我认为这是激励整支球队的决定性因素之一。当然，我们在每届国际大赛前都充满了动力和热情，但这次的气氛非常特别。我们通常会提前宣布对取得好成绩的信念，这回什么都没说，内心却反而比以往更加坚定。

达利奇帮助克罗地亚球员在心理上为即将来临的世界杯做准备，我认为这一点至关重要。从一开始，达利奇就和球员们建立了良好关系，并促使大家相信俄罗斯世界杯将成为球队大放异彩的舞台。

另一个关键因素则是克罗地亚民众和球迷的支持。在萨格勒布，当我们与希腊的世预赛附加赛结束后，球迷们的热烈反应和巨大支持给我们带来了动力——就像赢得1998年世界杯季军的那支克罗地亚队，在世预赛附加赛中击败乌克兰时那样。

达利奇投入了大量精力来营造良好的团队氛围。当球队在罗维尼和奥帕蒂亚集训时，他让我们在训练之余适当地放松自己。奥帕蒂亚的某个夜晚令我记忆犹新，当时全队一起出去吃晚饭，度过了一段美好时光。我们以前从不聚餐吗？当然不是。这不算什么非同寻常的大事，但那次聚餐让球员彼此之间的距离变得更近了……我们并肩前行，谁都不想避开团队，或者试图独自站到一边。最重要的是，至少在我看来，我们并非刻意为之，而是真诚地希望和队友们团结在一起。

整个备战阶段，我们踢了两场质量不错的友谊赛。在利物浦，与巴西的一场比赛让我们有机会评估球队的实力：我们在前60分钟里表现出色，后30分钟落入下风，最终0–2输球。不过，我们的状态还不错，让克罗地亚球迷看到了希望。

另一场友谊赛在奥西耶克进行，我们的对手是塞内加尔。考虑到我们将在世界杯小组赛阶段对阵阿根廷和尼日利亚，与塞内加尔一役的练兵价值很高。虽然我们2–1获胜，但那场比赛也让我们意识到，一旦让非洲球队打出自己的风格，他们可能非常危险。在奥西耶克，现场观众高声为我们加油助威，这再次表明克罗地亚民众坚定地站在我们身后，并且对我们充满信心。在球队启程前往俄罗斯前，这给我们带来了巨大动力。

备战世界杯期间，达利奇在奥帕蒂亚组织的一场会议也非常重要。当时我们刚刚结束与巴西的友谊赛，从利物浦回到克罗地亚。在安菲尔德球场，我们看到了尼古拉·卡利尼奇闹剧的第一幕：当卡利尼奇得知他没有进入对阵巴西一役的首发阵容时，他向球队报告自己背部有伤。不过达利奇相信，卡利尼奇只是自尊心受到了伤害。

“团队至上，克罗地亚的利益高于个人利益，你们都得明白这一点。这是永远不变的原则。如果大家齐心协力，我们有机会赢得荣誉。如果有人不想待在这儿，没有为随时帮助球队做好准备，哪怕仅仅上场10

分钟、5 分钟甚至 1 分钟，请现在就告诉我。我们需要正能量，而不是紧张情绪。”通过这番话，达利奇表明了他绝不容忍任何不守纪律行为的态度。

我和尼古拉聊了聊。尼古拉对他在球队里的地位感到不满，因为他觉得自己状态正佳，应该比队内其他攻击手更有优势。我倾听他吐露心声，然后告诉他：“教练有权选择他认为最好的球员。曼祖基奇就像一头野兽，在尤文图斯表现出色，每场比赛 90 分钟都在球场上飞奔，从不停歇。但如果你认为你还没有准备好迎接我们在世界杯上可能遇到的所有挑战，我想，你应该立即明确地说出自己的想法。”

尼古拉的心态是积极的。“这不容易。我明白我正在与马里奥竞争，他处于更好的位置，但我有耐心。我会留在这里，尽我所能帮助球队。”

我相信危机很快就会烟消云散。通常情况下，每当克罗地亚队为征战国际大赛做准备时，我总是非常乐观地看待未来。从乔尔卢卡、曼祖基奇、拉基蒂奇、洛夫伦、苏巴西奇和维达等老将的眼神中，我看到了一种特别的光芒，仿佛大家都在说：“伙计们，这是我们最后的机会，别搞砸了。”

我们从来没有大声说出这个想法，但我经常思考自己在球队里扮演的角色。我告诉自己：“从各个方面来说，你都必须成为队长。你应当成为一名擅长鼓舞队友、以身作则，激励大家全力以赴的领导者。作为队长，你得学会倾听队友发牢骚，但如果有人以任何负面方式破坏球队的团结，你也必须站出来制止。”

在这方面，达利奇的态度至关重要。2017 年 10 月，在克罗地亚对阵乌克兰的世界杯预选赛前夕，我和达利奇首次见面。作为球队队长和主帅，我们从那时起就建立了良好的关系，经常交谈。达利奇并不是那种要求球员严格遵守他说的每句话的教练，他总是希望先听听队内最有经验的一些球员的想法，然后再做决定。

之前我已经说过，效力克罗地亚队 13 年后，我认为教练的核心职责是营造良好的团队氛围，提升球队士气。毕竟，球员们只能在国际比赛日会合，教练很难在短短几天内想出任何高明战术。在如此短暂的时间里，如果国家队教练试图让球员服从俱乐部式的制度，往往会适得其反。相比之下，教练更需要在更衣室促成良好的化学反应，为接下来的比赛选择最合适的阵型，并以一种积极的方式激励球员。

从这个角度来看，达利奇非常成功。当我们击败乌克兰，保住进军俄罗斯世界杯的一线希望，随后又在世预赛附加赛中淘汰希腊时，我和队友们都感受到了达利奇带来的积极能量。这也是克罗地亚球员愿意追随他的原因。

有人认为达利奇优柔寡断，或者太关心球员们想要什么，但这仅仅是因为他理解我们的想法。我听说过各种各样关于球员的故事，比如有媒体说，在过去，如果我们不喜欢主教练的方法，就会故意唱反调，导致教练被解雇……某些人似乎无所不知——其中相当一部分人与球队走得很近，甚至就在球队内部——还经常指名道姓地诬蔑我是幕后首脑。我猜，这能让他们编造的空洞故事看起来更真实。我在很久以前就习惯了这类谎言和半真半假的说法，所以从来不会让它们影响我的心情。

每当有人询问我的意见，我总是坦诚相告，在皇马和克罗地亚国家队都是这样。我欣赏开放的沟通方式，永远不会隐瞒内心的真实想法。

达利奇也一样：诚实、开放。他既会向我征求意见，也经常询问曼祖基奇、乔尔卢卡、拉基蒂奇、苏巴西奇、洛夫伦和维达等队内老将的看法。达利奇与其他球员单独交谈，组织所有人一起开会，然后做出他认为最好的决定。有时他接受我们的想法，有时他不会。至关重要的是，达利奇是球队的主教练，只有他才能掌握决策权。

与塞内加尔的友谊赛结束后，达利奇给我们放了几天假。我回了马德里一趟，因为我知道得有一段时间见不到家人了。与家人分离的日子相当难熬，不过我告诉瓦尼娅，我希望到 7 月中旬再与她和孩子们见面。在我离开那天，瓦尼娅为伊万诺组织了一场生日派对。

2018 年 6 月 10 日，我和国家队的队友们在萨格勒布会合。当天晚上，我又拿到了一座个人奖杯：三天前，克罗地亚国内顶级联赛的球员和教练们评选我为赛季最佳球员，克罗地亚足协在武科瓦尔将这项荣誉授予了我。

第二天上午，克罗地亚队的“俄罗斯行动”进入最后阶段。在这支远征队伍中，所有人齐聚机场，喜悦之情溢于言表。同样值得注意的是，我们都想尽快抵达目的地，这样就可以快些换上运动装了。我们穿着品质很好的官方套装，但球员总是觉得身穿工作服时最舒服，这也是为什么我们要求达利奇允许我们穿着运动服，而不是西装革履地去参加比赛。

克罗地亚足协选择了位于伊利切沃的一个集训营，那里距离圣彼得堡大约 1 小时车程，为球队提供了训练和准备迎接未来挑战所需要的舒适、理想条件。当地的综合设施被称为“林地狂想曲”，拥有令人叹为观止的自然风光、湖泊、森林、宁静祥和的环境，以及宜人气候。

酒店工作人员非常友善，热情地为我们服务，显然希望让我们感到宾至如归。他们既是出色的主人，也是真正的球迷。与其他球员一样，我有自己的房间。（在国际比赛日，如果我不得不与队友同住一个房间，我几乎总是选择和乔尔卢卡同屋。）我们的训练地点位于罗希诺，距离酒店大约 15 分钟车程。外界很容易低估训练条件和住宿的重要性，但球员们需要安静的环境，需要远离任何有可能干扰他们，或者扰乱球队日常工作的事情。

我已经随克罗地亚国家队征战了五届国际大赛，根据过往经验，我深知首场比赛的重要性。在奥地利和法国举办的欧洲杯上，我们在首场比赛中分别击败东道主和土耳其，之后顺利地从小组出线。而在德国和巴西世界杯期间，我们都在首轮小组赛中不敌巴西，未能晋级淘汰赛。当然，在 2012 年波兰—乌克兰欧洲杯上，我们首场比赛赢了爱尔兰，但我们还得面对实力强大的同组对手西班牙和意大利，出线太难了。

如果我们统计克罗地亚独立后参加的所有国际大赛，就会发现首场比赛的胜利能帮助球队进入淘汰赛阶段。相反，如果克罗地亚队首战失利，几乎总是无法从小组出线。

那段时间我们还喜欢玩数字游戏，找到了一些奇妙的巧合。例如，在数字里含 8 的年份，克罗地亚足球往往能收获成功。1998 年，首次征战世界杯的克罗地亚赢得季军；10 年后的 2008 年，我们在欧洲杯上表现出色，小组赛三战全胜，以令人信服的方式晋级淘汰赛。在即将来临的 2018 年世界杯，我们期待着获得同样的成功。

有趣的是，克罗地亚队在数字里含 0 的年份往往战绩糟糕：2000 年荷兰——比利时欧洲杯和 2010 年南非世界杯上，我们都未能通过预选赛。但在 2020 年欧洲杯预选赛期间，我们以小组头名的身份晋级决赛圈，这表明巧合终归只是巧合，我们不能太迷信。

尼日利亚

在俄罗斯世界杯上，我们渴望在首场比赛中证明自己的价值，让所有人都看到，克罗地亚队确实值得被寄予厚望。作为我们的对手，尼日利亚很难对付，拥有一群优秀的球员。我们非常清楚，如果尼日利亚打出自己的风格，他们有能力给任何球队带来麻烦。

但在赛前的几天里，我们并没有感受到太大压力。正如我之前所说，球队士气太重要了。在俄罗斯，我们始终团结一致：彼此关系亲密、相互支持、充满动力。

我们喜欢饭后坐着聊天，出门散步，享受酒店周围美妙的自然风光，一起运动或者玩游戏。洛夫伦、布罗佐维奇、科瓦契奇和我经常打乒乓球，而在飞镖比赛中，维达和我总是输给科瓦契奇……我们还会玩《FIFA》游戏，或者围观其他队友游玩。最让我深受鼓舞的是，几乎没有任何人选择回到自己的房间，独自观看电影。在我看来，这种团结和亲密感是促使我们赢得成功的关键因素之一。

达利奇知道如何在严肃的训练与轻松的氛围之间把握平衡。随着比赛日益临近，球员们开始变得紧张，达利奇做出了一个明智的决定，那就是让我们改变旅行习惯，在赛前两天抵达主办城市。我们花了1小时从酒店坐大巴到机场，然后又在飞机上待几小时。达利奇希望我们尽快适应新环境，留出足够的时间来为比赛做准备。

从那以后，我们就再也没有在举办比赛的城市过夜。这种做法很聪明：比赛结束后，球员们很累，但体内的肾上腺素还在流淌，往往很难入睡。因此，我们更愿意乘坐飞机或大巴赶路。这既能让我们的身体摆脱压力，又让我们在第二天有充裕的时间梳洗和放松。

球队抵达加里宁格勒后，我发现主办方将世界杯组织得既精彩又安全。在球队驻地，我们拥有一支顶尖安保团队。而在比赛中，一切都处于最高水平。当然，首场比赛前的气氛非常棒：身穿格子球衣的克罗地亚球迷坐在体育场四周的看台上，为我们提供了巨大支持，让我们觉得就像在克罗地亚踢主场比赛。

与尼日利亚一役中，比赛形势完全朝着我们预想的方向发展。我们保持紧凑阵型，在很大程度上限制了对手发挥，尤其是没有让速度奇快的尼日利亚球员打出反击。达利奇要求我们安全地传球、换边并快速跑动，一旦丢球就要立即逼抢对方，重新获得球权。总的来说，我们的表现相当稳定，并最终以2–0的比分获胜。这意味着我们实现了第一个目标，那就是拿下首场比赛，从而减轻对阵阿根廷时的压力。我认为我发挥得很好，但这并非因为我打进了一粒点球，而是因为我感觉自己既坚定又专注。

赛后，乔尔卢卡来找我说：“卢卡，我们遇到了一个问题。”

尼古拉·卡利尼奇闹剧又有了新的进展。在利物浦，当卡利尼奇第一次说自己背部有伤时，达利奇已经表达过对这种行为的不满。如果类似的情况再次发生，我们该怎么办？乔尔卢卡和我向达利奇了解情况，达利奇告诉我们，他原本打算在比赛最后时刻换上卡利尼奇，但卡利尼奇拒绝登场，理由是背部疼痛……达利奇受够了，想要开除卡利尼奇。

我们建议达利奇再考虑考虑，第二天上午再做决定，他同意了。当时，我们正沉浸于首战告捷带来的喜悦中，暂时将烦恼抛到了一边。在加里宁格勒，克罗地亚球迷营造的氛围棒极了。我和队友们都希望卡利尼奇能做点什么来缓和教练的怒气，我相信达利奇也有类似的期待，所以他一直等到了晚上。但卡利尼奇什么都没做。

于是，达利奇让他的助手奥利奇通知卡利尼奇第二天上午离队，收拾行李回家。大约夜里10点，卡利尼奇打电话叫我去他房间，告诉我达利奇的决定令他非常难过。当我到达卡利尼奇的房间时，与他私交更深的佩里西奇、斯坦尼奇和雷比奇已经在场，他们为他感到难过，却也知道他犯了个巨大的错误。卡利尼奇是个好人，也是一名优秀的球员，不过直到那时候，他才意识到自己究竟做错了什么。经过与达利奇和奥利奇交谈，他知道没有回头路了。

当时的情况令人非常不愉快，也意味着在2018年世界杯余下的时间里，我们都比其他球队少一名球员。但这起事件并没有损害球队的士气。在克罗地亚队内，球员们始终团结一致，肩并肩走到了最后。我想，这与战胜尼日利亚所带来的快乐有很大关系。

阿根廷

第二天在球队驻地，我们把所有注意力都转移到了与阿根廷的比赛上。我们非常兴奋。就足球而言，阿根廷是个超级大国，他们拥有利昂内尔·梅西，曾经两次赢得世界杯冠军。继在2006年和2014年世界杯上迎战巴西队之后，阿根廷是我们遇到的最伟大的对手。与阿根廷的比赛也让我想起了一些特别的回忆：2006年3月，在我完成克罗地亚国家队首秀的那场比赛中，梅西打进了他在阿根廷队的第一粒进球。

我们迫不及待想要走进球场，通过与强队过招来看看自身实力究竟怎么样。在历届世界杯上，阿根廷始终是夺冠热门球队之一，如果我们希望在俄罗斯赢得荣誉，与阿根廷一役将是我们不得不面对的一次真正考验。

我们观看了阿根廷对阵冰岛队的比赛，觉得我们有能力与他们扳手腕。我们是否应该浪费笔墨来谈论梅西的天赋？不，完全没必要。我们都知道，梅西肩负着前所未有的责任，阿根廷人希望他能带领球队赢得世界杯冠军，但这也给他带来了巨大负担。

鉴于我在国家队的位置，我能理解梅西的感受：人们对克罗地亚队的期望，总是与我密切相关。媒体经常对我为球队所做的贡献指指点点，有人甚至说我不在乎克罗地亚队，将所有精力留给了皇马。对于这类言论，我能说什么呢？

某些人过分强调球星的重要性，但我从来都不认同这种观点。我了解很多伟大的球队，也读过关于著名俱乐部和球星的许多文章。我想，谁都不会声称某名球员是一支球队赢得联赛或杯赛冠军的决定性因素。足球是一项团队运动，任何个人都无法弥补整支球队的弱点，无论他多么天赋异禀。

人们给梅西施加了几乎无法承受的巨大压力，这只会令阿根廷的处境变得更加艰难。另外，2014 年巴西世界杯上，阿根廷队一度非常接近夺冠。梅西究竟是否和马拉多纳一样伟大，甚至比马拉多纳更伟大？这个问题的答案，并不取决于他是否曾经在决赛中进球。2014 年里约热内卢，在阿根廷对阵德国的世界杯决赛中，梅西没有进球。对于一支志在夺冠的球队来说，拥有一名现象级球员还不够：所有球员都必须发挥出色，他们才有机会赢得最终的胜利。某些时候，就算某支球队集齐了夺冠所需要的所有拼图，也有可能因为运气欠佳而无缘奖杯。

我们和阿根廷的比赛在下诺夫哥罗德体育场进行。虽然看台上的克罗地亚球迷不像前一场比赛那么多，但他们再次营造了梦幻般的氛围。赛前，我们研究过阻止梅西的最佳方式。我曾多次在西班牙国家德比中和梅西交手，科瓦契奇也一样。当梅西独自带球并迅速变向时，他几乎不可阻挡，如果防守球员跟他一对一，会很容易被他突破。对我们来说，更好的做法对梅西进行区域联防，阻止他拿球，迫使他后撤到更深的位置去接球。出于这个目的，我们让球场左路的另外两名球员斯坦尼奇和佩里西奇也频繁参与对梅西的防守。

怎样才能防住像梅西这样一名不可思议的球员？这是我可以用来描述球队赛前计划的唯一表达方式，而在比赛中，这项计划确实奏效了。

比赛前半段，两支球队势均力敌。阿根廷在前 30 分钟内制造了数次险情，佩里西奇和曼祖基奇也得到了一些好机会。我感觉我们发挥不错，并且相信球队在下半场甚至能拿出更好的表现，足以应付局面。

对我们来说，第一粒进球非常关键。阿根廷门将卡巴列罗出现了一次低级的传球失误，但他之所以犯错，与安特·雷比奇的顽强和远见有着莫大关系。在看似毫无机会的情况下，雷比奇逼抢卡巴列罗，迫使他犯了错误……雷比奇极有个性，这很可能是他能够打进那粒漂亮进球的原因。我想，当面对高空球时，绝大多数球员都会尝试先控制皮球，但雷比奇却直接凌空侧勾射门，并破门得分！

从那时起，在欣喜若狂的克罗地亚球迷们的助威声中，我们在球场上满场飞奔。到了下半场，我们彻底打垮了阿根廷，3–0 的比分也清楚地反映了两支球队在比赛中的差距。

我们需要那场巨大的胜利，而我也对自己的表现感到满意。我打进了球队第二粒进球，那是禁区前沿的一脚远射，进球方式几乎与 2013 年我在皇马对阵曼联的一场欧冠比赛中的进球完全一样，不过当时我没有庆祝，因为皇马还需要再进一球。但在与阿根廷一役中，我的情绪爆发了：看着皮球飞入球门，我开心得像个孩子。

在世界杯赛场上，当我面对如此伟大的对手，打进一粒如此重要的进球，然后跑向边线向看台上疯狂的球迷们致意，再与队友、教练们一起庆祝时，那种感觉真是太棒了。

赛后我们在更衣室里举办了一场派对。我们之所以庆祝，是因为前两轮小组赛结束后，我们已经晋级 16 强，完成了最低目标。我们放松心态，喝了几杯啤酒，但并没有忘乎所以。毕竟，最盛大的派对还没有到来。击败阿根廷并不像看起来那么简单，但无论如何，那场胜利给了我们信心。我们占据了压倒性的优势，登场和替补席上的所有人都发挥了作用。团结至关重要：如果一支球队不够团结，那么他们甚至不可能去思考怎样才能在球场上超越对手。

从某种意义上讲，在一场重要比赛中击败夺冠热门球队之一，也成了我们一路高歌猛进的催化剂。庆祝派对结束后，在前往机场的大巴上，球队的反应显示了我们的成熟。起初，我们齐声高唱曼祖基奇、维达等几位“DJ”挑选的歌曲，但我们很快就降低声音，开始谈论接下来的比赛。

回到酒店后，酒店工作人员对我们表示热烈欢迎。我们的手机响个不停，家人和朋友发短信祝贺我们，而来自克罗地亚的视频画面，则让我感受到了祖国球迷们的快乐。童年时，我经常想象在 1998 年，当克罗地亚民众走上街头和广场庆祝球队赢得世界杯季军时，那一代克罗地亚球员的感受。阿根廷让我第一次亲自体会到了那种情绪。我和队友们都觉得，我们在情感上与全世界的所有克罗地亚人联系密切，无论他们身在家乡，还是在其他国家生活。

每场比赛结束后，我都会给瓦尼娅和孩子们，以及我的父母打电话。他们的幸福感也让我感到快乐。我比以往任何时候都更兴奋，自信心爆棚，觉得自己在球场上无所不能，可以击败任何对手。

与阿根廷一役后，我们在球队训练营平静地度过了一天。洛夫伦、弗尔萨利科和我到湖边散步，还坐着聊了会儿天。洛夫伦和弗尔萨利科私交甚笃，往往只需要对视一眼，就会立刻开怀大笑。不过这一次，我们的谈话非常严肃。

在过去，每当我们谈论克罗地亚队在国际大赛中的雄心壮志时，总是将通过小组赛，然后拿下至少第一轮淘汰赛视为目标。自从获得独立后的 27 年里，在克罗地亚有机会参加的共 12 届国际赛事中，我们曾 10 次晋级决赛圈。考虑到克罗地亚只有大约 400 万人口、12 万～ 13 万名足球运动员，这已经是一项了不起的成就。要知道，曾经在世界杯上四次夺冠的意大利都无缘征战俄罗斯世界杯。

但足球运动之所以令人兴奋，一个重要原因就是，在球场上大卫也可以打败歌利亚。这就是为什么每当克罗地亚跻身大型锦标赛的决赛圈，我们都不满足于充当过客。

随着克罗地亚在1998年世界杯上赢得奖牌，人们始终对这支球队寄予厚望，但自那以后，我们还从未通过小组赛阶段。所以我们认为，跨过第一道坎至关重要，只要克罗地亚队冲出小组赛，前路自然会通向尽头。洛夫伦、弗尔萨利科和我的结论是：我们已经为这条道路做好了准备；球队的实力足够强大，可以为奖牌而战。我们从来没有想过会在路上滑倒，也不会因为过去几次尝试失败而倍感压力。

在俄罗斯世界杯的第一阶段，我们放了一天假。大家都说圣彼得堡很美，那座城市距离我们的训练营只有1小时车程，但谁都没有心情放松。所有球员都在放假那天进行个人训练，健身房里挤满了人……效力克罗地亚国家队的13年里，我从来没有看到过队友们如此卖力地加练。我们完全专注于接下来的征程。

冰岛

冰岛是我们的下一个对手。那几年两支球队经常碰面，而在世界杯小组赛阶段的那次交锋，是我5年来对阵冰岛的第5场比赛。冰岛一直在进步，一年前曾经在俄罗斯世界杯预选赛中击败我们。作为一个位于某座遥远岛屿上，仅有35万人口的国家，冰岛完全有理由为他们的足球队感到自豪。

赛前，冰岛队需要一场胜利：如果冰岛队赢球，形势朝着他们所期待的方向发展，那么冰岛将以D组第二名的身份进入淘汰赛阶段。当时我们已经提前出线，但我们不愿有丝毫松懈。如果我们在与冰岛队的比赛中失利，没有人会指责我们，但任何错误的举动都有可能产生负面影响。

达利奇告诉我，他想让我为淘汰赛阶段保存体力，所以在与冰岛队的比赛中，我只会上场踢大约 20 分钟。达利奇仿佛读懂了我的心思。我明白担任替补对我有好处，让我能够松口气。但我也注意到另一个现象：无论在俱乐部抑或国家队，一旦教练因为害怕我会受伤而将我雪藏，导致我参加比赛的连续性被打破，我在下一场比赛中的节奏都会稍稍下滑。

2008 年欧洲杯期间，我缺席了克罗地亚与波兰的第三场小组赛，而在接下来对阵土耳其的淘汰赛中，我未能发挥出最佳状态。2016 年法国欧洲杯，我没有在对阵西班牙的第三场小组赛中登场，随后在与葡萄牙的比赛中完全找不到节奏。因此，为了保持状态，我至少需要在正式比赛里上场踢一段时间。

但在比赛开始前两天，达利奇改变了主意。达利奇向我解释说，他打算在与冰岛一役中派出 9 名新球员，这些球员凭借努力训练、良好行为和责任感赢得了机会。达利奇认为，如果我作为队长首发登场，对他们的信心有好处。“如果你在球场上，他们会更自信。”

我同意了。我总是希望参加比赛，即便每个人都告诉我，适当地轮休会更明智。我们与冰岛一役在罗斯托夫竞技场进行，比赛当天天气闷热，不过看台上的克罗地亚球迷仍然创造了极佳氛围。除了佩里西奇和我之外，场上另外 9 名克罗地亚球员都是首次参加世界杯，但他们的表现相当不错。每个人都充满动力，在狭小空间内充分展示技术，将自己的名字写进了历史。

比赛第 52 分钟，巴德利打进一粒精彩进球，帮助球队取得领先。第 76 分钟，冰岛队利用点球将比分扳平。当时，达利奇已经用此前还没有在俄罗斯世界杯上亮相的布拉达里奇将我换下。整个世界杯期间，克罗地亚队内只有第三门将利瓦科维奇从未登场，不过作为一名年轻门将，他的职业生涯还很漫长。

冰岛队大举进攻，想要再打进一球，却在最后一分钟丢球：在一次防守反击中，佩里西奇在大禁区左侧抽射破门，将比分锁定为2–1。这意味着在克罗地亚征战世界杯历史上，我们首次以豪取9分的全胜战绩出线！

对替补球员们来说，这场胜利就像一份应得的奖赏。他们在比赛中发挥出色，击败冰岛给他们带来了巨大的满足感，因为他们为克罗地亚队的连胜纪录做出了贡献。赛后，我和乔尔卢卡聊了聊，那也是自从达利奇让他在世界杯上担任替补以来，我俩的第一次谈话。

2006年，我和乔尔卢卡一起首次入选国家队，直到俄罗斯世界杯前，他始终是一线队不可或缺的一员。但在世界杯前一年，他的跟腱断裂了。由于伤势太严重，乔尔卢卡不得不接受一次复杂的手术，然后经历一段漫长恢复期……对乔尔卢卡来说，那些日子相当难熬，因为他渴望尽快伤愈复出。乔尔卢卡并不确信达利奇是否会带上他征战世界杯，他需要与时间赛跑，证明自己已经完全恢复健康，并且能够承受高强度的比赛节奏。

2018年3月初，乔尔卢卡回到了球场。我鼓励他振作起来，因为我知道他有多么想要参加俄罗斯世界杯。当时，乔尔卢卡效力于俄罗斯俱乐部莫斯科火车头，担任队长，在世界杯前刚刚随球队赢得俄超联赛冠军，此前还曾三次勇夺杯赛冠军。在征战俄超联赛的几年里，乔尔卢卡深受俄罗斯球迷喜爱，成了一位传奇人物。

在世界杯前，乔尔卢卡的身体已经完全康复，但由于之前曾远离球场八九个月，他很难在短短3个月内找回最佳状态。达利奇选择让维达和洛夫伦担任球队的首发中后卫，这个决定令乔尔卢卡很难接受，但他仍然保持积极心态。许多年来，乔尔卢卡始终是克罗地亚的一名关键球员，但他总是将球队的利益置于自身利益之上，从来不会制造麻烦。

这反映了乔尔卢卡的性格和伟大品格。在往届国际大赛中，当某些球员遇到类似的情况时，他们往往会喋喋不休地抱怨，而这会破坏更衣室氛围。不过，在俄罗斯世界杯上，除了尼古拉·卡利尼奇闹剧之外，球队内部没有出现任何问题。在克罗地亚队，每名球员都保持积极、开放和坦诚的心态，这是我们赢得成功的基础之一。

丹麦

距离第一场淘汰赛还有 5 天，我们的对手是丹麦。每逢世界杯和欧洲杯，家人和朋友都会找我要门票，尤其是当我们面对知名度较高的对手，或者比赛在较小的球场进行时。我已经习惯了。但在我们与丹麦队的比赛前，我遇到了前所未有的情况，简直措手不及。太疯狂了！无论我事先制订看上去多么周全的计划，恐怕都无法满足亲朋们的需求……我预订了 30 ～ 50 张克罗地亚对阵丹麦的比赛门票，如果球队能跻身半决赛，我打算预留更多门票。尽管如此，我仍然将所有门票都送了出去。

整个俄罗斯世界杯期间，我总共花了大约 10 万欧元预订比赛门票，但我并不后悔：求求上帝，让类似的事情再次发生吧。

从首轮小组赛开始，我的父母飞往现场观看了克罗地亚队的每场比赛。他们在俄罗斯度过了一段愉快时光，我为他们感到高兴。他们工作了半辈子才退休，还得抚养三个孩子，照顾家中长辈。当我在萨格勒布迪纳摩开始赚钱时，我让母亲辞掉工作，全身心地操持家庭，给自己留一些时间，但她不愿意。直到我与托特纳姆热刺签了一份丰厚合同后，才终于说服母亲退休。我的父亲甚至更顽固，他在军队服役了42年半才退休。

瓦尼娅和我商量怎样带孩子们观看世界杯。考虑到索菲亚还太小，不宜长途旅行，伊万诺和艾玛要上学，我们制订了这样一份计划："16强淘汰赛过后，你就带着伊万诺和艾玛来俄罗斯吧。"瓦尼娅笑了，因为这番话表明我相信克罗地亚队将会从小组出线，并在首轮淘汰赛中赢得胜利。我非常想念我的妻子和孩子。幸运的是，我们还可以视频聊天。

对阵丹麦的八分之一决赛前，球队的准备工作和以往大致相同。达利奇警告我们注意丹麦的优势，以及他们危险的定位球。我们进行了防守演练。达利奇要求我们在中场加强逼抢，迫使丹麦队的中后卫组织进攻。丹麦是一支强队，很少丢球，并且拥有一些顶尖球员，尤其是充满创造力、擅长传中和主罚定位球的攻击手克里斯蒂安·埃里克森。不过，在看过丹麦队的比赛后，我相信我们的实力更强，能够击败他们。

赛前的几天似乎过得异常缓慢，部分原因在于我们期待赢球，却又难免会感到焦虑。毕竟，我们面前是克罗地亚在过去20年里从未迈过的一道坎。虽然我们在小组赛阶段表现出色，为克罗地亚民众带来了巨大的快乐，但如今我们正面临着整个故事即将结束的危险，就像此前的五届国际大赛那样……一旦克罗地亚在首轮淘汰赛后出局，我不难想象人们的反应：我们会被称为"莫德里奇的失败者一代"。

我为参加俄罗斯世界杯做了特别的准备，尤其是在心理方面。当然，我也没有忽视身体健康和预防伤病的必要措施。2017—18赛季，几次伤病迫使我缺席了四五场比赛，但这也让我得以在赛季末保持充沛体能。过去几年间，我在训练中与萨格勒布大学运动学学院教授弗拉特科·武希蒂奇合作，感觉身体变得更强壮了。在俄罗斯，肾上腺素让我一直保持着极好的节奏。

对我们来说，与丹麦一役的开局简直如同噩梦：我们甚至还没有跑到自己的位置，他们就已经取得了领先。比赛第1分钟，丹麦左后卫克努森掷界外球，他将皮球大力扔向我们的禁区，另一名丹麦后卫在混战中左脚射门，皮球从多名球员腿间穿过，被苏巴西奇挡了一下后改变方向，然后慢慢滚入网窝。赛前，我们针对丹麦队的定位球进行了防守训练，却没有为他们的远距离界外球做任何准备。总的来讲，防守定位球是我们的最大弱点。谁能想到在2018年俄罗斯世界杯上，定位球得分会成为我们的一项优势呢？

这或许是我们充分意识到球队精神力量的第一场比赛。我们没有被打垮，而是迅速做出反应，很快就扳平了比分。与丹麦队几分钟前破门时的情况一样，这一次我们很幸运，因为皮球在撞到一名丹麦后卫的脑袋后弹到曼祖基奇脚下，曼祖基奇自信地射门得分。

比赛开始短短4分钟后，双方比分是1–1。但恐怕谁都想不到，在接下来的116分钟里，比分没有发生任何变化。两支球队都太清楚这场比赛的重要性了，所以会尽量避免犯错，这也导致比赛缺乏观赏性。丹麦队的界外球令我们大吃一惊，不过当我们追平比分后，比赛形势完全朝着我们预想的方向发展。在巨大压力下，我们和丹麦球员的表现都受到了影响。

另外，比赛当天下诺夫哥罗德天气炎热，湿热的空气令我们的体能消耗得更快，并且很难集中注意力。在我看来，这是整届世界杯上最艰难的一场比赛，我的队友们也这样认为。经验丰富的评论家们总是说，如果一支球队想要跻身决赛，就不得不拿下某场关键比赛。然而，那

120 分钟和点球大战特别难熬——压力太大了。

如果球队赢球，所有人都会特别兴奋，而一旦球队失利，你就只能接受媒体的指指点点，就像 2008 年欧洲杯上，我们在四分之一决赛中被土耳其淘汰后那样。

从我与皇马签约的那一天起，在克罗地亚，越来越多的人对我在国家队的表现提出批评。或许是因为我效力于皇马这样一家著名俱乐部，人们似乎认为我应该拿出超凡脱俗的表现，尤其是当我身穿国家队球衣时。

当我逐渐适应皇马的足球风格，尤其是在客场对阵曼联那场至关重要的比赛后，大部分西班牙媒体都对我赞不绝口。皇马球迷支持我，队友和教练们尊重我，而且不谦虚地说，我也一直表现出色。与此同时，克罗地亚媒体却批评我进球少、助攻少，在比赛中过于保守。在西班牙，每个人都称赞我传球的质量和重要性，尤其是当我的传球最终转化为进球时。然而，克罗地亚人却发明了一个颇具讽刺意味的术语来描述它们："预助攻"……就连某些教练也认同这类观点。一旦克罗地亚队遭遇失败，或者战绩没有达到预期，很多媒体就会针对我发表批评意见，将我们称为"莫德里奇的失败者们"。

另一方面，我已经连续 7 年被克罗地亚球员和教练评选为克罗地亚最佳足球运动员，看台上的球迷们也热情地支持我。从 2017 年秋季开始，人们对我的态度发生了明显变化。当我在奥西耶克地方法院的证词引发批评后，我曾经质疑自己在国家队的位置。那时我很清楚，我在克罗地亚队的处境将会变得更加艰难，但我太喜欢为国家队效力了，不愿意放弃再一次帮助球队建功立业的机会。我从内心深处找到了新的力量，并告诉自己："够了！行动胜于言语，努力把握机会，勿失良机！"

2017年秋季，克罗地亚开始在世预赛中丢分，不过球迷们对我的支持变得越来越强烈了。媒体对我的称赞比以往任何时候都更多。虽然我们输给了土耳其，战平芬兰，但媒体认为在克罗地亚队内，我是发挥出顶尖水平的极少数几名球员之一，其他人应该将我视为榜样。

我想，那是克罗地亚媒体第一次以那种方式夸我，这让我觉得很奇怪。我确实表现不错，可我们本有机会全取6分，却丢掉了其中的5分。究竟发生了什么？如今回头来看，克罗地亚球迷似乎意识到我已经变了，他们对我的看法也发生了变化。经历过去所发生的一切，我决心承担起自己作为球队领袖的责任：在国家队生涯结束前，我必须全力以赴，带领球队取得一些特别的成就。

在察契奇执教球队的最后三场比赛里，克罗地亚对阵科索沃、土耳其和芬兰，我都拼尽了全力。自从达利奇成为克罗地亚新任主教练后，我们在与乌克兰和希腊的三场比赛中取得出色成绩，令克罗地亚球迷们精神振奋。所有媒体评论人士，以及与国家队关系密切的人都赞扬了达利奇和我，将我们形容为“这一代的真正领袖”。

我必须承认，舆论对我的态度变化也表明我过去做得还不够好，对之前发生的事情负有部分责任：我不知道究竟该怎样树立领袖的权威，或者作为领袖还缺乏说服力。现在我没有退路了，因为所有人都希望我全力以赴；球迷们回来了，气氛再次变得积极起来。我不能让克罗地亚球迷失望，否则他们不会容忍，也永远不会遗忘。

在等待与丹麦的点球大战正式开始时，所有的责任感、负担和风险似乎都被塞进了那个瞬间。肾上腺素一直在我的血管里流淌，但我需要它，因为它会带来决心和勇气。我在加时赛罚丢一粒点球，不过，当达利奇走上来鼓励我在点球大战中担任罚球手前，我已经做出了决定：我绝不能让队友和自己失望。

如果我逃避责任，被主罚点球的压力吓倒，队友们会怎么看？如果我的朋友们正面临着职业生涯中最大的考验，我却躲进了老鼠洞，那我还算什么领导者？有人说在那一刻，我似乎不知道自己在哪里。但事实上，我非常清楚自己想要什么，尤其是将会承担怎样的风险。

如果丹麦淘汰克罗地亚，我们将再一次被称为失败者。如果我们输球，我就是球队的罪人。人们有理由这样认为，因为在比赛第 116 分钟，我罚丢了一粒点球。因此，如果我不参加点球大战，而球队最终输球，我将会令所有克罗地亚人失望，包括我自己。更重要的是，如果我再次罚丢点球，那么我就得成为有史以来最大的失败者了……由于当时仍然有人对我的证词感到愤怒，我肯定会成为历史上最遭人憎恨的人之一，永远没有回头路可走。

我明白球队正处于危急关头，但在那一刻，我试图让自己冷静下来。队友们鼓励我，帮了我很多。我知道队友们很难受，因为我们本有机会在加时赛阶段锁定胜局，但我看到他们都同情我。我觉得自己亏欠了他们，亏欠所有人。

让我们先回顾一下在比赛第 116 分钟，丹麦门将卡斯帕·舒梅切尔扑出的那粒点球。

当时，我们发起了一次漂亮的进攻。我在中场接球，看到雷比奇冲向对方禁区，于是为他送出了一脚直传球。雷比奇过掉舒梅切尔，却被丹麦队的一名后卫铲倒，裁判判罚了点球。过去我从来不会在比赛日研究对手门将，但在那天早些时候，守门员教练马扬·姆尔米奇向苏巴西奇和我展示了丹麦球员怎样罚点球，以及舒梅切尔对点球的反应：他常常在对方罚出点球的前一刻就倒地扑球。

考虑到这一点，我打算朝着球门中路主罚点球，因为当我射门时，舒梅切尔很可能已经扑向了球门的某一侧。我将皮球放到罚球点上，觉得自己仿佛正拿着钥匙，即将打开一扇过去20年一直紧闭的门。比赛只剩下最后几分钟，我不相信丹麦队还能进球；如果他们大举压上，也许我们还能通过反击打进第三球。

我跑向罚球点，没抬头看舒梅切尔，但我突然在一瞬间改变主意，将皮球射向了球门的一侧……舒梅切尔轻松完成扑救，用双手稳稳地抱住皮球。后来我曾无数次回看那段视频，看到他提前移动了，可我却没有像往常那样主罚点球。从那以后，我决定再也不在比赛前观看对手门将怎样扑点球了。

当卡斯帕·舒梅切尔将球抱在手里，其他丹麦球员和球迷们高呼他的名字，他的父亲彼得也高兴地在包厢里跳来跳去时，我的心理却濒临崩溃，懊恼得简直无地自容。这怎么可能？难道2008年欧洲杯上的事情还要再来一次？不，绝对不行。我立即做出反应。过去我可能会垂头丧气，但这次我不愿放弃。

在比赛的最后5分钟里，我们完全掌握主动权，场上形势一边倒。这体现了团队精神。我发自内心地觉得，我们已经为争夺奖牌做好了准备。与2008年欧洲杯对阵土耳其时的情况不同，我从队友们的眼神里就能看出，大家都对球队赢得成功充满了信心。没错，球场上确实再次发生了戏剧性事件，但它不会导致我们继续承受10年来的折磨和痛苦。

“加把劲，让我们为卢卡拿下这场比赛！他曾经把我们拉起来，现在该我们为他做同样的事情了。”在球场中圈，拉基蒂奇向抱成一团的队友们高喊道。我们互相打气，然后投入战斗。苏巴西奇扑出第一粒点球，帮助球队建立优势，不过随着舒梅切尔扑出巴德利主罚的点球，两支球队再次回到同一条起跑线上。紧接着丹麦队罚中点球，克拉马里奇将比分追平。

在点球大战的第三轮，丹麦球员进球，2–1 领先。我离开队友，朝着罚球点走去。如果我罚丢点球，而丹麦再进一球，将比分改写成 3–1，那么我们几乎不可能翻盘。在一场如此重要的比赛中，我绝对不能连续两次点球失手，那将令我抱憾终身。

我知道这粒点球非常关键，我要么拿着盾牌回来，要么就在盾牌上被抬着回来……不过，当我将皮球放在罚球点上时，我既冷静又专注，相信自己能够进球。在罚出点球前的那一刻，我用眼角的余光看到舒梅切尔已经朝着身体右侧移动，于是我将皮球射向了中路。随着皮球滚进球门，我终于解脱了。在走回中圈的路上，我愤怒地拍打自己的脑袋。你为什么不在第 116 分钟像那样射门呢？

轮到下一名丹麦球员罚球了，所有重担都落在了他肩上。苏巴西奇再次完成扑救，这是他个人传奇故事中的第二次英勇行为。紧接着，皮瓦里奇错过了让我们领先的机会：舒梅切尔扑出他主罚的点球，距离创造新的丹麦童话只有咫尺之遥。

在最后一轮点球大战中，丹麦球员约根森以和我类似的方式射门，苏巴西奇就像我罚球时舒梅切尔那样倒地，不过他的腿比舒梅切尔长一英寸，正是那一英寸改变了历史……现在，我们的胜败取决于第 5 名罚球手拉基蒂奇，他也希望主罚球队的最后一粒点球。2008 年，在维也纳进行的欧洲杯四分之一淘汰赛中，我们与土耳其拼到点球大战，但拉基蒂奇和我都没有罚进。命运欠他一次机会。

在拉基蒂奇主罚点球前，所有克罗地亚球迷都将目光对准了他，对他寄予希望。拉基蒂奇镇定自若，轻松地将球罚进，然后就像在训练中那样用手捡起球，缓缓地向我们转身，仿佛什么都没发生。太冷静了！当然，我们都特别激动，朝着拉基蒂奇、苏巴西奇和球迷们跑去。我们互相跳到队友身上，就算被彼此的手肘或脚撞到也不觉得疼，因为我们感到极度快乐。我需要拥抱和亲吻所有队友。你们救了我！如果我们输球，内疚感将会困扰我一生。

球场上的庆祝活动，也反映了我们曾经不得不承受的痛苦。毫无疑问，这是我们这一代球员最重要的一场比赛。我们兴奋地向球迷们挥手，因为球队已经通过首轮淘汰赛。所有的挫败感都消失了，我们有机会在足球历史上书写新篇章。当我想象克罗地亚国内的气氛时，全身起鸡皮疙瘩——大家肯定都乐疯了。

1998 年的精灵已经从瓶中飞了出来，这一切都让我回想起克罗地亚国家队当年赢得季军的世界杯之旅。唯一的区别是，我不再是那个在电视屏幕前颤抖，看着比我年长的球员们快乐地跳来跳去，庆祝克罗地亚获胜的男孩，而是正站在球场上，兴奋得发抖。

我拥抱了苏巴西奇。就算苏巴西奇这辈子再也不扑救任何射门，凭借在与丹麦一役中的神勇表现，他也已经成为克罗地亚队史上的一位传奇人物。他高兴地哭了起来，掀开球衣，露出了一件印有库斯蒂奇照片的 T 恤。我也感觉喉咙被什么东西堵住了，心里很难受……我大声喊道：“谢谢你，苏巴，谢谢你！”他是带领我们晋级下一轮淘汰赛的英雄。

当然，我也非常理解丹麦球员的心情。与我们在 2008 年欧洲杯上被土耳其通过点球大战淘汰的遭遇类似，这次失利对他们来说就像一场悲剧，将会在未来很长一段时间里令他们深受困扰。足球比赛总是充满戏剧性，它会给一些人带来快乐，也会给其他人带来痛苦。有时候，英雄和失败者之间只有一线之隔。那天夜里，苏巴西奇成了我们的英雄，舒梅切尔却不得不等待下一次机会。

更衣室里热闹非凡。时任克罗地亚总统的科琳达 · 格拉巴尔 – 基塔罗维奇首次来到更衣室，和我们一起庆祝。她祝贺每一名球员，显然内心非常激动。她告诉我们，在克罗地亚国内，几乎所有人都走上大街庆祝。这就是团结的力量！人们经常强调团结的重要性，但在俄罗斯世界杯上，我们才真正理解了团结的真谛。感觉太棒了。

与丹麦队的比赛结束后，我们没有回球队驻地，而是留在下诺夫哥罗德过夜，在酒店里载歌载舞地庆祝。我们直到次日上午都没有睡觉，因为肾上腺素仍然在血管里流淌，根本睡不着。我们刚刚打开一扇沉重的大门，摆脱了在连续七届欧洲杯和世界杯上战绩糟糕带来的负担……如今，我们终于有机会第一次瞥一眼奖牌，都希望那一刻能持续下去。

黎明破晓前，我试图闭上眼睛休息一会儿，但许多场景在脑海里反复出现。我回想起了自己踢球方式的变化，所有球员展现出来的自信，以及达利奇是怎样带领球队的。我设想过如果我们在点球大战中失利，接着会发生些什么。这些想法令我久久无法入睡。后来，我再次想到了赛前与队友们拥抱的画面。从传统上讲，当我们围成一圈时，主教练和队长会讲几句话，然后队长大喊：“为了胜利！”其他球员则会回应：“克罗地亚！”

但这一次，我决定说些其他东西。“今天，我们将要为自己，为了我们的家人、孩子，以及所有在困难中支持我们的人而战。这场比赛就是我们的决赛！记住我的话，如果我们今天获胜，下一站就是决赛！”

我相信自己所说的一切，也想让队友们抱有同样的信念。带着这些念头，我的心情终于平静下来，睡着了。

俄罗斯

在黑海沿岸城市索契，当地气温达到了30摄氏度，我们正等着俄罗斯。距离四分之一决赛还剩下6天，虽然天气炎热，但我们感觉还好，没有受到太大影响。我们心情轻松地观看其他比赛：当你知道你已经进入下一轮时，无论做什么都会觉得更容易，也更愉快。达利奇给我们放了半天假，到了夜里，仿佛事先被安排好了那样，几乎所有球员都聚在一家餐厅里吃晚饭，还观看了比利时与日本队的比赛。

随着时间推移，我们开始专心分析俄罗斯的比赛。达利奇将我视为得力助手，经常和我讨论克罗地亚队的战术。因此，如果我认为某种战术安排不太合适，可以直言不讳地说出来。达利奇希望大家畅所欲言，从不阻止任何人表达意见。他既不虚荣也不自负，从来不会觉得与球员讨论战术会危及自己的位置。

达利奇说过，克罗地亚球员拥有为豪门俱乐部效力，征战全世界一些最艰难足球联赛的经验，为什么不好好利用呢？我同意他的观点：这是个巨大优势，球员们应当分享自己的经验，包括对下一个对手以及自己所效力俱乐部的了解。

拉基蒂奇聊过梅西，乔尔卢卡了解俄罗斯足球。当我们在世界杯预选赛中对阵乌克兰时，斯尔纳的洞察力和建议非常宝贵。达利奇总是耐心倾听每一名球员的想法，经过深思熟虑后再做决定。有时他接受我们的想法，有时不会——作为主教练，只有他才能掌握决策权。在球队内部，这些交流催生了积极的化学反应。

与俄罗斯的比赛前夕，我们已经一起度过了 42 天，不需要进行任何特别的战术准备。我们知道教练想让我们做什么，只有一些微小的细节可能发生变化。我们谈论俄罗斯队，分析他们的比赛，并着重加练了定位球，尤其是对定位球的防守。我们专注于区域联防，除了顶在最前面的锋线箭头之外，每名球员都需要参与防守。

达利奇解释了他为比赛开局制订的计划：他想让克拉马里奇和曼祖基奇两名前锋联袂首发，佩里西奇和雷比奇在边路活动，拉基蒂奇和我在中路搭档。达利奇认为，俄罗斯会将防守作为战术重点，不过，俄罗斯队内没有任何一名球员能够在反击中利用速度和灵活性给我们制造麻烦。达利奇让我们允许久巴接球，尽量避免与久巴拼身体，因为那是他的强项。另外，戈洛温总是埋伏在前锋身后，寻找机会突破防线。我们采用了一套主动进攻的阵型，达利奇希望我们在中前场积极逼抢俄罗斯球员，攻击阿金费耶夫把守的球门。

在索契奥林匹克体育场，大约 4.5 万名球迷观看了我们对阵东道主俄罗斯的比赛，其中大部分都是俄罗斯人。那些球迷为他们的国家队感到高兴，尤其是当俄罗斯淘汰西班牙后。2018 年世界杯上，俄罗斯队的表现超出了所有人的预期，所以俄罗斯球迷们欣喜若狂。

作为东道主，俄罗斯也给我们留下了深刻印象。总的来讲，俄罗斯人非常热情、友好。从我们入住酒店的第一天起，酒店工作人员就提供了顶级待遇，还和我们一起庆祝克罗地亚队的每一场胜利……也许他们觉得克罗地亚对俄罗斯“有恩”：2007 年，我们曾战胜英格兰，帮助俄罗斯队晋级 2008 年欧洲杯决赛圈。在几乎每场比赛中，我们都能感受到来自俄罗斯球迷的极大尊重和支持，我觉得无论比赛前后，大部分俄罗斯人都站在我们这边——当然，克罗地亚对阵俄罗斯的比赛除外。当我们击败俄罗斯队后，有个细节令我终生难忘。

与俄罗斯一役相当困难，我们在上半场没有发挥出正常水平，因为对方的大举进攻令我们措手不及。俄罗斯持续施压，导致我们无法从后场开始组织进攻。第 31 分钟，一名我认识的前皇马球员突然站了出来。

丹尼斯·切里舍夫性格谦逊、安静，球技出色，我和他曾经在皇马合作过一段时间，关系很好。当时，切里舍夫在我身前得球，我没能将皮球从他脚下踢走，而他在距离球门大约 20 码的地方左脚突施冷箭，将皮球射进了球门的左上角。当俄罗斯球员欣喜若狂时，我的脑海里突然闪过一个念头：为什么总是这样！现在我们又要追赶比分了吗？

8分钟后，曼祖基奇左路下底传中，克拉马里奇头球冲顶入网，将比分追平。我们再一次及时地对处于领先位置的对手做出了回应。进入下半场后，达利奇在第63分钟做出一次聪明的人员调整，用布罗佐维奇换下了佩里西奇。那次换人增强了我们在中场的控制力，使比赛立即变得更平衡了。我们开始占据主动，掌握球权并创造大量机会，拿出了在2018年世界杯上的最佳表现。

我经常说，如果两支球队在比赛中势均力敌，局面僵持不下，任何一方都有机会获胜，那么教练的决策就显得至关重要。达利奇的换人非常及时，也非常明智。

由于我们和俄罗斯都未能在余下的常规时间里改写比分，比赛进入了加时赛。这是我们在一周内第二次踢30分钟的加时赛。作为两名首发边后卫，弗尔萨利科和斯特里尼奇一直在球场上跑来跑去，身体实在撑不下去了。斯特里尼奇先被换下，弗尔萨利科在整届世界杯期间膝盖都有伤，此前一直带伤作战，当加时赛进行几分钟后，他也不得不离开球场。

乔尔卢卡上场后顶替了维达的位置，担任中后卫，维达则客串边后卫。第101分钟，他俩成为我们打进第二粒进球的英雄。当时我主罚右侧角球，曼祖基奇阻挡了对方防守球员的视线，维达在点球点附近高高跃起，甩头攻门。乔尔卢卡站在俄罗斯门前，很可能会挡住皮球前进的路线，但他聪明地侧身躲开，让皮球滚进了球网。

我们疯狂庆祝，仿佛这粒进球会将我们送进半决赛，然而在加时赛的最后时刻，我们再次犯下大错：换下斯特里尼奇的皮瓦里奇手球犯规，送给了俄罗斯一次在本队禁区右侧主罚任意球的机会。对我们来说，还有什么比对手在危险区域主罚任意球更糟糕的事情吗？当然有。扎戈耶夫禁区右侧起球，费尔南德斯在中路头球破门，再次扳平比分。

当俄罗斯球员心情激动地庆祝时，我简直无法理解，为什么同样的事情反复发生？我站在球场中圈准备开球，却并没有将球传给队友，而是用尽力气将皮球踢向边线……我太沮丧了：我们会让自己经历什么？

又到了点球大战，我仍然是克罗地亚队的第三名罚球手。我感觉我们既专注，又有些紧张，对手则背负着所有俄罗斯人的期望。俄罗斯罚丢第一粒点球，苏巴西奇扑出了斯莫洛夫的射门，布罗佐维奇将球罚进。紧接着俄罗斯球员进球，科瓦契奇的射门被阿金费耶夫扑救。前两轮点球大战结束后，两支球队再次回到了同一条起跑线上。

然而，在加时赛最后时刻进球，将比赛拖入点球大战的费尔南德斯罚丢了点球。现在轮到我了。与对阵丹麦时相比，我感觉这次要容易一点，压力没那么大，尤其是考虑到对方的失误使我们占据了优势。我瞄准球门的左下角射门，但阿金费耶夫迅速飞身扑向球门的一侧，一只手碰到了皮球。皮球击中立柱后发生反弹，看上去似乎要滚出球门……有那么一秒钟，我整个人都僵住了，但我用眼角的余光撇到了苏巴西奇。在那一刻，站在与球门线平齐位置的他举起了双臂。当我看到皮球落入网窝时，我也将双臂高高举起。

我们一直将优势维持到了点球大战结束，没有任何人罚丢。维达打进了一粒精彩的点球。至于拉基蒂奇，该怎么评价他呢？每到关键时刻，他总是能举重若轻地将球罚进，这一回也不例外。随着克罗地亚进入半决赛，我们终于可以再次庆祝了。

当我们从体育场回到酒店后，一群俄罗斯人向我们鼓掌表示祝贺。与球场内的观众一样，虽然他们为俄罗斯队被淘汰感到难过，但仍然不吝惜对我们的掌声。这些俄罗斯球迷太棒了。

派对继续进行。我们载歌载舞，无所顾忌地表达内心的喜悦心情。我们的手机再次因为消息爆满而响个不停，但没必要查看那些视频消息了，因为我们可以想象克罗地亚国内的热闹场面：所有人都走上街头庆祝。我几乎喜极而泣，但我们需要欢快地唱歌来庆祝。

我永远无法忘记2008年欧洲杯上的悲伤时刻，无法忘记在克罗地亚与土耳其的比赛中，对方在加时赛最后时刻追平比分的进球，以及随后的点球大战。那是我整个职业生涯中最严重的伤口。与今天一样，在当时，我确信我们已经准备好了为争夺冠军而战。但当那一切发生后，我还能那么说吗？谁会认真对待我的话呢？

10年后，我们什么都不需要说。克罗地亚已经跻身世界杯半决赛，就像在1998年那样！我们花了些时间才意识到，这是真实的，而不仅仅是一个梦。

英格兰

我们搬到了莫斯科的一家酒店。在与俄罗斯的比赛前，我们已经知道将在半决赛中对阵英格兰。英格兰是一支值得关注的球队，拥有与以往不同的新面貌，球员们既年轻，又充满了活力。

我知道很多亲朋好友想要比赛门票，幸运的是，瓦尼娅再次帮我打理这些事情。她为我准备了一份名单，组织了从克罗地亚到俄罗斯的行程，而我得确保每个人都能拿到票。我需要100多张门票，最后只分到了50张，但这已经算得上奇迹。我的家人和最亲密的朋友都会到现场观看比赛，这对我来说意义重大。瓦尼娅带着伊万诺和艾玛抵达莫斯科，我们一家终于又团聚了。自从5月底收拾行装离开马德里，与克罗地亚国家队会合以来，我就从来没有陪过孩子。

距离与英格兰的比赛还剩下 3 天，我们没有太多空闲时间。晚餐后，我们可以和家人一起待几小时，之后就需要到酒店内一个相对安静的单独楼层休息。我们筋疲力尽，几乎没有时间恢复。我们不再像对阵丹麦的比赛前那样紧张，因为球队已经晋级半决赛，将有两次机会争夺奖牌。无论接下来发生什么，我们的成绩已经超出了所有人的预期。这让我们能够心情平静地备战下一场比赛。

我们在三周内踢了五场比赛，两场加时赛也相当于三分之二场正式比赛。另外，我们还不得不承受两次点球大战所带来的巨大压力。在俄罗斯世界杯四强中，没有任何一支球队的晋级之路像我们这样坎坷。

与英格兰一役前，我们感受到了代价：伤病原因导致苏巴西奇、洛夫伦、斯特里尼奇、佩里西奇和弗尔萨利科缺席训练；曼祖基奇没有接受队医的建议，仍然参加了训练。拉基蒂奇在半决赛前夕突然发烧，更糟的是比赛当天上午，雷比奇告诉教练他的脖子僵硬，恐怕无法上场。不过，队医和理疗师出色地完成了本职工作，奇迹般地让每名主力球员都首发登场。

在所有球员当中，弗尔萨利科的情况最糟糕。他的膝伤已经持续了一段时间，整届世界杯期间，疼痛令他几乎无法忍受。幸运的是，这个来自扎达尔的小伙子非常坚强，并没有放弃。我告诉他：“你得咬紧牙关，这是一次千载难逢的机会！”弗尔萨利科知道这场比赛的重要性，也坚持到了最后。

达利奇透露了他对与英格兰一役的想法。达利奇打算采用 4-4-2 菱形阵型，这意味着球队需要撤掉一名前锋，增派一名中场球员。我们对此持保留意见。达利奇想让科瓦契奇首发，让佩里西奇坐替补席，理由是这能够让球队在中场的实力得到增强，从而掌握控球权。

我告诉达利奇，我认为我们只需要 3 名球员就有能力控制中场。英格兰采用3–5–2阵型，两名边后卫经常在进攻中压上。如果我们没有边锋，那么对方就会频繁地从边路进攻，制造压力，我们却无法反击。英格兰的阵型使他们的侧翼被暴露，我们需要派上速度够快，能够充分利用这一点的边锋——尤其是在右边路，33岁的阿什利·杨很难跟上边锋的脚步。佩里西奇和雷比奇是我们在进攻端的关键球员。

达利奇接受了我的建议。达利奇感觉虽然佩里西奇的表现并没有达到他平时的水平，但仍然领先于同一位置上的其他球员。佩里西奇就像一头野兽，有时似乎有点困倦，而一旦醒来就没有人能阻挡。我们不得不等他，除此之外别无选择。作为达利奇的助手，奥利奇曾经是一名与佩里西奇风格类似的边锋，他也同意我们的看法。

进入世界杯半决赛让我们兴奋不已。另一方面，英格兰媒体和评论人士公开低估我们，对我们缺乏尊重，这也让我们变得更有动力。但英格兰队和他们的主教练加雷斯·索斯盖特尊重我们，展现了真正的体育精神。当然，我们也非常尊重对手。

在俄罗斯世界杯上，英格兰队的表现非常出色。在锋线上，斯特林、凯恩和拉什福德等几名年轻前锋速度极快，并且活力十足。英格兰也拥有不错的中场和防线，索斯盖特挑选了一批合适的球员，组建了一支球员们彼此风格相近、配合默契的球队。经过许多年的漫长等待后，英格兰似乎已经为在国际大赛中赢得荣誉做好了准备。另外，英格兰队在半决赛前还得到了比我们更长的休息时间，不过我们相信能够将他们击败。

我们乘坐大巴前往卢日尼基体育场，一路上大家既兴奋，又对比赛充满了期待。每个人都戴着耳机听音乐，沉浸在自己的世界里。更衣室的气氛也很积极，我们保持专注，互相打气，听克罗地亚音乐从扬声器里传来。赛前热身期间，我和队友们都在看台上寻找自己的家人和朋友。我们知道亲朋好友的座位在哪里，远远地和他们相互挥手，这给我们带来了额外的能量。许多克罗地亚球迷为我们加油助威，这也给了我们力量，让我们忘记了所有的烦恼、伤病和疲倦，决心在这场争夺决赛资格的战斗中拼尽全力。

对我们来说，这场比赛的开局很糟糕。第 4 分钟，我在试图阻挡带球突破的德勒·阿里时将他放倒，裁判吹罚任意球，特里皮尔在弧顶处任意球直接右脚攻门，皮球在空中划出一道美妙弧线，然后飞进了球门右上角。英格兰队取得了梦幻开局，所有球员都激动地庆祝。

我们的信心产生了动摇，但并没有放弃。不久后，英格兰队又得到了一次机会：凯恩与苏巴西奇一对一，如果他破门得分，英格兰就将 2–0 领先。幸运的是，苏巴西奇倒地扑出了凯恩的射门……如果我们两球落后，几乎不可能翻盘。随着时间推移，我们的发挥越来越好，既牢牢把握着控球权，又利用更聪明的传球节省了体力。

进入下半场后，我们的优势更加明显，我和队友们都感觉即将取得进球。第 68 分钟，弗尔萨利科在右路送出了一脚漂亮的弧线球传中，佩里西奇张开他的翅膀，从特里皮尔身后突入禁区，巧妙地伸腿将球挡进了大门。

那粒进球不仅帮助我们追平了比分，还令英格兰球员感到不安。潮流已经转向。我们完全掌控了节奏，虽然踢比赛的时间远远超过了英格兰球员，但没有受到任何影响。我们在球队集训、备战期间额外付出的努力，甚至在各自俱乐部的加练都发挥了作用。我们准备好了。另外，肾上腺素也帮助受伤球员减轻了身体的痛苦。

由于我们和英格兰都没有在常规比赛时间里再次进球，比赛进入加时——在俄罗斯世界杯上，这是我们连续第三场的加时赛，累计时间比任何其他球队都多出了至少一场比赛。在加时赛的上半场，我们继续占据优势，到第 109 分钟时，佩里西奇高高跃起头球一蹭，曼朱基奇鬼魅般跑位抢点，伸出左脚扫射破门，将比分改写成了 2–1。我们欣喜若狂，几名球员扑到了球门后的一位墨西哥摄影师身上，抱着他亲吻，然后拉他站起身来。在我们看来，那位摄影师就像球队的护身符。

到了加时赛下半场，我们已经跑不动了。达利奇在第 115 分钟将曼祖基奇换下，当如同坦克般强壮的他离开球场时，我看到他累得几乎无法走路。如果这个能够连续两天不停奔跑的人都如此疲惫，我可以想象其他球员的感受……英格兰队还在将球传向禁区，试图扳平比分，不过时间已经所剩无几。

达利奇换上乔尔卢卡，他拥有充沛的体能，经验丰富，也为球队增加了高度。第 119 分钟，我也被巴德利换下了。坐在替补席观看比赛甚至更令人紧张。在加时赛的最后时刻，克拉马里奇突入禁区，两名英格兰后卫上前封堵，完全漏掉了门前的佩里西奇。当时，克拉马里奇只需要将皮球轻轻推给佩里西奇，可他却选择了在一个糟糕的角度打门，结果射偏了。

佩里西奇彻底疯了，我们都很生气，因为如果克拉马里奇及时传球，我们本有机会锁定胜局，现在却不得不继续提心吊胆。对克拉马里奇来说，幸运的是当比赛结束后，我们的心情还不错。我们告诉他：“如果我们丢球，我们会杀了你！”

裁判决定补时 4 分钟，我向第四官员抱怨补时时间太长，他让我们冷静下来。我们怎么可能冷静呢？要知道，我们距离足球荣耀只有一步之遥，谁能熬过这额外的 4 分钟？当布罗佐维奇带球冲向英格兰队的球门时，裁判终于吹响了终场哨声！比赛结束了！克罗地亚将首次参加世界杯决赛。

决赛

终场哨响后，我留在球场上，抬头缓缓望向四周的看台。自从首次入选克罗地亚国家队以来，我花了13年才走到今天。13岁那年，当我看到克罗地亚黄金一代夺得世界杯季军时，就期待着这一刻的到来。作为一名足球运动员，我的职业生涯、我的故事都进入了尾声。我已经在皇马赢得了一切，现在又即将随克罗地亚队征战世界杯决赛。无论结果如何，我感觉我已经完成了自己的所有梦想。

但这可能吗？我是不是在做梦？这是真的吗？我捂住自己的脸，看着周围兴高采烈的队友。全世界最重要的足球比赛将于周日进行，到时候我们将会出现在球场上。我需要一点时间来确保这是真的。

我祝贺了英格兰球员，尽管我知道他们很伤心。在这样的时刻，你只想远离所有人，独自舔舐伤口。加雷斯·索斯盖特是一位真正的绅士，他走到我面前祝贺我赢得胜利。

我与罗斯、沃克握手，还交换了球衣。每逢国际大赛，我们都会和对手交换球衣，俄罗斯世界杯也不例外。整个职业生涯中，我保留了几乎所有对手的球衣，也喜欢像这样的纪念品。有朝一日，每件球衣都会讲述一个故事，勾起我对收到球衣的那一刻的回忆。

我唯一不愿和任何人交换的球衣，就是我在决赛中穿的那件，因为它代表着一个特别的故事。如果谈论克罗地亚队令人难忘的格子球衣，我不得不说，浅红色和白色搭配的球衣最漂亮。但我更偏爱深色球衣，因为不知何故，它为我们带来了更大的成功。

很快，我开始感到有些紧张。我在看台上寻找瓦尼娅和孩子们，却没有找到。这是我职业生涯中最伟大的时刻，我希望家人在我身边。走进更衣室后，我打电话问瓦尼娅人在哪儿，当时我已经有点担心了，因为瓦尼娅没有接听。过了一会儿后，瓦尼娅打电话向我解释说，她不得不在比赛结束前离开，因为预订了回萨格勒布的航班，莫斯科当地的交通非常拥堵，她必须提前去机场。

我既生气又难过，对无法在球场上与她和孩子们分享快乐感到遗憾，但瓦尼娅太辛苦了，她需要照顾我们的家人和朋友，然后带着两个孩子飞往莫斯科，再飞回萨格勒布。瓦尼娅也对此感到伤心，但她别无选择。

在更衣室里，所有球员都笑容满面。很多人前来祝贺我们，包括当时在国际足联任职的兹沃尼米尔·博班，我俩彼此拥抱。20 年前，博班曾作为队长，带领克罗地亚队在法国世界杯上获得铜牌。如今，我也将以队长身份带领球队拿到至少一枚银牌回家。

抵达酒店后，我们又组织了一场派对。否则我们还能做什么呢？现场特别拥挤，让我们感觉就像回到了克罗地亚。球员们的家人、女友、朋友和代表团成员都参加了派对，每个人都载歌载舞地庆祝，已经完全放飞自我。反正大家今晚全无睡意。次日凌晨前，我试图闭上眼睛休息一会儿，但根本做不到。半决赛的画面反复在我脑海里出现，令我无法平静。

第二天总是非常特别。经过几小时不太安稳的睡眠，当意识到克罗地亚确实已经闯入世界杯决赛时，我们再次感受到了真正的快乐。令人惊讶的是，我并不觉得累。我的心情太好了，以至于身体感觉不到任何疼痛。

距离决赛还有 3 天，法国队比我们少踢了几乎整整一场比赛，并且还比我们多休息一天。这些都是我们不得不面对的劣势。我查看自己的另一部手机，发现手机里有无数条消息，我甚至无法逐一阅读，更不用说回复了。我希望人们都能理解。

当时，我们一心只想着将在卢日尼基体育场进行的世界杯决赛。我一直在想，我们距离成为世界冠军近在咫尺，脑海里甚至浮现出我和队友们将奖杯举到空中的画面！对我们、克罗地亚人，以及全世界支持克罗地亚队的所有球迷来说，那都将是特别美好的时刻。很多人支持我们。我感觉，绝大多数足球爱好者都站在我们这边。世界各地的名人在社交网络上发布消息，克罗地亚在他们所有人心中。克罗地亚是个小国，人们对于与强手抗衡的弱者往往有一种特殊的情感。至少在决赛那一天，我们就像世界上大多数人的代言人。

决赛到来前，球队训练的主要目的仅仅是放松肌肉。毕竟，克罗地亚队集训至今已经整整 50 天，在 25 天内踢了 6 场最高级别的比赛，距离决赛只剩下 3 天，还有什么可练的呢？

在训练中，达利奇延续了让新老球员对抗的传统。对阵尼日利亚的首场小组赛前，年轻人一方在训练赛中获胜，而我们也拿下了尼日利亚。因此，在随后的训练赛中，我们都让年轻球员组成的队伍获胜，直到整届世界杯结束。为什么要跟运气作对呢？好吧，我不迷信，但我必须客观地说，年轻队友更有活力，因为他们渴望证明自己。我们在跟他们交手时确实留了点力，但并没有放水。

首场小组赛前，训练课并没有按计划进行，我们似乎太放松了。我们通过 3 对 3 来练习怎样保持控球权，雷比奇在一次对抗中态度懒散，被另一名球员轻松断球，我提高嗓门说："这是怎么回事？"雷比奇做出了积极的反应，立刻变得认真起来。每当我觉得某些情况不对劲时，总是会直言不讳地说出来。在皇马，如果我看到有人在训练中没有全力以赴，就会生气地批评对方。

2016 年欧洲杯上，在克罗地亚对阵土耳其的首场比赛前，巴德利和斯尔纳在训练场上发生了争吵。巴德利对某名队友处理球的方式感到不满，斯尔纳告诉他：“简单一点。”巴德利试图解释自己的想法，但我提高声音对他大喊：“你为什么要说话？他让你做什么，你就照做！”在外人看来，我似乎蛮不讲理，可能会引发问题。但在一场重要比赛前，像这样的反应是有好处的，它表明球队内部存在积极的紧张氛围，球员体内的肾上腺素正在上升。

在俄罗斯，克罗地亚队内也曾出现类似的紧张氛围。对阵丹麦队的比赛前，年轻球员组成的队伍在训练赛中痛打我们，这令我非常沮丧，甚至一度失去理智：在一次铲抢中，我用力撞向克拉马里奇，导致他腾空而起，落在草坪上。那次铲抢毫无必要，我立即道歉，但我也注意到了一个好现象，那就是克拉马里奇没有发牢骚。他的反应很棒：他什么都没说，只想在球场上找我“算账”。

在任何一支球队里，这些情况都有可能发生，它们表明球队充满了活力，肾上腺素正在球员们的体内流淌。决赛前夕，我们体内的肾上腺素无疑达到了沸点。

我并不害怕法国队。我认为法国球员拥有身体优势，但我们的技术更胜一筹。不过，法国球员特别能跑，在前几轮比赛中已经展现出了巨大威力。法国队在锋线上拥有姆巴佩，反击相当致命。另外，法国队的定位球和效率也令我担心，尤其是考虑到防守定位球是我们的弱项。尽管如此，我仍然觉得我们能够击败法国。

达利奇希望我们在禁区内稳健防守，保持控球权，并在防守定位球时集中注意力。他曾不止一次强调：“我们控球时必须格外小心，因为那恰恰是他们最危险的时候。他们会寻找机会断球，然后通过几脚传球，形成速度超快的反击。”

决赛前一晚我睡得很好，第二天大约 8 点就起床了。我通常睡得不多，每天只需要 6 到 7 小时的睡眠。这一次，我感到有点忧虑。每逢比赛日，我都不喜欢和除了瓦尼娅之外的任何人交谈，吃过早餐后就想独自待在房间里。瓦尼娅打电话告诉我，一切都很好，孩子们的情况很不错，这给我带来了额外的能量。我的手机收到了无数消息，我没时间细读，只回复了父母和叔叔热利科的消息。

在莫斯科的那个周日，虽然比赛从下午5点钟就开始，但我们感觉时间过得异常缓慢。此前，我们参加的前几场世界杯比赛都在夜里进行。我们在下午1点吃午饭，大家都百分之百地保持专注——我们没有说话，也不需要那么做。在午饭后的强制休息期，我根本睡不着，于是读了几篇文章，通过这种方式来打发时间。球队正式集合前半小时，我进行了热身训练，使用弹力带来激活肌肉。

比赛开始前2小时，我们在酒店大厅里集合。前往卢日尼基体育场的旅途非同寻常，绝大多数球员很可能终其一生都没有机会经历类似的场景，因此，我享受一路上的每一刻。警用摩托车护送我们前往场馆，仿佛我们就是这个星球上最重要的人物。当你知道全世界有一半人都会暂停手头的工作，观看你即将参加的比赛时，那种感觉真是无与伦比。

大巴载着我们去参加职业生涯中最重要的比赛，途中车内播放着各种励志歌曲，每个人都在以自己的方式为比赛做准备。球队在中午举行了关于阵容和战术的会议，还观看了克罗地亚民众表达祝福的许多视频消息。这让我们充满了活力和动力，不会再考虑任何其他事情。抵达卢日尼基体育场后，我们按照惯例走进球场，感受比赛的氛围。许多克罗地亚球迷已经坐在看台上，正毫无保留地表达对我们的支持。我们知道，这一天将会载入史册。

在球场中圈，我和洛夫伦、乔尔卢卡、维达和科瓦契奇交谈，他们既是我的朋友，也是我的队友和战友。我们终于意识到，作为足球运动员，我们已经为祖国完成了一些伟大的事情。如果看到克罗地亚球迷在国内疯狂庆祝的场面，你就会知道克罗地亚队闯入世界杯决赛究竟意味着什么，对每个克罗地亚人来说，其意义已经超过了足球运动本身。

我们的首发阵容没有多少变动。直到开赛前的最后时刻，斯特里尼奇能否出战还存疑，不过他依旧首发登场。任何球员都不愿错过世界杯决赛，这份荣耀足以化解所有伤痛。赛前，队医又给我打了一针——自从对阵丹麦和俄罗斯的比赛后，我就感到背部疼痛，原因是腰部有根神经受到了压迫。在对阵英格兰的半决赛中，队医们在半场休息时给我打了一针，神奇地消除了所有疼痛。

与往常一样，我们在更衣室里互相打气，唯一的区别是：现在，我们正在为世界杯决赛做准备！通过巨大的电视屏幕，我们看到摄像机正在捕捉看台上的场面，并从中感受赛前的气氛。突然之间，我的女儿艾玛在屏幕里出现！她正一边吃着三明治，一边望向远处的某个地方，看上去无忧无虑。当看到艾玛时，我内心非常感动。我迫不及待地想要拥抱她，还有伊万诺和索菲亚。我渴望回到瓦尼娅身边，享受与生命中最重要的人在一起的时光。

属于我们的时刻终于到了。在世界杯决赛前，我们列队走进球场。我感受到前所未有的兴奋。当我环顾挤满观众的看台，沉浸于非凡的现场氛围时，身体几乎在发抖。我努力记住所有细节。在未来的某一天，当我变老以后，我会回忆这些时刻……每当克罗地亚国歌响起，我都感到无比自豪，而这一次，我知道全世界球迷都在倾听和观看。后来我们听说，有 13 亿人观看了世界杯决赛的现场直播。整届俄罗斯世界杯期间，比赛直播的观众人数达到了 35 亿，相当于全球总人口的一半。真是令人难以置信！

国歌演奏仪式结束后，我立即全身心投入比赛。我们开局不错，很快就占据了主动，既能够控制球权，传球也很好，两支球队在场面上势均力敌。法国队没有创造任何机会。但没过多久，我们突然遭遇了一场灾难：布罗佐维奇和格列兹曼之间没有任何身体接触，主裁内斯特尔·皮塔纳却判给法国队一次任意球。格列兹曼假摔，裁判被他骗了。雪上加霜的是，格列兹曼主罚的任意球飞入禁区，曼祖基奇防守时不慎乌龙，将球顶进了球门的右上角。

当时，与法国一役刚刚进行到第18分钟，我们不得不像在对阵丹麦、俄罗斯和英格兰的比赛那样，在先丢一球的逆境下追赶对手。我希望我们能再次找到力挽狂澜的力量。10分钟后，我的愿望成真了。在法国队禁区前沿，维达将球传给佩里西奇，后者巧妙地将皮球卸到左脚，紧接着劲射入网！我们回来了，我感觉我们在各个方面都超越了法国队。

但短短4分钟后，我们又一次莫名其妙地丢球。洛里的长传球看上去没有任何威胁，维达本可以轻松地将它拦下，却由于判断失误，在距离球门大约30码的地方将皮球顶出底线，送给了法国队一次角球。格列兹曼开出角球，近门柱的马图伊迪没有碰到，在他身后的佩里西奇却被皮球击中了手。裁判没有吹哨，这似乎是符合逻辑的，因为佩里西奇并非故意手球。佩里西奇周围都是我们的球员，对手根本没有机会。

然而，法国球员围住了裁判，要求他判罚点球。裁判等待VAR检查，三四十秒后，当皮塔纳跑去观看VAR回放时，我们就知道他会让法国队主罚点球……也许我有些主观，但如果我是裁判，我永远不会在世界杯决赛中做出这类存在争议的判罚。我们被击垮了。经历了几轮极其艰难的比赛后，面对一支如此强大的对手，我们几乎不可能连续第二次追平比分。由于两次在双方五五开的机会中丢球，我们遭受了毁灭性的打击：两脚任意球、一粒乌龙球和一次手球。

半场休息时，我们意识到球队正面临着最严峻的挑战。我们只能孤注一掷，而法国队在比分领先的时候往往最危险。法国队在锋线上拥有姆巴佩、格列兹曼两匹快马，擅长防守反击，另外还有护球能力出色，能够作为支点帮助队友参与进攻的吉鲁。吉鲁对于法国队的重要性经常被低估。或许这是可以理解的，因为姆巴佩和格列兹曼的组合吸引了所有人的注意力，他俩速度快、踢球风格直接，并且能够对对手造成致命的威胁。

作为法国队主教练，迪迪埃·德尚选择这种打法也可以理解。2018 年世界杯上，法国队为了赢得胜利而战，并不在乎球队给人们留下的印象。两年前，法国队在本土进行的 2016 年欧洲杯决赛中输球，伤口仍未痊愈。那时候法国队的比赛更具观赏性，而在俄罗斯，他们变得更务实了：在防线前筑起一道坚固的屏障，并利用高效的反击来惩罚对手。

如今回头来看，也许我们应该在赛前制订一份 B 计划。如果我们在追平比分后让法国队控球，在固守防线的基础上伺机反击，效果也许会更好。但在佩里西奇进球后，我们继续进攻，觉得绝对的控球权能够带来一场胜利。当然，当一切都结束后，进行像这样的分析和假设总是很容易。

我们在更衣室里互相打气，达利奇鼓励我们再接再厉，因为我们上半场发挥得不错。然而，当比赛进行到第 59 分钟，法国队的第三粒进球彻底击碎了我们的希望。

法国队再次通过反击破门得分：博格巴为快速前插的姆巴佩送出一脚漂亮的直传球，姆巴佩边路突破后回敲中路，格列兹曼巧妙地将球传给博格巴，博格巴的第一脚射门被扑出，但他迅速左脚补射，皮球径直蹿入网窝！我们甚至还没有恢复过来，比分就又变成了 4–1：在距离球门大约 25 码的位置，姆巴佩以一记势大力沉的远射取得进球。

考虑到两支球队的表现，这样的惩罚令我们太难以承受，但这就是足球。我们没有放弃，而是继续进攻，曼祖基奇迫使洛里犯错，在抢断后轻松破门，将比分改写为 4–2。然而，我们没有力量再进一球了。

法国队的整体实力更强，他们当之无愧地加冕世界冠军，捧起了队史上的第 2 座大力神杯。我们和法国队的命运相互关联：1998 年，克罗地亚赢得世界杯铜牌的那一次，在半决赛中正是输给了法国队。20 年后，我们首次进入世界杯决赛，法国队再次阻挡我们，让我们倒在了距离最美梦想只有一步之遥的地方。

随着终场哨声响起，我们已经筋疲力尽。我和多名队友跪倒在地，大家都已经拼尽全力。我们非常失望，但随着时间推移，我们逐渐意识到应该感到自豪，为我们所取得的成就而庆祝。在俄罗斯世界杯上，我们完成了空前的、具有历史意义的壮举。

MEN'S PLAYER
OF THE YEAR
FIFA

CHAPTER 第十章 10

卢日尼基体育场下起了大雨，似乎想要冲走我们的悲伤，为快乐腾出空间。在我们走回更衣室的路上，克罗地亚国家电视台的记者拦住了我。我对着镜头说了几句，喉咙又一次哽住了。当时，我已经近乎崩溃。那位记者明白我心情糟糕，就让我离开了。

在更衣室里，我们很快意识到，我们应当为球队取得的成就感到高兴，而不是难过。弗拉基米尔·普京走进房间，向我们表达了极大的敬意。我们与许多人拍照，与奖牌合影，笑声和音乐声变得越来越响亮。

随后我们回到酒店，与在那里等待我们的家人共进晚餐。我们心情愉快地参加庆祝派对，作为组织派对的大师，克罗地亚歌手姆拉登·格尔多维奇营造了很棒的现场气氛。派对一直持续到次日凌晨5点，没有任何人提前退场。派对结束后，我们才陆续回到自己的房间。

球队很快就要飞回祖国，我试着闭上眼睛睡几小时，却毫无睡意，于是再次观看了克罗地亚国内球迷庆祝的视频。我看到那些球迷脸上洋溢着幸福感，虽然我们输掉了世界杯决赛，但他们仍然载歌载舞地庆祝。这让我们士气大振，激励了我们也那样做。毕竟，我们刚刚赢得克罗地亚国家队有史以来的最伟大荣誉，完全没有理由难过。我们感受到了前所未有的快乐，尽管在那之前，我们不得不先安静地面对遭遇失败后的悲伤情绪。

离开克罗地亚35天后，我们即将乘坐飞机回到祖国。一路上，飞机里的气氛相当活跃，大家欢快地唱歌、摆姿势拍照，或者写签名。所有人都参与其中，包括球员、教练、队医、理疗师、技术人员，以及克罗地亚足协主席达沃·苏克。虽然环境有些吵闹，但由于太疲惫，我仍然睡了大约1小时。不过，当我们进入克罗地亚领空时，我醒了过来，看到了窗外蔚为壮观的一幕：作为欢迎我们回家的一种特别仪式，几架米格战机伴随我们的飞机飞行。

在这之前，我们只能猜测回国后会发生些什么，但我们很快意识到，我们即将迎来一场像庆祝球队夺得世界杯冠军那样的盛大派对。机场的气氛令人印象深刻，但我们迫不及待地想去萨格勒布的主广场，因为克罗地亚民众正聚集在那里，等待我们出现。

当我们坐上敞篷巴士时，我们开始意识到，不可思议的事情正在发生。机场距离主广场大约 16 公里，一路上人山人海！我们特别惊讶。我们原以为球迷们会在广场聚集，却做梦也想不到道路两旁都挤满了兴高采烈的人。沿途护送敞篷巴士的警察告诉我们，从机场通往市区的路上聚集了超过 20 万人，主广场周围的街道上有大约 25 万人，广场内还有 11 万人！广场最多也就能容纳这么多人了。

我们简直不敢相信，在酷热天气下，超过 50 万人一直耐心地等着迎接我们回家。当我看到老人和年轻人、爷爷奶奶、孩子和他们的父母朝我们挥手，向我们高喊，表达对我们的支持时，我顿时热泪盈眶。由于街道两旁挤满了人，敞篷巴士缓缓前行，直到飞机降落大约 5 个半小时后，我们终于登上了耶拉其恰广场的舞台！

在舞台上，我们感谢了站在广场内，以及沿途等待的所有人。为了迎接这个时刻，许多球迷已经冒着酷热等待了一整天。这些人想让我们知道，我们给他们带来了多少快乐。当然，克罗地亚球迷也带给了我们极大的快乐。教练和球员都说了几句感谢球迷的话，但那些话似乎太简短了，远远不足以描述我们内心的喜悦感和激动心情。我们完全没想到会受到如此热情的欢迎，克罗地亚人为我们疯狂庆祝，仿佛我们就是世界冠军。

我们高唱在国家队经常唱的歌，就像在俄罗斯世界杯期间那样，比如《你是如此美丽》《我的祖国》和《财富不能满足你的心》等。那些歌曲激励人心，令我们备受鼓舞，这也是我们邀请马尔科·佩尔科维奇·汤姆森、姆拉登·格尔多维奇和克罗地亚海军合唱团来到现场的原因。超过10万名球迷和我们一起歌唱，在那个特别的场合，他们代表了所有克罗地亚人。

那场欢迎仪式令我既激动又难忘，以至于时至今日，每当回想起当时的情形，我仍然会全身起鸡皮疙瘩。舞台正前方的人群向我挥手大喊，其中包括我年轻的朋友、患有唐氏综合征的男孩佩塔尔，他在阳光下等待了几个小时。佩塔尔是我的忠实球迷，想跟我打招呼，我邀请他走上舞台，和我一起唱歌。他将他的幸福和爱传递给我，我永远心存感激。我知道孩子们有多么热爱我们的球队，所以只要有机会，我们总是会尽可能回馈他们，感谢他们对我们的热情和信任。在那场气氛热烈的欢迎仪式中，自豪的克罗地亚人送给了我许多礼物，与佩塔尔见面就是其中之一。

一切结束后，大概午夜过后的某个时间点，我和队友们到一家餐馆共进晚餐，和一支乐队一起放松，直到次日凌晨两三点……回到家后不久，我倒头就睡着了。

我和瓦尼娅带着孩子们开车前往扎达尔。我们的家乡举行了另一场盛大的欢迎仪式，迎接载誉而归的英雄：苏巴西奇、利瓦科维奇、弗尔萨利科和我。场面太壮观了。一艘船载着我们抵达镇上的码头，所有扎达尔人都聚在码头周围。在我的记忆中，我还从来没有经历过类似的派对。我们四人都被深深感动了，当家乡的父老乡亲如此热情地欢迎你时，你肯定会觉得幸福感爆棚。向家乡人证明自己是世界上最困难的事情，而一旦他们认可你，你会感到特别自豪。

3天后，我去伊斯特里亚半岛参加乔尔卢卡的婚礼，所以我们又多了一个庆祝的理由。接下来我在家待了一周，随后又和家人一起乘坐游艇绕亚得里亚海航行，并放松身心。然而，那段时光太短暂了。2018年

8月初，我不得不回到皇马报到，4天后就得再次披挂上阵：在爱沙尼亚，我们将在欧洲超级杯决赛中对阵马德里竞技队。

那场比赛我没有首发，第57分钟才被替换上场。经过90分钟的激战，两支球队2–2战平，比赛又一次进入加时赛。在常规比赛时间，本泽马和塞尔吉奥·拉莫斯各进一球，但我们在加时赛阶段没再进球，最终2–4失利。2018—19赛季是我效力皇马的第八个赛季，如今回头来看，与马德里竞技队一役就像皇马在那个赛季的缩影：球队频繁输球，更衣室气氛也很紧张。当时我身心俱疲，征战世界杯带来的巨大压力令我付出了代价。但经历这一切是值得的，我不会后悔。

从我与皇马签约的第一天开始，弗洛伦蒂诺·佩雷斯对待我一直非常公平。俱乐部信守诺言，履行了合同协议中的每一个部分，佩雷斯也对我表现出了极大的尊重。所以可以说，我和佩雷斯的关系很好。我认为他是一位伟大的俱乐部主席，为皇马做了很多事情，例如签约优秀球员，拓展俱乐部的市场，建造了一座令人印象深刻的训练中心，以及对伯纳乌球场进行翻新等——在这些方面，佩雷斯不断提高俱乐部的标准。

在佩雷斯掌舵期间，皇马拿到了许多奖杯，这足以表明球队获得了成功。因此，在2018年世界杯结束后的那个夏天，当有传闻称我可能会离开皇马时，佩雷斯简短而明确地告诉我："你的位置在皇马，皇马就是你要继续待下去的地方。"

由于克罗地亚国家队即将经历许多变化，我在经过深思熟虑后做出了另一个关键决定。我的好朋友苏巴西奇、乔尔卢卡和曼祖基奇宣布将脱下克罗地亚的球衣，因为他们觉得是时候从国家队退役了。这些与国家队道别的球员理应被视为英雄。不过，我决定继续留在球队。

许多人建议我激流勇退，但我发自内心地希望留下。对我来说，效力国家队是人生中最充实、最有成就感的经历之一，我还想继续体验。我感觉自己身体健康，并且充满了动力。就国家队生涯而言，如果我在随队赢得俄罗斯世界杯银牌后退役，确实能给人们留下最深刻的印象，但我并不在乎这种印象。

谁都无法改变我们已经赢得世界杯银牌这个事实，正如在俄罗斯世界杯期间，我们所经历的一切都不会被抹去。因此，只要教练觉得他还需要我，我就愿意继续留在国家队。又或者，只有当我觉得自身能力不足以身穿克罗地亚的球衣时，我才会从国家队退役。

我相信，我能够帮助年轻球员变得成熟，并逐渐扮演关键角色。

最美妙的奖杯

在俄罗斯世界杯结束后，对我来说，一段与过去完全不同的足球生活开始了。克罗地亚闯入世界杯决赛是一项具有历史意义的成就，已经超越了我在皇马连续多年所获得的成功。就在 33 岁生日前，我的内心非常平静。我感觉自己实现了所有梦想，包括那些最疯狂的足球梦想，而在我的整个职业生涯中，2018 年随克罗地亚赢得世界杯银牌是最高光的时刻。

但就像生活中经常发生的那样，如果你取得一次巨大成功，其他荣誉往往会随之而来。我不得不在马德里家里的卧室书架上找个位置，来摆放世界杯金球奖。这是一项颁发给在 2018 年世界杯上表现最出色球员的个人奖项。毫无疑问，作为全世界巅峰足球赛事的最高个人奖项，世界杯金球奖在我心中有着特殊的地位。

坦率地讲，我并不渴望获得更多奖项，不会牵肠挂肚地惦念着自己尚未得到的所有其他荣誉。毕竟，我刚刚在皇马赢得 2018 年欧冠冠军，随克罗地亚队成为世界杯亚军，还被评选为世界杯最佳球员。我已经心满意足，还需要什么呢？

8 月底，我和纳瓦斯、拉莫斯一起前往摩纳哥，参加了欧足联举办的年度颁奖典礼。纳瓦斯被评选为 2017—18 赛季最佳守门员，拉莫斯当选最佳后卫，而我拿到了最佳中场的奖项。与此同时，我还获得了欧足联年度最佳男子足球运动员的奖项提名。

在颁奖典礼上走红毯的感觉很棒，我遇到了大卫·贝克汉姆和他的妻子维多利亚，笑着聊了几句。贝克汉姆看起来总是很酷、很真诚，待人友好而开放。在大厅里，我还看到了利物浦前锋萨拉赫，他的座位离我很近。但我发现 C 罗不在。C 罗、萨拉赫和我都被提名为年度最佳球员的候选人，大多数人都以为 C 罗会到场，因为他被评选为最佳前锋。

当欧足联主席切费林宣布年度最佳球员的奖项得主，念出我的名字时，我感到比预想中更兴奋。我尽量放松心态，身体却不由自主地再次颤抖。当我走上舞台时，膝盖都已经站不直了……那是我头一回收获如此重大的个人奖项，我还不习惯担任主角。这意味着我必须发表演讲，但说实话，我从来不擅长演讲，更不用说当着众多足球界名人的面这么做了。

由主席佩雷斯、埃米利奥·布特拉格诺和罗伯托·卡洛斯等俱乐部名宿领头的皇马代表团也在台下，在像这样的场合，皇马总是会表现出对球员的关心。C 罗没有来，这引发了媒体的批评。虽然我认为 C 罗应该到现场领取最佳前锋奖，但我对他的缺席并不介意。次日，C 罗给我发了一条祝贺短信。颁奖典礼结束后，我们立即乘坐俱乐部专机飞回马德里，因为皇马的下一场西甲比赛两天后就将进行。

许多西班牙媒体开始将我视为 2018 年金球奖的有力竞争者。老实说，我没有想太多，因为我觉得《法国足球》杂志会将那座奖杯授予一名法国球员——毕竟，法国队刚刚赢得世界杯冠军。但我确实认为，我也许能成为国际足联评选的世界足球先生。C 罗和梅西对该奖项长达 10 年的垄断是否会被终结？媒体围绕这个话题写了很多文章，但我并不怎么关心。我之所以踢足球，是因为真心热爱这项运动，并且我始终将自己视为团队的一员。对我来说，团队的成功永远最重要。

没过多久，国际足联的人告诉我，我是获得世界足球先生奖项提名的 3 名球员之一。对方还告诉我，国际足球运动员协会和国际足联已经将我选入年度最佳阵容，这使我对伦敦之行充满了期待。

我带着瓦尼娅和孩子们前往伦敦，我们对伦敦很熟，在那座城市留下了一些美好回忆。在那里，我还遇到了世界足坛的许多名人，包括齐达内。自从齐达内离开皇马以来，那还是我俩首次见面，我心情愉快地和他聊了一会儿。作为足球界的一位传奇人物，以及备受尊敬的皇马前任主教练，齐达内对我在世界杯上取得的成绩表示祝贺，这让我非常高兴。

当我寻找自己的座位时，我发现会场为 C 罗预留的座椅是空的。他又没来。梅西也没来。他俩都入选了国际足联年度最佳阵容，本应亲自到场领奖。在颁奖典礼开始前，许多人都在猜测 C 罗和梅西是否会出席……不过说实话，我对被评选为世界足球先生感到特别激动，甚至懒得问他俩为什么没来。

我走上舞台，非常自豪地从国际足联主席因凡蒂诺手中接过奖杯。我事先准备了几句演讲台词，但当站在舞台中央时突然改变主意，决定换一种方式发表演讲。我想，那使我的演讲变得更触动人心，甚至让博班感动得哭了——我用英语、西班牙语和克罗地亚语向所有人致谢：“谢谢你们。”

我真的很荣幸能得到前巴西射手罗纳尔多、罗纳尔迪尼奥和德罗巴等足球界传奇人物的个人赞美。在弗洛伦蒂诺 · 佩雷斯的带领下，皇马俱乐部的几位官员陪我来到现场，这让我感到无比自豪。我感觉自己已经成为最伟大的球员之一，也终于明白了在过去10年里，C罗和梅西分享这项荣誉的感受。

在那个令人难忘的夜晚，我对C罗和梅西的缺席感到有些遗憾。我认为如果他俩到场，将会让那场颁奖典礼显得更优雅。通过出席颁奖典礼，他俩既能表达对过去给他们投票的所有人的尊重，也能表达对足球运动的尊重。作为球员，C罗和梅西曾经引领着足球运动的发展，推动这项运动吸引了更多球迷。后来我听说梅西投了我一票，在我看来，这表明了一名伟大球员对我在2017—18赛季表现的认可。

故事并没有就此结束。没过多久，《法国足球》的人打电话告诉我，我是2018年金球奖的三位候选人之一！对方还说会在颁奖典礼前一周通知我，向我提供关于颁奖流程的细节。

那次通话后，我第一次开始畅想自己能否拿到金球奖。那个念头令我全身起鸡皮疙瘩。但现实地讲，我怎么可能压倒赢得世界杯冠军的所有法国球员？更何况我还是一名中场球员。要知道，伊涅斯塔、哈维、皮尔洛、托蒂等中场大师都从未获得这个享有盛誉的奖项。在其他位置上，还有多少出色球员——例如伊布——从未赢得金球奖？

2018年11月19日星期一，我刚刚睡醒。在克罗地亚对阵英格兰的一场欧国联比赛结束后，我和瓦尼娅待在伦敦，可以休假一天。当我还在床上翻来翻去时，突然想起那天就是《法国足球》约定给我打电话的日子。又或者，他们不会再跟我通电话了。我洗了脸、穿好衣服，就在准备吃早饭时，手机铃声响了。

当我看到《法国足球》主编的电话号码在手机屏幕上出现时，一下子愣住了。我特别开心，因为所有的迹象都表明，我已经赢得金球奖。可我转念一想，他会不会拨错号了？也许他只想向我表示遗憾，因为金球奖另有所属。我决定不接电话，让希望多持续一秒钟吧。

在那一刻，我没想到自己会感到体内肾上腺素激增，尤其是考虑到我已经获得了欧足联和国际足联颁发的奖项。但金球奖非常特别，有一种神奇的吸引力。金球奖拥有悠久传统，会让人想到曾经获奖的所有足坛传奇人物。

我告诉正在洗澡的瓦尼娅：“他们打电话来了，《法国足球》给我打了电话。”

“他们说了什么？”瓦尼娅回应道。我从她的眼神中就能看出她很兴奋。

“我没接。”很显然，我这么做完全是疯了。

“为什么？快把电话打回去。”瓦尼娅一如既往地镇静。

“等等，等一分钟，我需要冷静一下。”

五六分钟后，我终于拨打了那个号码，《法国足球》主编帕斯卡·费雷在电话那头说：“卢卡，恭喜你，你赢得了2018年金球奖！我为你感到高兴，为像你这样的球员赢得金球奖感到高兴。考虑到你的性格和表现，你理应获得这座奖杯！”

我静静地听着，简直不敢相信帕斯卡所说的一切都是真的。“你是第一名，得票数遥遥领先，其他人与你的差距都很大。我再次祝贺你，并期待很快与你见面。”

我开心极了。我把帕斯卡说的话告诉了瓦尼娅，我俩都热泪盈眶。对我来说，2018年是完美的一年，金球奖就像锦上添花。我和瓦尼娅紧紧相拥，我俩携手走到今天，这是属于我们的奇迹。虽然帕斯卡让我不要将得奖的消息告诉任何人，但我必须打电话告诉父母，尤其希望与父亲分享这个美妙的时刻。不过，父亲似乎早就知道了。

“儿子，这是你应得的。如果他们将金球奖颁给任何其他人，那才不公平！”说完这句话后，父亲在电话那头哭了起来。

弗洛伦蒂诺·佩雷斯也打电话告诉我：“恭喜你，卢卡，这是你应得的！”

当时，瓦尼娅和我与马特奥·科瓦契奇和他的妻子伊莎贝尔一起待在伦敦。我们经常见面，我喜欢马特奥，就像对小兄弟那样对待他。在共同效力皇马的3年半里，我和马特奥走得更近了，他既是个好小伙，也是一名出色的球员。虽然我俩有着亲密的友谊，但我仍然成功地完成了当天最艰巨的任务，那就是将兴奋藏在心里。我不能向任何人透露自己赢得金球奖的消息，这确实是一项艰巨的任务。

2018年金球奖颁奖典礼在富丽堂皇的巴黎大皇宫进行，盛况空前。作为颁奖典礼的主持人，大卫·吉诺拉曾经是托特纳姆热刺俱乐部的一名传奇球员，他非常友善和热情：“恭喜你，卢卡，我为你感到高兴！这是你努力赢得的奖杯！”

迪迪埃·德尚既是一位出色的教练，也是个真正的绅士，他走到我面前向我表示祝贺，说的话既真诚又亲切。许多人赞美我，我享受每一刻。我的家人、好友，以及皇马俱乐部的所有官员都在现场。当正式聚会结束后，我们一起共进晚餐。

第二天上午，我们乘坐飞机返回马德里。皇马球员正在训练，但为了让我也能加入，圣地亚哥·索拉里推迟了训练时间。

我带着金球奖的奖杯抵达巴尔德维巴斯训练基地。当我走进更衣室时，大约6名皇马球员正在接受理疗师的治疗。不过，他们在看到我的那一刻都快疯了，纷纷起立鼓掌，持续了1分多钟……那一幕既让我印象深刻，又令我感动。说实话，我从来没想到他们会这么做，当时有点尴尬，甚至脸红了。队友们真心为我感到高兴，还有比这更宝贵的认可吗？随后，我和队友们站在一起，与我的最新奖杯合影。如果不是依靠皇马和克罗地亚国家队的队友，我永远没有机会经历完美的 2018 年。

2018 年底，皇马再次赢得世俱杯冠军，这意味着始于上届世俱杯的一个黄金周期结束了。过去 365 天里发生的事情令人难以置信，是我职业生涯中最辉煌的一段时期。

在这本书中，我试图描述自己在职业生涯中所经历的一切。我不知道我是否做到了。或许最重要的一点是，尽管我曾经不得不面对许多障碍，但我始终有足够的毅力和信心去克服所有障碍。每个人都有自己的路，有不一样的人生故事，但对自己的信念，永远是成功的基石——即便有人告诉你，“那没有意义”。请相信我，只要你足够自信，并为了内心的信念而努力奋斗，你终将收获回报。

33 岁这一年，我攀上职业生涯的巅峰，成为世界最佳球员，效力最佳俱乐部，还随国家队赢得了世界杯亚军。有人认为我的职业生涯将会走下坡路，无法再保持同样的水平。但这种质疑反而给了我更多动力，让我渴望证明这是一种偏见，就像我在生活和职业生涯中曾经遭受的许多偏见那样。

然而，从我第一次参加训练到今天，我的最大动力是对足球运动无条件的热爱。只要我的双脚还能支撑我，皮球还愿意听我的，我就会继续踢球，并继续在训练和比赛中全力以赴。

我知道这不容易。我知道在整个职业生涯中，我总是走更艰难的路，但我最终仍然爬上了顶峰。留在山顶注定艰难，但经验告诉我：生活中最美好的事物，总是来之不易。

致　谢

2018年，我经历了职业生涯中一些最美妙、最动人的时刻，与皇家马德里和克罗地亚国家队的队友们一道，实现了童年时的所有梦想。我随皇马捧起了个人职业生涯第4座欧冠奖杯，而在随后不久进行的俄罗斯世界杯上，克罗地亚又赢得了银牌。

除了这些无与伦比的团队荣誉之外，在个人层面，我也拿到了象征着欧洲和世界最佳球员的奖项。这一切令我终生难忘，让我感到无比自豪和幸福。这就是为什么我觉得有必要写一本书，讲述在这个伟大的年份前发生的一切。与所有人一样，我曾经历过快乐、困惑、悲伤和苦难的时刻，那些往事对我的职业生涯和人生都有着重大影响，成就了如今的我。

人人都有权利拥抱梦想，并努力让梦想变成现实。我希望我的故事能帮助大家认识到，即便在最艰难的时刻，也应当坚持信念，永远不要放弃自己的目标。正是这种心态，推动着我实现了最美丽的梦想。

在这本书中，许多人跟我讲述了我的故事。我要感谢妻子瓦尼娅和我们的几个孩子，他们不仅带给我快乐，而且一直鼓励我写自传，这意味着很多时候我无法陪伴家人。在撰写自传的过程中，瓦尼娅的回忆给了我很大帮助。我要感谢我的父母，他们始终支持我，尤其是当我回忆童年和少年时期往事的时候。我还要感谢我亲爱的妹妹，以及生命中最亲密的朋友和同伴。

我很荣幸地邀请到弗格森和博班为这本书作序，非常感谢他们，他们的话语令我感动。

德拉戈·索普塔（Drago Sopta）和克罗地亚足协对这本书做出了特别的贡献，因为他们授权我使用照片，这让我心存感激。同样，我也想感谢允许我使用照片和视频材料的皇家马德里。我还要感谢拍摄封面照片的摄影师安东尼奥·维拉巴·卡尔德隆，以及亲爱的玛佳·戈比奇老师，因为她保留了我小学三年级的作业和在学校的照片。

在编写这本书的一年里，作为我的经纪人和出版人，戴安娜·马图里奇和她的团队做了很多工作，将他们丰富的经验和知识投入这个项目。罗伯特·马泰奥尼则帮助我将人生中的所有重要时刻都写了下来，尤其是我的情感——它们是每个故事的精髓。对他们两位，我也深表谢忱。

卢卡·莫德里奇

卢卡人生中的第一只足球，摄于 1986 年。

小卢卡站在祖父母的屋外

孩子们和动物一起玩儿，从左至右分别是卢卡的表哥米尔贾纳、妹妹亚斯米娜和卢卡。

卢卡（左）和母亲拉多伊卡、妹妹亚斯米娜。照片背景里的红色货车，是卢卡童年时乘坐的第一辆车。

小卢卡和祖母在一起

小卢卡和祖父外出狩猎，这对爷孙同名。

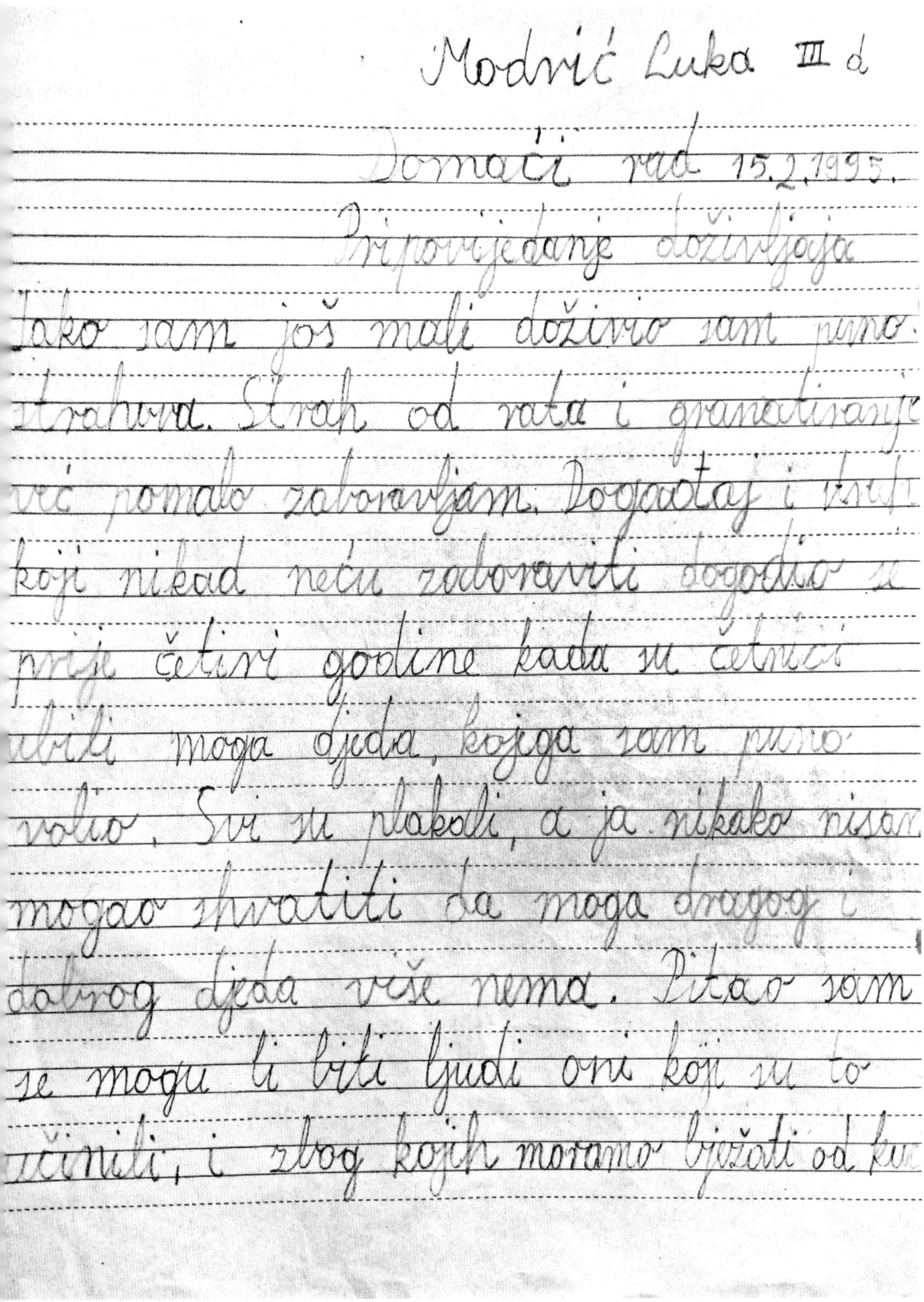

Modrić Luka III d

Domaći rad 15.2.1995.

Pripovijedanje doživljaja

Iako sam još mali doživio sam puno strahova. Strah od rata i granatiranja već pomalo zaboravljam. Događaj i strah koji nikad neću zaboraviti dogodio se prije četiri godine kada su četnici ubili moga djeda, kojega sam puno volio. Svi su plakali, a ja nikako nisam mogao shvatiti da moga dragog i dobrog djeda više nema. Pitao sam se mogu li biti ljudi oni koji su to učinili, i zbog kojih moramo bježati od ku

小学三年级的一次家庭作业中，卢卡写作文回忆了祖父的去世。

1995 年 5 月 28 日，卢卡第一次领圣餐。

1997 年，在意大利城市贝尔加莫附近举办的一届国际少年足球锦标赛中，卢卡被评选为赛事最佳球员。这是他人生中的首批奖杯之一。

逃难时期，卢卡经常在科洛瓦尔酒店外的停车场上踢球，
从小就展现出了过人的球技。

1996 年，11 岁的卢卡和未来的克罗地亚国家队队友、12 岁的尼科·克拉尼察合影。

1998 年，卢卡抱着他最小的妹妹蒂奥拉。

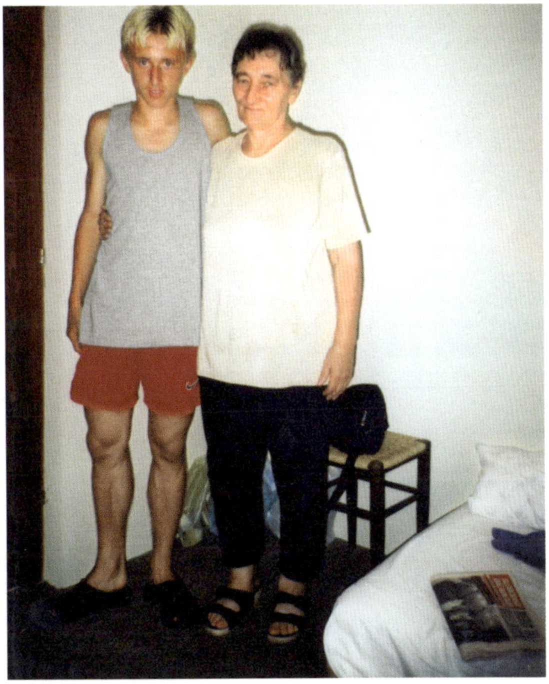

少年卢卡和外祖母曼达的合影。曼达如今仍然健在，独自生活在家乡奥布罗瓦茨。

1994 年，扎达尔足球学院成员合影，教练是多马戈伊・巴西奇。那支球队的队员包括马里奥・格尔古罗维奇（前排左一）、卢卡・莫德里奇（前排左四）、马尔科・奥什特里奇（前排右二）和赫尔沃耶・库斯蒂克（后排右二）。

萨格勒布迪纳摩曾经将卢卡租给莫斯塔尔兹林尼斯基，那是他租借效力的第一家俱乐部。

在效力萨格勒布迪纳摩将近七年的时间里，卢卡随队赢得三座国内联赛冠军奖杯、两座克罗地亚杯。

卢卡曾租借效力国际扎普雷希奇

斯拉文·比利奇征召卢卡进入克罗地亚 U-21 国家队，并任命他为队长。

2007 年，伦敦温布利大球场，卢卡在克罗地亚客场对阵英格兰的一场 2008 年欧洲杯预选赛中登场，并帮助球队 3-2 获胜，彻底扑灭了三狮军团跻身欧洲杯决赛圈的希望。

在萨格勒布迪纳摩主场看台上，球迷们拉出横幅，向队长卢卡表示感谢。

2007 年夏季，萨格勒布迪纳摩在奥地利卡芬堡市进行赛季前的训练，卢卡和恩师托莫·巴西奇合影。

服兵役期间，卢卡是体育营的一名成员，经常和他的父亲、叔叔碰面。

2008 年欧洲杯，卢卡和时任克罗地亚国家队主教练的比利奇拥抱。克罗地亚在那届欧洲杯上进入了四分之一决赛。

卢卡与曾经担任克罗地亚国家队队长退役后成为教练的尼科・科瓦奇互相打气。

从萨格勒布迪纳摩转会托特纳姆热刺后，卢卡和瓦尼娅在伦敦附近的小镇奇威尔租了一处房屋。

卢卡的妻子瓦尼娅。卢卡说："如果她没有在我 19 岁那年进入我的人生，我将无法完成如今使我们感到如此自豪和高兴的任何事情。"

2009 年圣诞节，卢卡一家人在奇威尔开派对，照片中从左到右依次是卢卡的父亲斯蒂佩、叔叔热利科、妹妹亚斯米娜、小妹蒂奥拉、母亲拉多伊卡、卢卡、瓦尼娅和瓦尼娅的母亲韦斯娜。

"是的，我愿意。"卢卡和瓦尼娅的婚纱照。

卢卡和队友韦德兰·乔尔卢卡，“他是我最亲爱的伙伴和朋友之一”。

卢卡和另一位好友达里奥·斯尔纳。斯尔纳从国家队退役后，卢卡接替他成为克罗地亚队队长。

卢卡在克罗地亚U-21国家队的朋友们：赫尔沃耶·库斯蒂克、安特·托米奇、伊维卡·弗多利亚克和卡尔洛·普里莫拉茨。

效力托特纳姆热刺的首个赛季，卢卡帮助球队在欧联杯的一场小组赛中 4－0 战胜前东家萨格勒布迪纳摩。

卢卡、瓦尼娅和另外两对年轻情侣一起乘坐游艇环绕亚得里亚海航行

卢卡与他的朋友马尔科·奥什特里奇、马尔科·希尔贾克

马里杰·布尔贾特、赫尔沃耶·查莱、卢卡和马特奥·科瓦契奇在姆列特岛度假

2012 年 8 月 27 日，卢卡和皇家马德里俱乐部主席弗洛伦蒂诺·佩雷斯签署合同。

卢卡和他的父母一起飞往马德里

卢卡庆祝职业生涯的首座欧冠奖杯，同时还依照赛前对几名队友的承诺，剪短了头发。

在皇马的新援亮相仪式上，卢卡、瓦尼娅和他们的儿子伊万诺踏上伯纳乌球场。

2012 年 11 月 3 日，卢卡在对阵萨拉戈萨的一场比赛中打进了他在皇马的首粒进球。

卢卡和伯纳乌的主场球迷一起庆祝。效力皇马初期，卢卡身披 19 号球衣。

2014年欧冠决赛，皇马对阵马德里竞技，卢卡的父亲看上去非常紧张。皇马最终4-1击败马德里竞技，赢得了队史第10座欧冠奖杯。

2014年，皇马在西班牙国王杯赛事中夺冠，赛后球员们兴
庆祝。

2017年，卢卡举起皇马队史上的第12座欧冠奖杯。

2017年，卢卡职业生涯首次赢得西甲联赛冠军，与队友本泽马、拉莫斯一起庆祝。

卢卡和卡尔洛·安切洛蒂

在穆里尼奥执教皇马的最后一场比赛结束后，卢卡与穆里尼奥合影。

卢卡和齐达内比大拇指

卢卡与贝尔、科瓦契奇和托尼·克罗斯自拍

卢卡和皇马队长拉莫斯一起庆祝

卢卡曾经和科瓦契奇在皇马并肩作战，他俩在克罗地亚国家队也是队友。

卢卡与 C 罗合影，他俩曾经在皇马搭档 6 年。

2017 年，卢卡赢得个人职业生涯第三座欧冠奖杯，决赛后与队友贝尔合影。

卢卡、瓦尼娅与皇马队友马塞洛和他的妻子克拉丽丝·阿尔维斯聚餐

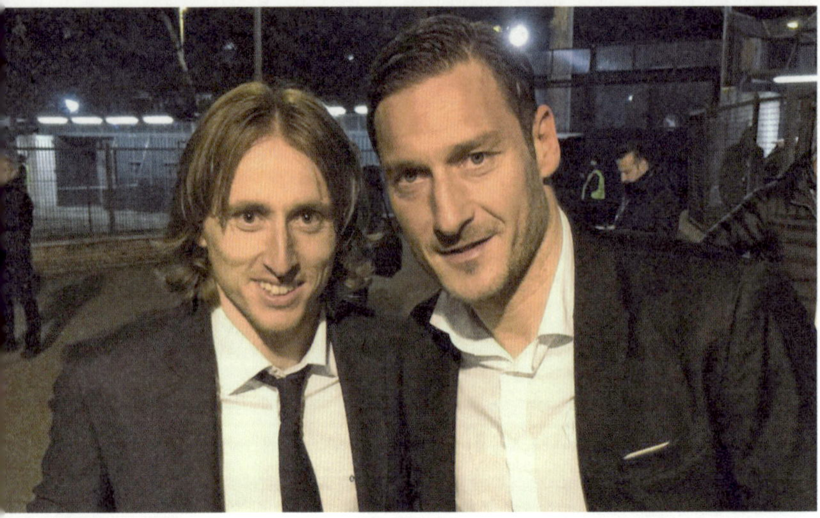

卢卡与自己童年时的偶像之一托蒂合影

在克罗地亚对阵西班牙的一场比赛中，卢卡拥抱西班牙中场球员伊涅斯塔。

小女儿索菲亚出生后，卢卡一家人合影。

2018 年俄罗斯世界杯赛前，瓦尼娅和孩子们身穿皇马和克罗地亚国家队的 10 号球衣。

卢卡说：“每当听到克罗地亚国歌响起，我都会全身起鸡皮疙瘩。”

2018 年世界杯小组赛阶段，卢卡在克罗地亚对阵阿根廷的比赛中打进了一粒精彩进球，帮助球队 3－0 获胜。

卢卡和马里奥·曼祖基奇，两名球员曾并肩作战超过 10 年。

10 号对决：在克罗地亚与阿根廷的世界杯比赛中，卢卡与梅西拼抢。

在克罗地亚击败英格兰进入决赛后，卢卡和他的两个孩子一起庆祝。

卢卡与克罗地亚主教练达利奇动情相拥

赢得世界杯亚军后，克罗地亚球员、教练组和工作人员一起庆祝。在莫斯科进行的决赛中，克罗地亚 2－4 输给了法国。

克罗地亚在 2018 年世界杯期间的主力阵容

卢卡赢得2018年世界杯的金球奖，但由于克罗地亚队在决赛中失利，他似乎并不怎么开心。

克罗地亚球员展示他们的世界杯银牌

克罗地亚队长休息片刻

克罗地亚队带着世界杯银牌回国后，许多克罗地亚球迷齐聚萨格勒布主广场，进行了一场盛大的庆祝活动。

卢卡与两个妹妹亚斯米娜、蒂奥拉一起庆祝

卢卡和球迷们自拍

2017—18 赛季欧足联年度最佳男子足球运动员颁奖典礼现场

在国际足联年度最佳奖项颁奖典礼现场，卢卡与兹沃尼米尔·博班合影。博班是卢卡童年时的偶像之一，曾经代表克罗地亚队在 1998 年世界杯上赢得铜牌。

卢卡还拿到了《法国足球》杂志评选的金球奖，圆满了！

齐达内、卢卡、马塞洛和瓦拉内在金球奖颁奖典礼现场

收获金球奖后，卢卡全家合影。

卢卡、瓦尼娅与普雷德拉格·米亚托维奇和他的妻子在金球奖颁奖典礼现场的合影

卢卡和他的经纪人达沃·库科维奇

皇马队友祝贺卢卡赢得金球奖

一场属于赢家的派对

卢卡与他在 2018 年收获的所有个人奖项和奖杯合影